KB120533

알기 쉬운

교육통계학

| 조규판 저 |

학지사

일러두기

이 책의 예제 데이터는 학지사 홈페이지 자료실에서 내려받을 수 있습니다.

https://www.hakjisa.co.kr

→ 알기 쉬운 교육통계학 → PPT / 도서 자료

머리말

연구는 연구 목적을 위해 연구 가설 또는 연구 문제를 설정하고, 적합한 연구방법으로 자료를 수집하며, 수집된 자료를 분석하여 연구 가설이나 문제에 대한 해답을 제시해 주는 것이다. 수집된 자료를 체계적이고 과학적으로 분석하기 위해서는 통계학에 대한 기초 지식과 소양이 필요하다. 통계학 전공자들에게 통계학은 목적적 학문이지만 통계학 이외의 전공자들에게 통계학은 방법적 학문이다. 자신의 전공과 관련된 좋은 연구 주제가 있더라도 통계학적 기본 지식이나 소양 없이는 그것을 좋은 논문으로 승화시키기 어렵다. 즉, 통계에 대한 이해가 있어야 연구 제목이나 연구 문제를 작성할 수 있으며, 나아가 연구 문제에 적합한 통계방법을 사용하여 결과를 산출할 수 있다. 이러한 이유로 통계학 전공이 아닌 타 전공에서도 통계 교과목을 교육과정에 포함시켜 학생들에게 수업을 하고 있다.

대부분의 학부 및 대학원생들에게 통계학은 어려운 과목 또는 학문으로 인식되고 있다. 통계학 수업이나 통계 특강을 한두 번 이상 수강한 학생들마저 연구 문제에 적합한 통계 처리나 결과를 논문으로 작성하는 데 어려움이 있음을 토로한다. 그 이유는 무엇일까? 통계학이 어려운 학문으로 인식되는 데는 학생들의 수학적 · 통계학적 역량이 부족한 이유도 있을 것이다. 하지만 대부분의 통계 교재 및 수업이 지나치게 수식을 활용한 수학적 계산 중심으로 구성되어 있거나, 아니면 통계 프로그램 위주로 되어 있기 때문일 수도 있다. 수업 내용이나 교재의 구성이 지나치게 수학적 계산에 치우쳐 있으면 수학을 싫어하는 학생들에게 거부감을 줄 수 있으며, 실제 논문 작성에 별 도움이 되지 않는다. 또한 SPSS와 같은 통계 프로그램 중심으로 교재 및 수업 내용이 구성되어 있으면, 어떠한 원리나 이론에 의해 그러한 결과가 도출되었는지에 대한 정보를 주지 못한다. 따라서 통계학을 제대로 공부하기 위해서는 통계의 기본 개념과 원리에 대한 학습과 함께 통계 프로그램을 활용한 자료의 분석 과정이 동시에 이루어져야 한다. 이와 함께 통계 프로그램을 활용하여 자료를 분석한 결과를 보고서로 작성할 수 있어야 이론과 실제를 겸비한 통계학 공부라고 할 수 있다.

이 책은 1장에서 4장까지 통계의 기본적인 내용 및 SPSS 통계 프로그램의 기본적인 기능에 대해 설명하고 있다. 5장에서 10장까지의 통계적 분석 과정에서는 우선 수학적 수식을 활용하여 분석방법별 기본 개념과 원리를 설명하였다. 그다음으로 개념과 원리를 설명할 때 사용한 동일한 자료를 활용하여 SPSS 프로그램에서 데이터를 처리하는 과정을 제시하였으며, 마지막으로 SPSS 프로그램의 통계 처리 결과를 어떻게 보고서 양식으로 제시하는지를 실제 예를 들어 설명하고 있다. 즉, 이 책은 통계적 분석방법에 따른 기본 개념 및 지식과 SPSS 프로그램을 활용한 실제적 데이터 분석 과정, 그리고 보고서 또는 논문 작성까지의 내용을 입체적으로 구성하고 있어 사회과학 분야의 연구자들에게 이론적 · 실제적 도움을 제공할 수 있도록 서술하였다.

이 책은 총 10장으로 구성되어 있으며, 각 장별 내용을 구체적으로 설명하면 다음과 같다.

1장은 교육통계의 기초로 변수, 척도, 모집단과 표본, 표집 방법 등 교육통계의 기본적인 개념에 대해 설명하고 있다. 2장은 가설검정으로 가설의 개념과 종류, 가설의 검정과 가설검정의 오류에 대해 설명하고 있다. 3장은 데이터의 입력과 변환으로 SPSS 프로그램, Excel 프로그램, 그리고 훈글 프로그램에서 데이터를 입력하고 저장하는 방법을 설명하였다. 데이터의 변환에서는 역채점 문항에 대한 코딩변경이나, 연속변수를 범주변수로 코딩을 변경하는 방법에 대해 설명하였다. 또한 변수계산에서는 하위요인별 총점이나, 변수의 전체 총점을 계산하는 방법을 제시하였다.

4장 중심경향값과 분산도에서는 최빈값, 중앙값, 평균 등의 중심경향값과 범위, 분산, 표준편차 등의 분산도에 대한 개념 및 특성에 대해 설명하였으며, 중심경향값에 따른 분포의 모양과 왜도와 분산도에 따른 분포의 모양과 첨도에 대한 내용을 제시하였다. 5장 상관분석에서는 상관의 개념 및 산포도, 상관계수의 종류, 상관분석 과정에 대해 설명하였다. 상관분석에서는 상관분석의 수학적 검정 절차, 상관분석의 통계 처리 과정 및 보고서 양식을 제시하였다. 6장 회귀분석에서는 회귀분석의 개요, 회귀분석의 기본 가정, 단순회귀분석과 중다회귀분석의 목적과 회귀계수, 회귀선과 회귀등식, 통계 처리 과정 및 보고서 양식을 제시하였다. 특히 중다회귀분석에서는 최근 학술지에서 많이 사용되고 있는 매개효과 및 조절효과 검정에 대해 설명하였다.

7장과 8장은 집단 간 평균의 차이를 검정하는 통계방법으로, 먼저 7장의 t 검정에서는 t 검정의 개요 및 기본 가정, 단일표본 t 검정, 대응표본 t 검정, 독립표본 t 검정에 대한 개요와 절차, 그리고 통계 처리 과정 및 보고서 양식을 제시하였다. 8장 분산분석에서는 분산분석의 개요 및 기본 가정, 일원분산분석의 개요, 절차, 사후검정, 통계 처리 과정 및 보고서 양식을 제시하였다. 이원분산분석에서는 개요, 주효과와 상호작용효과, 이원분산분석의 절차, 통계 처리 과정 및 보고서 양식을 제시하였다. 최근 종단연구에 대한 관심이 늘어나고 있어 8장에 반복측정 분산분석에 대한 내용을 포함시켰으며, 반복측정 분산분석의 개요, 구형성 가정, 통계 처리 과정 및 보고서 양식을 제시하였다.

9장 χ^2 검정에서는 χ^2 검정의 개념 및 기본 가정, χ^2 검정의 절차와 통계 처리 과정 및 보고서 양식을 제시하였다. 마지막으로, 10장 공분산분석에서는 공분산분석의 개념, 공분산분석의 적용, 공분산분석의 기본 가정과 공분산분석의 절차 및 통계 처리 과정 및 보고서 양식을 제시하였다.

이 책을 출간하면서 많은 분의 도움을 받았다. 원고 작성에 다양한 정보를 제공하거나 원고를 꼼꼼하게 검토해 준 주희진 교수, 방희원 교수, 조윤진 박사에게 깊은 감사를 드린다. 그리고 이 책을 출판해 주신 학지사 김진환 사장님, 책의 출판에 지속적으로 독려와 격려를 아끼지 않으신 김은석 상무님과 편집부 김준범 부장님께도 깊은 감사를 드린다.

2024년 2월

저자 조규판

차례

제10장 공분산분석 279

제1장

교육통계의 기초

1. 변수
2. 척도
3. 모집단과 표본
4. 표집방법

1. 변수

변수(variable)는 여러 가지 다른 값을 가지는 연구대상의 특성으로 수학적으로는 일정하지 않은 특성에 값을 부여하는 함수를 의미한다. 이와는 달리 상수(constant)는 변하지 않는 일정한 값을 가지는 연구대상의 특성을 의미한다. $Y=aX+b$에서 Y와 X는 변수이며 주로 로마자로 표기하고, a와 b는 상수이며 숫자로 표기한다. 변수는 인과관계에 따라 독립변수와 종속변수, 매개변수로 구분할 수 있으며, 변수가 가지는 속성에 따라 질적 변수와 양적 변수로 나눌 수 있다. 또한 양적 변수는 변수의 연속성에 따라 연속변수와 비연속변수로 구분할 수 있다.

1) 독립변수, 종속변수, 혼재변수, 매개변수, 조절변수

독립변수(independent variable)는 실험연구에서 연구자에 의하여 조작된 처치변수로 종속변수에 영향을 미치는 변수를 의미한다. 예를 들어 '진로집단 프로그램이 대학생의 진로준비행동에 미치는 효과'라는 실험연구에서 진로집단 프로그램은 실험처치이므로 처치변수이며, 동시에 독립변수가 된다. 일반적으로 연구결과를 인과관계로 해석할 수 있는 연구방법은 실험연구밖에 없지만, 조사연구에서도 회귀분석(regression analysis)이나 구조방정식모형(Structural Equation Modeling: SEM)과 같은 통계방법을 활용할 경우 인과관계로 해석하는 것을 허용하고 있다. 조사연구에서는 다른 변수에 영향을 미치거나 예언해 주는 변수를 독립변수라고 한다. 예를 들어 '중학생의 학습동기, 학습태도, 학업적 자기효능감이 학업성취도에 미치는 영향'이라는 조사연구에서 학습동기, 학습태도, 학업적 자기효능감은 독립변수이다.

종속변수(dependent variable)는 실험연구에서 처치의 영향으로 변화되는 변수로 처치에 대한 효과를 평가하기 위해 관찰되는 변수를 말한다. '진로집단 프로그램이 대학생의 진로준비행동에 미치는 효과'라는 실험연구에서 진로준비행동은 종속변수이다. 조사연구에서는 독립변수의 영향을 받아 값이 변화하는 변수를 종속변수라고 한다. 예를 들어, '중학생의 학습동기, 학습태도, 학업적 자기효능감이 학업성취도에 미치는 영향'이라는 조사연구에서 학업성취도는 종속변수에 해당된다.

실험연구에서 독립변수, 즉 처치변수가 아니면서 종속변수에 영향을 미치는 변수들이 있다. 예를 들어 '학습동기증진 프로그램이 초등학생의 학업성취도에 미치는 효과' 연구에서 독립변수는 학습동기증진 프로그램이며 학업성취도는 종속변수이다. 이 실험설계에서 지능은 독립변수가 아니지만 종속변수인 학업성취도에 영향을 미칠 수 있다. 지능의 평균이 다른 A, B 두 집단에 동일한 학습동기증진 프로그램을 실시한 후 학업성취도를 측정하였을 때, 지능의 평균이 높은 집단의 학업성취도가 더 높을 수 있다. 이와 같이 실험연구에서 독립변수가 아니면서 종속변수에 영향을 미치는 변수를 혼재변수 또는 혼란변수(confounding variable)라고 한다. 실험연구에서는 이러한 혼재변수를 얼마나 잘 통제하는지 여부가 실험처치의 효과를 정확하게 판단할 수 있는가를 결정한다. '학습동기증진 프로그램이 초등학생의 학업성취도에 미치는 효과'라는 실험연구에서 혼재변수인 지능을 제대로 통제하지 못하면 종속변수인 학업성취도 향상의 효과가 학습동기증진 프로그램에 의한 것인지 아니면 지능에 의한 것인지 정확하게 판단하기 어렵다. 따라서 실험연구에서 연구자가 혼재변수를 제대로 통제하였는가는 좋은 실험설계의 조건 중의 하나이다.

조사연구에서 독립변수와 종속변수 간의 인과관계를 연결해 주는 변수로 매개변수(mediator variable)가 있다. 예를 들어 '대학생의 전공만족도와 취업불안 간의 관계에서 진로결정 자기효능감의 매개효과'라는 연구에서 전공만족도는 독립변수이며, 취업불안은 종속변수이다. 진로결정 자기효능감은 독립변수인 전공만족도의 영향을 받아 종속변수인 취업불안에 영향을 미치는 매개변수이다. 즉, 전공만족도는 취업불안에 직접적으로 영향을 미치기도 하지만, 진로결정 자기효능감을 통해 간접적으로 취업불안에 영향을 미치기도 한다.

한편, 조절변수(moderate variable)는 독립변수와 종속변수의 관계에 영향을 조절하는 제2의 독립변수이다. 보다 구체적으로 진술하면 독립변수와 종속변수 간 관계의 방향이나 강도에 영향을 미치는 변수를 조절변수라고 한다. 예를 들어, 교수의 수업전문성이 학생들의 학업성취도에 미치는 영향이 학생들의 지능에 의해 달라진다면, 지능은 두 변수 간의 관계에서 조절변수가 된다. 매개변수가 독립변수의 영향을 받아 종속변수에 영향을 미치는 변수라면, 조절변수는 독립변수와의 상호작용을 통해 종속변수에 영향을 미치는 변수이다. 즉, 매개변수는 독립변수의 영향을 받지만(독립변수 → 매개변수), 조절변수는 독립변수에 영향을 미치기도 하고 받기도 한다(독립변수 ↔ 조절변수). 하지만 조절변수가 반드시 독립변수와 관련이 있을 필요는 없다. 매개변수와 조절변수에 대해서는 이 책 6장 회귀분석의 매개 및 조절 효과 검정 내용에서 보다 구체적으로 설명하기로 한다. [그림 1-1]은 독립변수, 매개변수, 조절변수, 종속변수 간의 관계를 그림으로 나타낸 것이다.

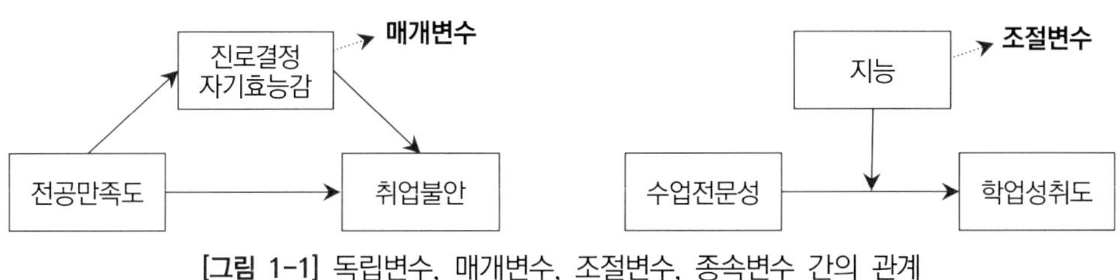

[그림 1-1] 독립변수, 매개변수, 조절변수, 종속변수 간의 관계

2) 질적 변수와 양적 변수

질적 변수(qualitative variable)는 속성을 수치화할 수 없는 변수로 분류를 하기 위해 정의된 변수를 의미하며, 특성을 범주로 구분하므로 범주변수(categorical variable)라고도 한다. 다음의 척도 부분에서 설명하고 있는 네 가지 척도 중 명명척도와 서열척도가 질적 변수에 해당된다. 질적 변수의 예로는 성별, 지역, 인종, 직업, 종교, 학력 등이 있다. 주민등록번호에서 남자는 1 또는 3, 여자는 2 또는 4로 표시되어 있는데, 이것은 남자와 여자를 구분하기 위해 문자 대신에 수치로 전환해 놓은 것이므로 수치가 가지고 있는 산술적인 의미는 없다. 2가 1보다 크다고 해서 여자가 남자보다 크다고 하거나 2−1=1이라고 할 수 없다. 즉, 질적 변수는 필요에 의해 비록 수치로 제시되어 있다고 하나 수나 양의 개념이 없으므로 대소 구분이나 사칙연산이 불가능하다.

양적 변수(quantitative variable)는 속성을 수치로 나타낼 수 있는 변수로 양을 나타내기 위해 수량으로 표시하는 변수를 의미한다. 양적 변수는 변수의 연속성에 따라 연속변수와 비연속변수로 구분할 수 있다. 연속변수(continuous variable)는 주어진 범위 내에서 어떤 값도 가질 수 있는 변수를 의미한다. 즉, 인접한 두 수 사이에 무한개의 값을 가질 수 있는 변수를 말한다. 다시 말해, 두 정수 사이에 소수점 이하의 어떤 값이라도 가질 수 있는 변수가 연속변수이다. 연속변수의 예로는 키, 몸무게 등이 있다. 실제로 두 사람의 키가 각각 175Cm와 176Cm라고 할 때, 이들 두 사람의 키 사이에는 무수한 소수점을 가진 키의 값들이 있을 수 있다. 비연속변수(discontinuous variable)는 주어진 범위 내에서 특정한 값, 즉 정수만 가질 수 있는 변수를 의미한다. 사람 수, 자동차 수 등이 비연속변수의 예에 해당된다.

양적 변수는 수리적 특성상 다양한 통계방법을 통해 분석에 활용될 수 있다는 측면에서 질적 변수보다 더 좋은 변수로 간주된다. 하지만 필요에 의해 종종 양적 변수를 질적 변수로 변환하는 경우도 있다. 예를 들어, 현재 중학교에서 많이 실시하고 있는 영어와 수학 교과목에 대한 수준별 수업을 위해서는 영어와 수학의 학업성취도를 바탕으로 상, 중, 하 세 수준으로 구분해야 하는 경우가 있다. 여기에서 영어와 수학의 학업성취도는 양적 변수이며, 교과목별 상, 중, 하 세 수준은 범주변수, 즉 질적 변수가 된다. 양적 변수를 질적 변수로 변환하는 방법에 대해서는 다음 장에서 자세히 설명할 것이다.

2. 척도

변수들의 특성이나 변수들 간의 관계를 분석하기 위해서는, 먼저 변수의 질적 특성을 양적으로 변환시켜야 한다. 측정(measurement)이란 어떤 사물이나 대상의 속성에 수치를 부여하는 절차를 의미한다. 즉, 설문지 등과 같은 검사 도구를 사용하여 설문이나 검사를 실시한 후 그 결과를 수치로 나타내는 과정을 측정이라고 한다. 저울로 무게를 재거나, 자로 길이를 재거나, 지능검사로 지능을 재어 각각 무게, 길이, 지능지수를 산출하였다면 이 행위는 측정에 해당된다. 측정된 수치는 측정 수준에 따라 각각 다른 정보를 가지고 있다. 예를 들어, 성별에서의 2, 성적 등수 2등, 섭씨온도 2℃, 길이 2Cm는 모두 2로서 같은 수치로 생각할 수 있지만, 이들이 가지고 있는 수리적 속성은 서로 다르다. 측정된 변수들의 점수는 측정 수준에 따라 각각 다른 정보를 갖고 있는데, 이러한 측정치들의 수리적 성질을 척도(scale)라고 한다. 다시 말해, 사물이나 사람의 특성을 측정하고자 할 때 관찰된 현상에 하나의 값을 할당시키기 위하여 사용된 측정의 수준을 척도라고 한다. 척도는 측정치들이 어떤 수리적 특성을 가지고 있는가에 따라 명명척도, 서열척도, 등간척도, 비율척도로 구분된다.

1) 명명척도

명명척도(nominal scale)는 대상이나 특성을 구분하거나 분류하기 위해 대상이나 특성 대신에 수치를 부여하는 척도이다. 성별에서 남자를 1, 여자를 2로 하거나, 거주 지역에서 서울을 1, 부산을 2, 대구를 3으로 하는 것과 같이 분류를 위해 수치를 부여한 것이 명명척도이다. 명명척도의 예로는 성별, 거주 지역, 스포츠 선수의 등번호, 직업, 인종 등이 있다. 명명척도의 수치, 즉 값은 단순히 대상이나 특성을 분류하거나 명명하는 기능만 가지고 있으며, 수나 양의 개념은 전혀 포함하고 있지 않다. 따라서 명명척도는 수나 양의 개념이 없으므로 대소 구분이나 덧셈, 뺄셈, 곱셈, 나눗셈 등과 같은 가감승제를 할 수 없다.

2) 서열척도

서열척도(ordinal scale)는 대상이나 특성의 상대적 서열이나 순위에 대한 정보를 갖고 있는 척도를 말한다. 대학에서 생년월일이 빠른 순서대로 학번을 부여했다면 학번은 서열척도에 해당된다. 학점을 기준으로 1등, 2등, 3등 순으로 등위나 등수를 매겼다면 이 또한 서열척도에 해당된다. 서열척도의 예로는 성적 등위, 키 순서, 수능이나 내신 등급 등이 있다. 서열척도는 서열 또는 순위에 대한 정보를 포함하고 있으므로 대소 구분이 가능하다. 따라서 명명척도보다는 측정치의 수준이 높지만 측정치 간 등간성이 없으므로 여전히 가감승제는 불가능하다. 즉, 성적이 높은 순으로 등위를 매겼을 때 1등은 2등보다, 2등은 3등보다 성적이 높다고 할 수 있다. 하지만 1등과 2등, 2등과 3등 사이의 차이가 다르므로 1등과 2등의 차이는 2등과 3등의 차이와 같다고 말할 수 없다.

3) 등간척도

등간척도(interval scale)는 측정치 사이의 크기나 간격이 같은 척도를 의미하며 동간척도라고도 한다. 섭씨온도에서 10℃와 20℃의 차이는 20℃와 30℃의 차이와 같으며, 시험 점수 70점과 75점의 차이와 75점과 80점의 차이는 같다. 등간척도의 예로는 섭씨온도, 시험 점수, 지능지수 등이 있다. 등간척도는 서열척도가 가지고 있는 서열성뿐만 아니라 등간성을 가지고 있어 대소 구분뿐만 아니라 가감승제 중 덧셈과 뺄셈이 가능하다. 등간척도는 임의영점은 가지고 있지만 절대영점을 가지지 못한다는 한계점이 있다. 임의영점(arbitrary zero)이란 아무것도 존재하지 않는 것이 아니라 시험 성적에서 0점이나 섭씨온도에서의 0℃처럼 임의의 어떤 수준을 0으로 정해 놓은 것을 의미한다. 즉, 섭씨온도에서 0℃는 온도가 존재하지 않는 것이 아니라 온도의 한 수준을 말한다.

4) 비율척도

비율척도(ratio scale)는 서열척도의 서열성, 등간척도의 등간성뿐만 아니라 비율성과 절대영점을 가지고 있는 척도를 의미한다. 절대영점(absolute zero)이란 어떤 특성이 물리적으로 전혀 존재하지 않는 상태를 의미한다. 무게가 0이라는 것은 무게가 물리적으로 전혀 없다는 것을 의미하며, 길이가 0이라는 것도 길이가 없다는 것을 의미한다. 비율척도의 예로는 무게와 길이 등이 있다. 비율척도는 서열성, 등간성, 비율성이 있어 가감승제가 가능하여 통계 처리 측면에서 네 가지 척도 중 가장 완전한 척도라고 할 수 있다.

이상에서 설명한 명명척도, 서열척도, 등간척도, 비율척도의 특성을 요약하면 〈표 1-1〉과 같다.

〈표 1-1〉 명명척도, 서열척도, 등간척도, 비율척도의 특성

척도	명명성 (대상 분류)	서열성 (대소 비교)	등간성 (임의영점)	비율성 (절대영점)
명명척도	○	×	×	×
서열척도	○	○	×	×
등간측도	○	○	○	×
비율척도	○	○	○	○

3. 모집단과 표본

1) 모집단, 표본, 표집, 일반화

연구를 위해서는 연구의 목적에 적합한 연구대상이 필요하다. 만약 여러분이 '대한민국 중학생의 학습동기와 학업성취도 간의 관계'에 대한 연구를 한다고 가정해 보자. 이때 연구대상은 대한민국 중학생 전체가 된다. 하지만 대한민국 중학생 전체를 대상으로 연구를 하기는 거의 불가능하다. 왜냐하면 대한민국 중학생 전체를 대상으로 학습동기와 학업성취도를 조사하려면 연구대상이 너무 많아 시간과 노력, 비용이 많이 들기 때문이다. 대한민국 중학생 전체처럼 모집단에 포함된 연구대상이 너무 많아 연구가 어렵거나 불가능할 경우, 모집단에 포함된 연구대상 중 일부를 추출하여 연구를 하는 것이 일반적이다.

모집단(population)이란 연구의 대상이 되는 전체 집단을 의미하며, 전집이라고도 한다. 앞의 예에서 모집단은 대한민국 중학생 전체를 의미한다. 모집단을 대상으로 연구하는 것이 실제적으로 어렵기 때문에 사회과학 분야에서는 모집단 중 일부를 추출하여 연구를 하게 되는데, 이렇게 추출된 집단을 표본이라고 한다. 표본(sample)은 모집단의 어떤 특성을 추정하기 위하여 모집단을 대표하여 추출된 대상의 군집을 의미한다. 모집단에서 표본을 추출하는 과정 또는 그 행위를 표집(sampling)이라고 한다. 대부분의 연구에서 표집을 통해 모집단에서 추출된 표본의 특성을 가지고 모집단의 특성을 추정 또는 추론하므로 모집단의 특성을 대표할 수 있는 표본을 표집할 필요가 있다.

표본을 대상으로 조사한 결과를 모집단의 결과로 추정하는 절차를 일반화(generalization)라고 한다. 일반화의 정확성은 표본이 얼마나 모집단의 특성을 대표하고 있는지에 따라 좌우된다. 모집단에 대한 표본의 대표성이 높을수록 표본의 특성인 통계치와 모집단의 특성인 모수치 간의 차이인 표집오차(sampling error)가 작아져 표본의 결과를 모집단의 결과로 추론하는 일반화의 정확성은 높아진다. 표본의 크기 또한 표집오차와 관계가 있다. 표본의 크기가 클수록 모집단의 특성과 가까워지므로 가능하면 많은 수의 표본이 필요하다. 하지만 표집을 하는 이유가 연구자의 노력, 시간, 경비를 줄여 효율적인 연구를 하는 데 목적이 있으므로, 무조건 표집을 많이 할 수는 없다. 표본의 크기를 어느 정도로 하는 것이 적절한지에 대한 절대적인 기준은 없으며, 모집단의 크기, 변수의 특성, 연구방법, 통계분석방법 등을 고려하여 결정하는 것이 좋다. 일반적으로 실험연구의 경우 실험집단과 통제집단 각각 15명 전후가 적합하며, 조사연구의 경우 200명 이상이 되는 것이 좋다. 조사연구라 할지라도 하위집단 간 비교를 할 경우 하위집단의 표본의 크기가 너무 작으면 비교가 어렵기 때문에 충분하게 표집하여야 한다. 구조방정식모형(Structural Equation Modeling)의 경우, 다른 통계분석방법과는 달리 원활한 통계분석을 위해 잠재변수의 수에 비례하여 충분한 표본이 있어야 한다.

모집단과 표본 간의 관계를 그림으로 나타내면 [그림 1-2]와 같다.

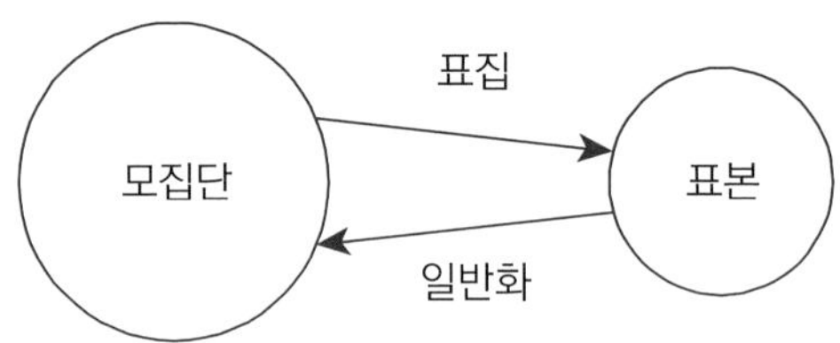

[그림 1-2] 모집단과 표본의 관계

2) 모수치와 통계치

모집단에 포함된 구성원이 적어서 모집단의 모든 구성원을 대상으로 연구를 하는 경우도 있지만, 일반적으로 연구자들은 표본을 연구하여 그 결과를 모집단의 결과로 추론한다. 모집단 전체에 대한 조사를 전수조사(complete enumeration survey)라고 하고, 모집단 내의 일부만을 조사하여 전체를 추정하는 조사를 표본조사(sample survey)라고 한다. 전수조사는 표본에서 모집단을 추정하는 것이 아니기 때문에 표본오차가 없다는 장점이 있으나, 시간과 비용이 많이 소용되기 때문에 모집단이 적은 경우를 제외하고는 거의 실시가 불가능하다. 그래서 일반적으로 표본조사가 많이 활용된다. 모수치(parameter)는 모집단이 지니고 있는 속성 또는 특성을 의미하며, 통계치(statistic)는 모집단의 모수치를 추정하기 위하여 모집단에서 추출된 표본의 속성을 의미한다.

표본에서 계산된 평균, 분산, 표준편차 등과 같은 통계치는 모집단의 평균, 분산, 표준편차를 추정하는 데 사용되므로 모수치와 통계치를 구분하여 제시할 필요가 있다. 〈표 1-2〉와 같이 모수치는 그리스 문자로 표시하고 통계치는 로마자로 표시한다. 그리스 문자의 대문자, 소문자, 발음과 관련된 내용은 이 책의 〈부록 2〉에 제시되어 있다.

〈표 1-2〉 모수치와 통계치의 기호

	모수치	통계치
평균	μ	$\overline{X}$
분산	σ^2	s^2
표준편차	σ	s
인원 수	N	n

표본의 속성인 통계치는 모집단의 속성인 모수치를 추정하기 위해 사용되므로 통계치는 가능한 모수치와 같거나 비슷해야 한다. 모수치에 가깝고 양호한 추정치(good estimates)를 불편파추정치(unbiased estimates)라고 한다. 만약 추정치가 모수치와 차이가 나면, 그 추정치는 편파성(bias)을 갖는다고 한다. 이상적인 추정치는 편파성이 0인 것을 말하며, 이때의 추정치를 불편파추정치라고 한다. 일반적으로 모집단의 분산을 구하기 위해서는 분모에 N을 사용하지만, 표본의 분산을 구하기 위해서는 n 대신에 $n-1$을 사용한다. 그 이유는 분모에 n을 사용하여 표본의 분산을 계산하면 모집단의 분산보다 표본의 분산이 작게 추정되기 때문이다. 따라서 표본의 분산 공식에서 분모에 $n-1$을 사용하여 표본의 분산을 계산하는데, 이렇게 하면 모집단의 분산과 비슷한 불편파추정치를 구할 수 있다.

모집단의 분산: $\sigma^2 = \dfrac{\Sigma(X_i - \mu)^2}{N}$ 　　표본의 분산: $s^2 = \dfrac{\Sigma(X_i - \overline{X})^2}{n-1}$

3) 기술통계와 추리통계

통계 또는 통계적 절차는 크게 기술통계와 추리통계로 구분할 수 있다. 기술통계(descriptive statistics)는 자료들을 단순히 서술 또는 기술하는 통계를 말한다. 예를 들어, 여러분이 중학교 수학 교사이고 얼마 전 학생들이 기말고사를 치렀다고 가정해 보자. 여러분은 학생들의 수학 시험 답안지를 채점한 후 평균과 표준편차 등을 계산하여 결과를 요약할 것이다. 또한 동료교사나 관리자가 학생들의 수학 성적을 물어 보았을 때 학생 한 명 한 명의 수학 성적을 이야기하지 않고, 그 반의 평균이나 표준편차 등 요약된 점수를 이야기할 것이다. 이와 같이 기술통계의 목적은 수집된 자료를 쉽게 이해할 수 있도록 요약하고 서술하는 데 있다.

추리통계(inferential statistics)는 표본에서 얻은 통계치를 가지고 모집단의 모수치를 추리 또는 추론하는 통계를 말한다. 예를 들어, 대통령 선거를 앞두고 어느 후보자를 지지하는가를 조사할 때 전체 유권자인 모집단 전체를 대상으로 조사하는 것이 거의 불가능하다. 이 경우, 유권자 중 일부를 표본으로 추출하여 그들을 대상으로 지지 후보를 조사한 다음 그 결과를 모집단인 전체 유권자의 후보 지지율로 추론하는데, 이것이 바로 추리통계이다.

대부분의 연구에서 통계치에 대한 유의성 검정을 실시한다. 그 이유는 통계분석을 하는 자료가 모수치가 아니라 통계치이기 때문이다. 즉, 표본의 자료로 통계분석을 실시한 다음 그 결과를 모집단의 결과로 추론을 하게 되는데, 표집오차 등이 작용하여 표본의 결과가 항상 모집단의 결과와 일치하지 않을 수 있다. 따라서 추리통계에서는 유의성 검정을 하게 되며, 이때 사용하는 것이 유의수준이다. 유의수준(significance level)은 실제로 모집단에서는 차이나 효과 등이 없는데도 불구하고 차이나 효과가 있다고 잘못된 결론을 내릴 확률, 즉 오류의 가능성을 의미한다. 예를 들어, 표본을 대상으로 성별에 따른 언어적 지능의 차이를 검정하여 '유의수준(α) .05에서 여학생이 남학생보다 언어적 지능이 높다.'라고 결론을 내렸다면, 모집단에서도 여학생이 남학생보다 언어적 지능이 높다는 추론이 95%는 맞지만, 표집오차 등의 이유로 5%는 이 추론에 오류가 있을 수 있다는 것을 의미한다. 유의수준에 대해서는 제2장에서 보다 구체적으로 설명하기로 한다.

4. 표집방법

표집(sampling)이란 모집단에서 표본을 추출하는 과정이다. 표집방법은 크게 확률적 표집과 비확률적 표집으로 나뉜다. 확률적 표집(probability sampling)은 모집단에 속해 있는 모든 단위 요소 또는 사례들이 표본으로 뽑힐 확률이 같도록 객관적으로 설계된 표집방법을 의미한다. 반면, 비확률적 표집(nonprobability sampling)은 확률을 고려하지 않고 연구자의 주관적 판단에 의해 임의로 표본을 추출하는 방법이다. 확률적 표집에는 단순무선표집, 체계적 표집, 층화표집, 군집표집, 층화군집표집 등이 있으며, 비확률적 표집에는 목적표집, 편의표집, 할당표집, 스노우볼표집 등이 있다. 확률적 표집으로 표본을 추출하여 연구를 하였을 경우에는 연구결과를 모집단의 연구결과로 일반화가 가능하다. 하지만 비확률적 표집으로 표본을 추출하여 연구를 하였을 경우, 연구결과를 모집단의 결과로 일반화하는 데는 문제가 있다. 왜냐하면 비확률적 표집은 연구자가 임의로 표집을 하므로 표집오차로 인해 표본이 모집단을 대표할 수 없기 때문이다.

1) 확률적 표집

단순무선표집(simple random sampling)이란 모집단의 모든 구성원이 표본에 추출될 확률이 같고, 하나의 구성원이 추출되는 사건이 다른 구성원이 추출되는 것에 영향을 주지 않는 독립적인 표집방법을 말한다. 단순무선표집의 방법으로는 난수표를 이용한 방법과 제비뽑기를 이용한 방법이 있다. 난수표(random number table)는 컴퓨터 등에 의해 무작위로 추출된 보통 5자리의 숫자들로 구성되어 있는 표를 말하며, 표본을 무작위로 선정할 때 사용된다. 난수표를 이용한 방법과 함께 단순무선표집방법으로 제비뽑기를 이용한 방법이 있다. 모집단의 구성원 1,000명 중 100명을 표집한다고 가정할 때, 1,000명의 이름이 적힌 동일한 크기의 구슬을 상자에 넣은 다음 표본 수가 100명이 될 때까지 1개씩 뽑는 것은 단순무선표집방법 중의 하나이다. 이때 1,000개의 구슬 중에서 1개의 구슬이 추출될 확률은 1/1000이며, 추출된 표본의 이름을 확인한 후 다시 상자에 넣은 후 2번째 구슬을 추출하므로 구슬이 추출될 확률은 항상 동일하게 된다.

체계적 표집(systematic sampling)은 계통표집이라고도 하며, 모집단의 표집목록(sampling frame)에서 일정한 간격을 두고 연구대상을 추출하는 표집방법이다. k번째 1의 법칙이 적용되므로 모집단에서 표본을 추출할 때 표본의 크기를 고려하여 모집단의 모든 대상이 표본에 추출될 수 있도록 k를 선정한 후, k번째마다 대상을 추출한다. 예를 들어, 100명의 학생 중 10명을 표집할 경우 1/10을 표집해야 하므로 1에서 10번 중 하나의 번호를 추출하여 10의 간격으로 학생을 추출하면 된다. 만약 2가 추출되었다면 표집목록에서 2, 12, 22, 32, 42, 52, 62, 72, 82, 92번의 학생을 추출하면 된다.

유층표집(stratified sampling)은 층화표집이라고도 하며, 모집단 안에 동일성을 갖는 여러 개의 하부집단이 있다고 가정할 때 모집단을 속성에 따라 계층으로 구분하고 각 계층에서 단순무선표집을 하는 표집방법이다. 예를 들어, 대학생을 대상으로 대학생활만족도를 연구하고자 할 때 각 단과대학별로 학생들이 느끼는 대학생활만족도가 다를 수 있으므로 각 단과대학별로 단순무선표집을 하는 것이 유층표집이다. 만약 단과대학별로 단순무선표집을 하지 않고 전체 대학생을 대상으로 단순무선표집을 하면, 어떤 단과대학 학생은 많이 추출되고 어떤 단과대학은 학생이 거의 추출이 되지 않아 단과대학 간의 대학생활만족도 비교가 어려울 수 있다. 유층표집에는 각 계층 간에 동일한 표집비율을 적용하여 표집하는 방법인 비례유층표집(proportional stratified sampling, 비율표집)과 비율을 적용하지 않고 일정 크기의 표본을 추출하는 방법인 비비례유층표집(nonproportional stratified sampling, 비비율표집)이 있다. 단과대학 수가 10개이고, 학생 수가 5,000명인 대학에서 전체 인원의 10%인 500명을 표집할 때, 각 단과대학별로 정원의 10%를 표집하는 것은 비례유층표집이며, 단과대학 정원에 관계없이 각 단과대학에서 50명씩 총 500명의 학생을 표집하는 것은 비비례유층표집이다.

군집표집(cluster sampling)은 집락표집이라고도 하며, 모집단에서 일정 수의 군집을 추출한 다음 표집된 군집에서 단순무선표집으로 표본을 추출하는 표집방법이다. 군집표집에서는 표집의 단위가 개인이나 요소가 아니라 학교, 학급 등과 같은 집단이다. 예를 들어, 어느 도시에 있는 200개 초등학교 6학년 학생들의 키와 몸무게를 측정하고자 할 때 학생들을 표집단위로 단순무선표집을 하면, 거의 대부분의 초등학교 학생들이 표본에 포함될 가능성이 높아 실제 조사 시 시간, 노력, 경비가 많이 들 수 있다. 이 경우, 학생을 표집단위로 하지 않고 학교를 표집단위로 하여 일정 수의 초등학교를 먼저 표집한 다음 표집된 학교에서 단순무선표집으로 학생들을 추출할 수 있다. 앞의 예에서 200개의 초등학교 중 20개의 초등학교를 표집한 다음, 20개 초등학교 학생을 대상으로 단순무선표집을 하면 시간이나 노력, 경비를 줄일 수 있다. 이와 같이 표집을 할 때 표집의 단위가 개인이 아니라 집단일 경우 군집표집이라고 한다.

층화군집표집(stratified cluster sampling)은 모집단을 어떤 속성에 의하여 계층으로 구분한 후 표집단위를 개인이 아니라 집단으로 하여 표집하는 방법으로, 층화표집과 군집표집을 합쳐 놓은 방법이다. 예를 들어, 초·중·고 교사들의 리더십 유형에 차이가 있는지를 알아보기 위해 모집단을 우선 초등학교, 중학교, 고등학교로 나눈 다음(층화표집) 학교를 표집단위로 하여 학교급별로 학교를 표집한다면(군집표집), 이는 층화군집표집을 하는 것이다.

2) 비확률적 표집

목적표집(purposeful sampling)은 의도적 표집이라고도 하며, 연구의 목적을 위하여 연구자가 의도적으로 표집하는 방법을 말한다. 고등학생들을 대상으로 학습동기에 대한 연구를 할 때 타 학교에 비해 학습동기가 높을 것 같은 고등학교를 선정하여 연구를 할 경우 목적표집에 해당된다.

편의표집(convenience sampling)은 우연적 표집이라고도 하며, 특별한 표집계획 없이 연구자가 임의대로 손쉽게 구할 수 있는 대상들 중에서 표집하는 방법이다. 중학생의 학습동기와 학업성취도 간의 관계에 대한 연구를 하고자 할 때 연구자가 교사로 근무하고 있는 중학교에서 설문 조사를 하였을 경우 편의표집에 해당된다.

할당표집(quota sampling)은 선택하고자 하는 표본의 집단별 분포를 미리 알고, 그에 맞추어 각 집단 내에서 할당된 수만큼의 표본을 임의로 추출하는 방법이다. 모집단을 여러 개의 하위집단으로 구분하여 표집을 진행한다는 측면에서는 층화표집과 비슷하지만, 연구자의 주관적인 판단으로 표본을 구성한다는 측면에서는 편의표집이나 목적표집과 유사하다. 예를 들어, 고등학생의 지능에 대한 연구를 위해 500명을 추출하고자 할 때 연구자가 남학생을 400명, 여학생을 100명으로 해당 비율을 미리 정하여 두고 모집단에서 임의로 표본을 추출하거나, 지역별로 서울 200명, 부산 150명, 대구 150명 등으로 비율을 정해 두고 표집을 할 경우 할당표집에 해당된다.

스노우볼표집(snowball sampling)은 연구대상에 대한 사전정보가 거의 없어 소수의 표본을 표집한 후 이들로부터 소개를 받아 원하는 표본 수를 얻을 때까지 눈덩이를 굴리는 것과 같이 계속적으로 표본을 확대해 가는 방법이다. 예를 들어, 가출 청소년의 자아효능감, 부모-자녀 관계, 또래관계 등을 연구할 때, 기관 등에서 가출 청소년을 소개받아 설문조사를 실시한 후 이들로부터 다른 가출 청소년을 소개받는 방식으로 연구대상을 연속적으로 확보하는 방법이다.

연습문제

1. 다음 용어들의 개념을 설명하라.

1) 변수	2) 상수	3) 독립변수
4) 종속변수	5) 혼재변수	6) 매개변수
7) 조절변수	8) 질적 변수	9) 양적 변수
10) 연속변수	11) 비연속변수	12) 척도
13) 명명척도	14) 서열척도	15) 등간척도
16) 비율척도	17) 모집단	18) 표본
19) 표집	20) 일반화	21) 표집오차
22) 전수조사	23) 표본조사	24) 모수치
25) 통계치	26) 불편파추정치	27) 기술통계
28) 추리통계	29) 확률적 표집	30) 비확률적 표집
31) 단순무선표집	32) 체계적 표집	33) 유층표집
34) 군집표집	35) 층화군집표집	36) 목적표집
37) 편의표집	38) 할당표집	39) 스노우볼표집

제2장

가설검정

1. 가설
2. 가설의 검정과 오류

1. 가설

연구(research)란 체계적이고 과학적인 방법을 이용하여 문제를 해결하는 과정을 의미한다. 즉, 연구의 목적을 달성하기 위해 연구문제나 가설을 설정하고, 이를 해결하기 위해 정보나 자료를 수집하여 분석하는 체계적인 절차를 말한다. 따라서 연구주제가 선정되면 연구자는 연구를 구체화하기 위해 연구주제에 맞는 연구문제 또는 가설을 설정한다. 연구문제(research question)는 연구주제를 분명하고 구체적으로 파악하도록 둘 또는 그 이상의 변수 간의 관계에 대해 의문문 형식으로 제시한다. 가설(hypothesis)은 연구에서 제기된 연구문제에 대한 잠정적인 해답이나 결론 또는 변수 간의 관계에 대해 잠정적으로 내린 추측이나 결론을 의미하며 평서문으로 제시한다.

연구자가 '중학생의 학습동기와 학업성취도 간의 관계'라는 연구주제로 연구를 진행한다고 가정하자. 이 연구주제에 대한 연구문제는 '중학생의 학습동기와 학업성취도 간의 관계는 어떠한가?' 또는 '중학생의 학습동기와 학업성취도 간에는 관계가 있는가?'로 진술할 수 있다. 이 연구주제에 대한 가설은 '중학생의 학습동기와 학업성취도 간에는 관계가 없을 것이다.' 또는 '중학생의 학습동기와 학업성취도 간에는 관계가 있을 것이다.'로 진술할 수 있다. 예전에는 연구에서 가설을 제시한 후 가설검정을 하는 것이 일반적이었으나, 최근에는 대부분의 연구에서 가설 대신에 연구문제를 제시하고 연구문제에 대한 해답을 구한다. 통계에서는 가설을 설정하고 가설의 채택 및 기각 여부에 대한 유의성을 검정하므로 여기서는 가설에 대해 살펴보기로 한다.

가설은 가설의 내용에 따라 영가설과 대립가설로 구분되며, 가설의 진술방법에 따라 서술적 가설과 통계적 가설로 구분된다.

1) 영가설과 대립가설

영가설(null hypothesis)은 귀무가설이라고도 하며 둘 또는 그 이상의 모수치 간에 '차이가 없다.', '관계가 없다.', '효과가 없다.' 등으로 진술하는 가설로 H_0으로 표기한다. 영가설은 차이, 관계, 혹은 효과를 0으로 추측하기 때문에 영가설이라고 하며, 만약 차이나 관계 등이 있다면 그것은 표집오차에 의한 우연적 요인에 기인한 것으로 본다. 영가설의 예로는 '초등학생의 학습동기와 학업성취도 간에는 관계가 없다.', '중학생의 성별 간 수학적 지능에는 차이가 없다.', '대학생의 진로또래상담은 진로준비행동 향상에 효과가 없다.' 등을 들 수 있다.

예전의 논문들을 보면 연구문제 대신 가설을 제시하고 있으며, 대부분의 연구에서 영가설을 제시하고 있다. 따라서 논문을 읽는 사람들, 특히 연구의 초심자들은 논문에 제시된 영가설을 보고 종종 오해하는 경우가 있다. 연구자들은 대상에 따라 차이가 있거나, 변수 간에 상관이 있거나 또는 실험처치가 효과가 있을 것으로 예측하고 연구를 하는데, 왜 차이, 상관, 효과 등이 없다는 영가설로 진술을 할까? 영가설이 연구자의 의도를 그대로 반영한 가설일까? 영가설은 가설검정에서 기각하려고 의도하는 가설로 연구자는 연구를 통해 영가설을 기각함으로써 연구자가 의도한 결과를 도출한다. 따라서 예전의 논문은 영가설을 제시한 후 영가설을 기각하는 데 연구의 목적이 있으므로, 제시한 영가설이 연구자의 의도가 반영된 가설로 오해해서는 안 된다.

대립가설(alternative hypothesis)은 영가설과 반대되는 가설로 가설검정 결과 영가설이 거짓일 때 참이 되는 가설이다. 대립가설은 둘 또는 그 이상의 모수치 간에 '차이가 있다.', '관계가 있다.', '효과가 있다.' 등으로 진술하는 가설로 H_1 또는 H_A로 표기한다. 대립가설은 통계값 간의 차이나 관계 등이 있다면 그것은 표집오차에 의한 우연적 요인에 기인한 것이 아니라 모수치 간의 유의미한 차이 또는 관계에 의한 것이라고 진술하는 가설이다. 대립가설의 예로는 '초등학생의 학습동기와 학업성취도 간에는 관계가 있다.', '중학생의 성별 간 수학적 지능에는 차이가 있다.', '대학생의 진로또래상담은 진로준비행동 향상에 효과가 있다.' 등을 들 수 있다. 대립가설은 연구자가 연구에서 주장하고자 하는, 즉 연구자의 의도가 포함된 가설이기 때문에 연구가설(research hypothesis)이라고도 한다. '초등학생의 학습동기와 학업성취도 간에는 관계가 있다.'라는 가설에서 연구자는 학습동기와 학업성취도 간에 관계가 있다는 것을 가정하고 실제로 두 변수 간에 관계가 있는지를 확인하기 위해 연구를 하는 것이므로 이 대립가설은 연구가설이 된다.

대립가설은 진술하는 방법에 따라 방향가설과 비방향가설로 구분된다. 방향가설(directional hypothesis)은 '남자 중학생이 여자 중학생보다 수학적 지능이 높다.' 또는 '여자 중학생이 남자 중학생보다 언어적 지능이 높다.'와 같이 차이의 방향을 제시한 가설이다. 방향가설을 검정할 때는 단측검정(one-tailed test)으로 통계적 유의성을 검정한다. 비방향가설(nondirectional hypothesis)은 '중학생의 성별 간 수학적 지능에는 차이가 있다.'와 같이 차이의 유무만 진술하지 차이의 방향은 제시하지 않는 가설이다. 비방향가설을 검정할 때는 양측검정(two-tailed test)으로 통계적 유의성을 검정한다.

2) 서술적 가설과 통계적 가설

서술적 가설과 통계적 가설은 가설을 진술하는 방법의 차이이며, 가설의 내용에는 차이가 없다. 서술적 가설(descriptive hypothesis)은 연구자가 검정하고자 하는 영가설 또는 대립가설을 언어로 기술 또는 서술하는 가설이다. '중학생의 성별 간 수학적 지능에는 차이가 없다.' 또는 '중학생의 성별 간 수학적 지능에는 차이가 있다.'는 서술적 가설의 예이다. 반면, 통계적 가설(statistical hypothesis)은 서술적 가설을 어떤 기호나 수로 표현한 가설을 말한다. 예를 들면 '$H_0 : \mu_1 = \mu_2$' 또는 '$H_1 : \mu_1 \neq \mu_2$' 등은 기호와 수로 표현한 통계적 가설이다.

〈표 2-1〉은 영가설과 대립가설을 서술적 가설과 통계적 가설로 제시한 것이다.

〈표 2-1〉 영가설, 대립가설, 서술적 가설, 통계적 가설의 예시

	영가설	대립가설
서술적 가설	중학생의 성별 간 수학적 지능에는 차이가 없다.	중학생의 성별 간 수학적 지능에는 차이가 있다.
통계적 가설	$H_0 : \mu_1 = \mu_2$	$H_1 : \mu_1 \neq \mu_2$

 2. 가설의 검정과 오류

1) 가설검정

사회과학 분야의 대부분 연구는 모집단을 모두 조사하거나 관찰하기 어려우므로 그 일부인 표본을 대상으로 자료를 조사하고 분석한 후 그 결과를 모집단의 결과로 추론하는 과정을 거친다. 즉, 표본에서 얻은 통계치를 가지고 모집단의 속성을 추리하는 과정을 거치게 되는데 이러한 과정을 통계적 추론(statistical inference)이라고 하며, 이러한 통계를 추리통계(inferential statistics)라고 한다. 예를 들어 '부산지역 대학생의 진로성숙도 및 진로동기가 진로준비행동에 미치는 영향'이라는 연구에서 비용, 시간, 노력 등의 이유로 모집단인 부산지역 대학생 모두에게 설문조사를 실시하기가 어렵다. 따라서 부산지역 대학생 일부만을 표집하여 설문조사를 실시하고, 결과를 분석한 후 그 결과를 부산지역 전체 대학생의 결과로 추론한다.

가설검정(hypothesis testing)이란 표본의 자료에 근거하여 연구에서 설정한 가설을 확률적으로 판단하는 과정이다. 일반적으로 연구에서 영가설을 설정하고, 연구의 목적이 영가설을 기각하는 데 있으므로 가설검정은 영가설의 기각 여부를 확률적으로 판단하는 과정이라고 할 수 있다. 가설검정은 [그림 2-1]과 같이 5단계의 과정을 거친다.

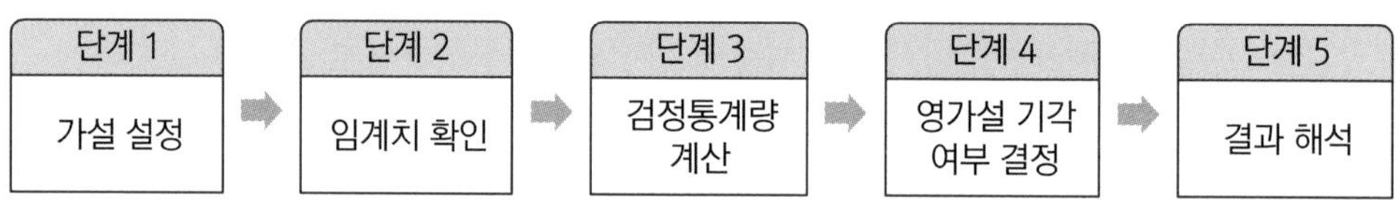

[그림 2-1] 가설검정 과정

첫째, 가설을 설정한다. 가설은 영가설과 대립가설로 설정한다. 통계 관련 단행본 서적에서는 주로 통계적 가설로 제시하는 반면, 논문에서는 주로 서술적 가설로 제시한다. 가설은 통계 처리방법에 맞게 제시하며, 각 통계 처리방법에 따른 가설 제시방법은 5장 이후의 각 장에서 제시되어 있다. 여기서는 이 책의 5장에서 설명하고 있는 상관분석의 가설 예시를 살펴보기로 하자.

$H_0 : \rho = 0$ (영가설: 두 변수 간에 상관이 없다.)

$H_A : \rho \neq 0$ (대립가설: 두 변수 간에 상관이 있다.)

둘째, 유의수준과 자유도를 고려하여 표집분포에서 임계치를 찾는다. 유의수준은 가설 설정 시 연구자에 의해 설정되며, 사회과학 분야에서는 선행연구 고찰을 통해 영가설을 기각할 수 있는 확신이 높으면 1%의 유의수준(또는 $\alpha = .01$)으로 설정하고, 낮으면 5%의 유의수준(또는 $\alpha = .05$)으로 설정한다. 자유도는 일반적으로 상관분석은 $n-2$, 단일표본 t 검정과 대응표본 t 검정은 $n-1$, 독립표본 t 검정은 $(n_1-1)+(n_2-1)$, 분산분석은 집단 간 자유도($\upsilon 1$: 집단 수−1)와 집단 내 자유도($\upsilon 2$: 전체 표본 수−집단 수)를 사용한다. χ^2 검정의 자유도는 $(I-1)(J-1)$로 한 변수의 범주 수(I)와 다른 변수의 범주 수(J)에서 각각 1을 뺀 다음 곱을 하면 된다.

표집분포에는 t 분포, F 분포, χ^2 분포 등이 있으며, 상관분석과 t 검정은 t 분포표에서, 분산분석은 F 분포표에서, 그리고 χ^2 검정은 χ^2 분포표에서 임계치를 찾으면 된다.

셋째, 검정통계량을 구한다. 검정통계량에는 t 통계값, F 통계값, χ^2 통계값 등이 있다. 상관분석과 t 검정은 t 통계값을, 분산분석은 F 통계값을, 그리고 χ^2 검정은 χ^2 통계값을 계산하여야 하며, 이들 검정통계량의 계산 공식은 이 책의 각 장에서 제시하고 있다.

넷째, 영가설 기각 여부를 결정한다. 단계 2의 임계치와 단계 3의 검정통계량을 비교하여 영가설 기각 여부를 결정하는데, 검정통계량의 절대값이 임계치보다 크면 영가설을 기각하게 된다. 반대로 검정통계량의 절대값이 임계치보다 작으면 영가설을 채택하게 된다. 이 경우, 영가설을 채택한다고 하는 것보다는 영가설을 기각하는 데 실패했다고 하는 것이 더 바람직한 해석이다. '영가설을 채택했다.'와 '영가설을 기각하는 데 실패했다.'는 같은 의미이지만 연구의 목적이 영가설을 기각하는 데 있으므로 '영가설을 기각하는 데 실패했다.'로 해석하는 것이 좋다.

다섯째, 결과를 해석한다. 결과 해석은 단계 4의 영가설 기각 여부를 연구가설과 결부시켜 의미를 부여하는 것으로 결과를 해석할 때는 유의수준과 연구가설에 포함된 변수명을 사용하여 제시한다. 예를 들어, 유의수준(α) .05에서 고등학생의 지능과 학업성취도 간의 상관을 분석한 결과 단계 4에서 영가설을 기각하였을 때 '유의수준(α) .05에서 고등학생의 지능과 학업성취도 간에는 유의미한 상관이 있다.'라고 해석할 수 있다. 만약 영가설을 기각하는 데 실패했을 경우는 '유의수준(α) .05에서 고등학생의 지능과 학업성취도 간에는 유의미한 상관이 없다.'라고 해석해야 한다.

가설검정의 단계에서 사용되는 기본적인 개념들에 대해서 살펴보자.

유의수준(level of significance)은 영가설이 참일 때 영가설을 기각하고 대립가설을 채택하는 확률, 즉 제1종 오류(type I error)를 범할 확률을 의미하며, α로 표기한다. 유의수준은 자료에 대해 통계분석을 하기 전에 연구자가 이론적 배경에 근거하여 결정하며, 일반적으로 사회과학 분야에서는 유의수준을 .05 또는 .01로 설정한다. 유의수준 .05의 의미는 표본을 대상으로 연구하여 그 결과를 모집단의 결과로 추론할 때 표집오차 등으로 인하여 그 추론이 95%는 맞지만 5%는 틀릴 수도 있다는 것을 인정하는 것이다. 다르게 설명하면, 동일한 연구를 100번 실시하였을 때 실제 영가설이 참이어서 영가설을 채택해야 함에도 영가설을 기각하는 경우가 100번 중에 5번이 있을 수 있다는 것을 의미한다.

SPSS 통계 프로그램에서는 유의수준 대신에 유의확률을 제공하고 있는데, 유의확률(significance probability)은 표집분포에서 검정통계량의 바깥 부분의 넓이, 즉 영가설 기각역의 면적으로 p-값(probability value, p-value)이라고도 하며, p로 표기한다. 유의확률(p)이 유의수준(α)보다 낮거나 같으면 영가설을 기각하고 대립가설을 채택하게 되며, 반대로 유의수준보다 높으면 영가설을 기각하지 않는다. 예를 들어, 유의확률 $p=.023$이면 유의수준 $\alpha=.05$보다 작으므로 5%의 유의수준에서 영가설을 기각하게 된다. 하지만 $\alpha=.01$보다는 크므로 1%의 유의수준에서는 영가설을 기각하지 못한다.

자유도(degrees of freedom)는 주어진 조건에서 독립적으로 자유롭게 변화할 수 있는 점수나 변수의 수를 의미하며, df 또는 v로 표기한다. 예를 들어, 5명의 이름을 적은 구슬을 항아리에 넣은 다음 하나씩 뽑는다고 가정해 보자. 첫 번째 구슬을 뽑을 때는 5개의 구슬 중 어느 것이나 자유롭게 뽑힐 수 있다. 이와 같은 방법으로 4번째 구슬을 뽑을 때까지는 어느 구슬이나 자유롭게 뽑힐 수 있다. 즉, 어느 구슬이 뽑힐지 알 수 없다. 하지만 5번째는 항아리에 구슬이 하나밖에 없으므로 무조건 남아 있는 구슬을 뽑을 수밖에 없다. 따라서 자유롭게 뽑힐 수 있는 구슬의 수는 4개이다.

자유도는 또한 원점수와 평균의 차이인 편차의 합이 0이면서, 즉 평균을 유지하면서 자유롭게 어떤 값도 가질 수 있는 사례의 수로 정의할 수 있다. 예를 들어, 5개의 점수가 있을 때 자유도는 4가 된다. 4개의 점수의 편차가 −5, 4, −3, 2라면, 편차의 합이 0이 되기 위해서는 다섯 번째 점수는 반드시 편차가 2가 되는 점수이어야 한다. 즉, 5개의 점수 중 4개는 자유롭게 어떤 점수를 가져도 되기 때문에 자유도는 4가 된다. 같은 내용을 편차가 아닌 원점수로 설명해 보자. 5명의 수학 성적이 5, 7, 4, 6, 8인 경우 평균 점수는 6점이 된다. 5명 중 4명은 자유롭게 어떤 점수라도 가질 수 있지만, 나머지 1명은 평균 점수 6점을 유지하기 위해 자유롭게 아무 점수나 가질 수 없고 특정 점수를 가져야 하므로 자유도는 4가 된다.

한편, 이 책 제4장의 중심경향값과 분산도에서 제시하고 있듯이 모집단과 표본의 분산을 구하는 공식은 다음과 같다.

모집단의 분산: $\sigma^2 = \dfrac{\Sigma(X_i - \mu)^2}{N}$ 표본의 분산: $S^2 = \dfrac{\Sigma(X_i - \overline{X})^2}{n-1}$

이 공식에서 볼 수 있듯이, 모집단의 분산을 구하는 공식에서는 분모에 N을 사용하지만 표본의 분산을 구할 때는 분모에 $n-1$을 사용한다. 만약 모집단의 분산을 구하는 공식처럼 편차 점수의 제곱의 합을 $n-1$이 아닌 n으로 나누면 표본의 분산이 모집단의 분산보다 작아지는 편파추정치(biased estimator)가 된다. 따라서 분모에 n 대신에 $n-1$을 사용하여 표본의 분산을 계산한다. 이렇게 표본의 분산을 계산하면 모집단의 분산을 더 정확하게 추정하게 되는데, 이를 불편파추정치(unbiased estimator)라고 한다. 표본의 분산 공식의 분모에 사용한 $n-1$을 자유도라고도 한다. 상관분석, t 검정, 분산분석, χ^2 검정에 따라 자유도를 추정하는 방법에는 차이가 있으므로 각 통계방법별 자유도는 각 장에서 설명하기로 한다.

표집분포(sampling distribution)는 가설검정에서 영가설 기각 여부를 결정하기 위해 사용하는 이론적인 확률분포를 말한다. 표집분포에는 정규분포, t 분포, F 분포, χ^2 분포 등이 있으며, 각 분포는 통계적 검정방법에 따라 결정된다. t 검정에서는 t 분포를, 분산분석에서는 F 분포를, 교차분석에서는 χ^2 분포를 사용한다. t 분포표, F 분포표, χ^2 분포표는 이 책의 부록에 제시되어 있다.

임계치(critical values)는 표집분포에서 영가설의 기각역과 채택역을 구분하는 값으로 기각값이라고도 한다. 임계치는 검정 형태(단측검정, 양측검정), 표집분포의 종류(t 분포, F 분포, χ^2 분포 등), 유의수준, 자유도에 따라 결정된다. 표집분포에서 임계치를 찾는 방법은 상관분석, t 검정, 분산분석, χ^2 검정 등 이후의 장에서 설명하기로 한다.

검정통계량(test statistic)은 가설검정에서 영가설 기각 여부를 결정하기 위한 통계값(t 통계값, F 통계값, χ^2 통계값 등)을 의미한다. 검정통계량을 구하는 방법은 상관분석, t 검정, 분산분석, χ^2 검정 등의 통계방법에 따라 차이가 있다. 검정통계량과 임계치를 비교하여 영가설 기각 여부를 결정하는데, 검정통계량의 절대값이 임계치보다 크면 영가설을 기각하게 된다.

가설검정의 양측검정과 단측검정에서 기각역, 채택역, 임계치 간의 관계를 그림으로 나타내면 [그림 2-2]와 같다.

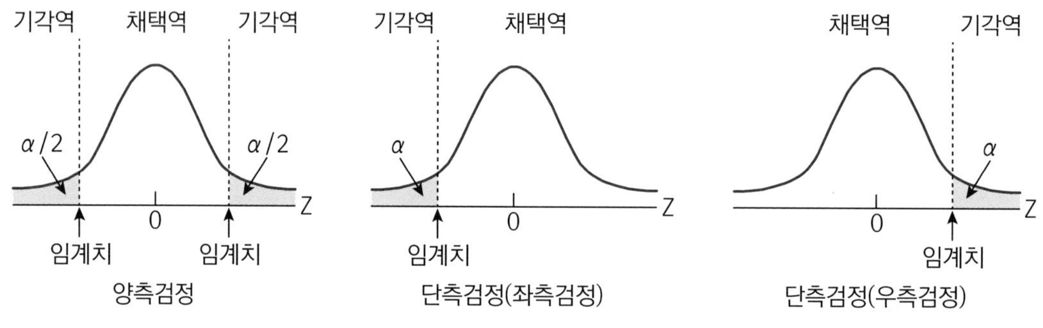

[그림 2-2] 가설검정의 형태와 기각역, 채택역, 임계치 간의 관계

2) 가설검정의 오류

가설검정은 표본의 검정통계량에 근거하여 영가설 기각 여부를 확률적으로 판단하는 과정이다. 표집오차 등으로 인해 표본의 통계치는 차이가 있을 수 있으며, 연구자가 내린 결론은 오류를 범할 가능성을 내포하고 있다. 가설검정 과정에서 연구자가 범할 수 있는 판단의 오류에는 제1종 오류와 제2종 오류가 있다. 제1종 오류 및 제2종 오류, 통계적 검정력을 이해하기 위해 [그림 2-3]을 살펴보자.

		진리	
		H_0	H_A
의사결정	H_0	$1-\alpha$	β 제2종 오류
	H_A	α 제1종 오류	$1-\beta$ 통계적 검정력

[그림 2-3] 제1종 오류, 제2종 오류, 통계적 검정력

[그림 2-3]에서와 같이 영가설(H_0)이 참일 때 영가설(H_0)을 채택하는 결정($1-\alpha$)과 대립가설(H_A)이 참일 때 대립가설(H_A)을 채택하는 결정($1-\beta$)은 옳은 결정이다. 하지만 영가설(H_0)이 참일 때 대립가설(H_A)을 채택하는 결정(α)과 대립가설(H_A)이 참일 때 영가설(H_0)을 채택하는 결정(β)은 잘못된 결정이며, 이들을 각각 제1종 오류와 제2종 오류라고 한다.

제1종 오류(type Ⅰ error)는 영가설이 참인데도 영가설을 기각하고 대립가설을 채택하는 오류를 의미하며, α로 표기한다. 중학생의 성별 간 수학적 지능에는 차이가 없는데 차이가 있다고 판단을 내리는 경우가 여기에 해당한다. 제1종 오류를 나타내는 α를 유의수준이라고 한다.

제2종 오류(type Ⅱ error)는 대립가설이 참임에도 불구하고 대립가설을 기각하고 영가설을 채택하는 오류를 의미하며, β로 표기한다. 중학생의 성별 간 수학적 지능에는 차이가 있는데 차이가 없다고 판단을 내리는 경우가 여기에 해당한다.

한편, 통계적 검정력(statistical power)은 영가설이 참이 아닐 때 영가설을 기각하는 확률, 즉 대립가설이 참일 때 대립가설을 채택함으로써 올바른 결정을 내릴 확률을 의미하며, $1-\beta$로 표기한다. 중학생의 성별 간 수학적 지능에 차이가 있을 때 차이가 있다고 판단을 내리는 경우가 여기에 해당한다.

통계적 검정력에 영향을 미치는 요인은 다음과 같다. 첫째, 유의수준 α이다. 유의수준 α가 높을수록(α의 값이 클수록) 통계적 검정력이 높고, 유의수준이 낮을수록(α의 값이 작을수록) 통계적 검정력은 낮다. 즉, 유의수준 α를 낮게 설정하면 영가설을 기각할 수 있는 확률은 낮아지지만, 제2종 오류 β를 범할 확률은 높아진다. 따라서 α가 낮아지면 β가 커지고, 이로 인해 통계적 검정력인 $1-\beta$는 낮아진다. 유의수준 α가 .05일 때보

다 .01일 때, .01일 때보다 .001일 때 제2종 오류 β를 범할 확률은 높아진다. 둘째, 표본의 크기, 즉 사례 수(n)이다. 사례 수(n)가 증가할수록 통계적 검정력은 증가한다. 예를 들어, 지능과 성적 간의 관계를 알아보기 위해 Pearson의 단순적률상관계수를 산출하였더니 $r=.80$이었다. 상관계수 .80은 일반적으로 상관이 매우 높다고 해석하지만, 상관계수의 유의성을 검정하였을 경우 사례 수(n)가 적으면, 통계적으로 유의미한 상관이 없다는 영가설을 채택할 가능성이 크다. 이와는 반대로 두 변수 간의 상관계수가 $r=.20$으로 상관이 매우 낮음에도 사례 수(n)가 많으면 두 변수 간에 통계적으로 유의미한 상관이 있다는 대립가설을 채택할 가능성이 크다. 셋째, 표준편차이다. 표준편차가 클수록 표준오차가 증가하며, 그 결과 t 통계값, F 통계값, χ^2 통계값 등과 같은 검정통계량 값이 작아지므로 통계적 검정력은 낮아진다.

연습문제

1. 다음 용어들의 개념을 설명하라.

1) 연구	2) 연구문제	3) 가설
4) 영가설	5) 대립가설	6) 연구가설
7) 방향가설	8) 비방향가설	9) 서술적 가설
10) 통계적 가설	11) 통계적 추론	12) 가설검정
13) 유의수준	14) 유의확률	15) 자유도
16) 표집분포	17) 임계치	18) 검정통계량
19) 제1종 오류	20) 제2종 오류	21) 통계적 검정력

제3장

데이터의 입력과 변환

1. 데이터의 입력과 저장
2. 데이터의 변환

1. 데이터의 입력과 저장

조사연구에서는 연구문제와 관련된 변수들의 특성을 알아보기 위해 대부분 설문지를 사용한다. 연구주제나 통계분석방법에 따라 적절한 수의 연구대상에게 설문을 실시한 후 그 결과를 분석하게 되는데, 결과를 분석하기 위해서는 우선 설문지 응답결과를 입력하여야 한다. 데이터의 입력방법에는 SPSS 프로그램의 데이터 편집기에 직접 입력하는 방법, Excel 프로그램의 워크시트에서 입력하는 방법, 그리고 흔글 프로그램에 입력하는 방법이 있다. 각 입력방법은 장단점이 있으므로 자신에게 적합한 입력방법을 활용하여 데이터를 입력하면 된다. Excel 프로그램이나 흔글 프로그램에서 입력한 데이터는 최종적으로 SPSS 프로그램의 데이터 파일로 변환 및 저장하여 분석하게 된다. 여기서는 각 프로그램에서 데이터를 입력하여 SPSS 프로그램에 저장하는 방법에 대해 살펴보기로 한다.

1) SPSS 프로그램에서 데이터의 입력과 저장

컴퓨터에서 SPSS 프로그램을 켜면 가장 먼저 나오는 화면이 SPSS 데이터 편집기(SPSS Statistics Data Editor)이다. SPSS 프로그램을 처음 사용하는 사람이라도 평소 Excel 프로그램을 사용해 본 경험이 있다면 SPSS 프로그램의 데이터 편집기는 익숙하게 느껴질 것이다. 데이터 편집기에서 각 행은 사례를 나타내고, 각 열은 변수를 나타낸다. 설문조사에서 각 응답자는 사례에 해당하며, 각 문항은 변수가 된다. SPSS 데이터 편집기는 [그림 3-1]과 같다.

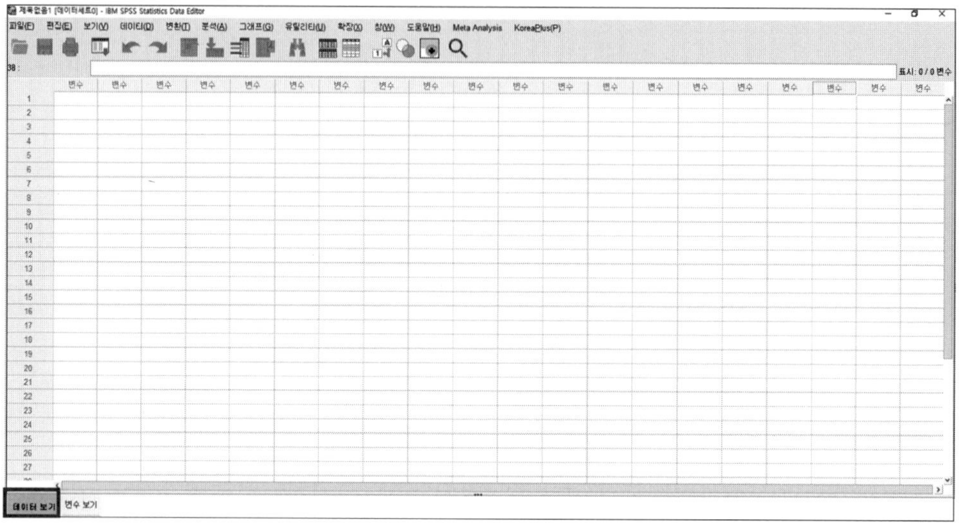

[그림 3-1] SPSS 프로그램의 데이터 편집기

SPSS 프로그램의 데이터 편집기는 데이터 보기와 변수 보기의 두 개의 창으로 구성되어 있는데, SPSS 프로그램을 켜면 데이터 보기 창이 뜨게 되어 있다. 데이터 보기는 Excel 파일처럼 데이터를 입력, 변환, 저장, 불러오기, 분석 등을 하는 창으로 대부분의 SPSS 프로그램이 여기서 실행된다. 따라서 SPSS 프로그램에서 데이터의 입력은 데이터 보기 창에서 실행된다. 이때 각 행은 사례를 나타내므로 한 설문지의 자료는 하나의 행에 입력하며, 그다음 설문지는 두 번째 행에 입력하여야 한다.

SPSS 데이터 편집기의 툴바는 파일, 편집, 보기, 데이터, 변환, 분석, 그래프, 유틸리티, 확장, 창, 도움말 등으로 구성되어 있다. 여기서는 주로 많이 활용되는 파일, 데이터, 변환, 분석, 그래프 등에 대해 간단하게 알아보자.

① 파일: SPSS 데이터 편집기에서 데이터를 입력하고 저장하여 새로운 데이터 파일을 만들거나, SPSS 데이터 파일, Excel 파일, 텍스트 파일 등 기존에 저장되어 있는 파일을 불러올 때 사용한다.

② 데이터: 입력된 데이터들에 관한 사례 또는 변수의 정렬, 파일 합치기 또는 분할 등 자료를 원하는 방식으로 전환할 때 사용한다.

③ 변환: 입력된 데이터들에 대한 코딩 변경, 변수계산, 더미변수 작성 등을 통해 기존의 값을 새로운 값으로 변환하거나 계산할 때 사용한다.

④ 분석: 기술통계부터 상관분석, 회귀분석, t 검정, 분산분석, 교차분석 등 다양한 통계 분석방법을 사용하여 입력된 데이터들을 분석할 때 사용한다.

⑤ 그래프: 막대도표, 선형도표, 원형도표, 히스토그램 등 통계자료에 대한 시각적 분석 결과를 제시할 때 사용한다.

SPSS 데이터 편집기를 열면 기본적으로 데이터 보기 창이 열리게 되어 있다. 변수 보기 창은 데이터 편집기 화면 하단 왼쪽에 있는 변수 보기를 클릭하면 [그림 3-2]와 같은 화면이 열린다. 변수 보기 창에서는 변수의 이름, 유형, 너비, 소수점 이하 자리, 설명, 값 등에 대한 정보를 입력할 수 있다. 여기서는 이들 중 많이 사용하는 이름, 유형, 소수점 이하 자리, 값 등에 대해 알아보자.

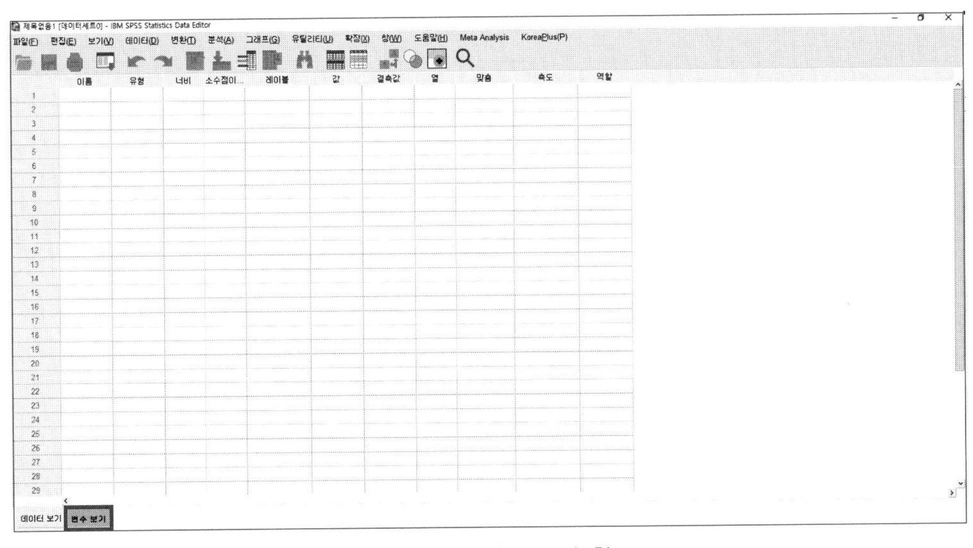

[그림 3-2] 변수 보기 창

① 이름: 데이터 보기 창에서 자료를 입력하면 SPSS 프로그램은 자동으로 변수의 이름을 VAR00001, VAR00002, VAR00003 등으로 지정한다. 이렇게 자동적으로 저장된 변수는 통계 처리를 하는 데는 특별한 문제가 없지만 각 변수가 어떤 변수인지 구분하기 어려울 수 있으므로 연구자가 직접 변수 이름을 입력하는 것이 좋다. 변수의 이름은 데이터 보기 창에서는 입력할 수 없으며, 변수 보기 창에서 입력해야 한다. 변수 이름은 한글 또는 영어로 입력하되, 동일한 이름을 중복하여 입력하거나 띄어 쓸 수 없

다. 변수의 이름에 숫자를 포함시킬 수는 있지만, 숫자로 시작할 수는 없다. 예를 들어, 변수 이름으로 '문항1' 또는 'item1'은 사용할 수 있지만 '1문항', '1item' 등 변수 이름 맨 앞에 숫자를 사용하거나 '문항 1', 'item 1'처럼 띄어 쓰면 입력이 되지 않는다.

② 유형: 입력된 변수의 유형이 숫자인지 문자인지를 설정한다. 통계분석을 위해서는 숫자로 입력되어 있어야 하며, 숫자가 기본값으로 설정되어 있다.

③ 너비: 변수가 차지하는 자릿수를 지정하는 것으로, 기본적으로 너비는 8로 설정되어 있다.

④ 소수점 이하 자리: 변수의 소수점 이하의 자리를 나타낸다. 기본적으로 소수점 이하 자리는 2로 설정되어 있어 소수점이 없는 정수를 입력해도 소수점 둘째까지 표시된다. 예를 들어, 데이터 보기 창에서 1을 입력해도 1.00으로 표시된다. 소수점 이하 자릿수를 늘이거나 줄이려면 해당 셀의 오른쪽 부분에 커서를 두고 마우스의 왼쪽 버튼을 눌러 설정할 수 있다.

⑤ 값: 통계 결과 부분에 제시될 각 변수의 보기에 대한 기술적 설명을 나타낸다. 설문 문항 중 주로 성별, 지역, 학교급 등과 같은 배경변수는 질적 변수 또는 범주변수에 해당되며, 이 경우 문항의 보기에 대한 값을 설정하게 된다. 예를 들어, 데이터 보기 창에서 남자를 1, 여자를 2로 입력한 다음 변수 보기 창에서 성별에 대한 값을 입력하지 않으면 통계분석 결과표에도 각각 1과 2로 나타나지만, 만약 값에 해당하는 기술적 설명을 입력하면 통계분석 결과 창에 '1'과 '2' 대신에 '남자'와 '여자'로 나타난다. 값을 입력하기 위해서는 각 변수의 값 셀의 오른쪽 끝부분에 커서를 두고 마우스의 왼쪽 버튼을 눌러 설정할 수 있다. 값을 입력하고 각 값에 해당하는 기술적 설명을 입력한 다음 추가(A) 버튼을 클릭한다. 입력이 완료되면 확인 버튼을 클릭하면 된다. [그림 3-3]은 변수 보기 창에서 성별에 대한 값을 설정하는 과정을 보여 준다.

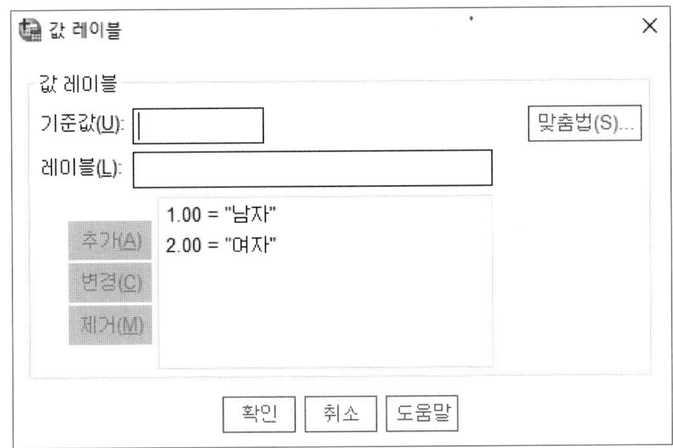

[그림 3-3] 변수의 값 설정의 예시

2) Excel 프로그램에서 데이터의 입력과 저장

Excel 프로그램은 데이터를 입력하고 수식을 사용하여 자동으로 계산을 할 수 있으며, 문서 작성뿐만 아니라 차트 및 그래프를 쉽게 그릴 수 있어 일반인들에게 보편적으로 사용되고 있는 스프레드시트 프로그램이다. Excel 프로그램은 대부분의 PC나 노트북 등에 설치되어 있어 SPSS 프로그램에 비해 접근이 용이하면서도 Excel 프로그램에서 입력된 데이터를 SPSS 프로그램의 데이터 편집기에서 바로 불러올 수 있으므로 통계자료의 입력 시 자주 사용된다. 비용 등 다양한 이유로 인해 SPSS 프로그램이 설치되어 있지 않은 컴퓨터에서 Excel 프로그램은 통계자료를 입력하는 프로그램으로 유용하게 사용되고 있다.

Excel 프로그램의 워크시트에서 데이터를 입력하는 방법은 SPSS 프로그램의 데이터 편집기와 거의 같으므로, 여기서는 Excel 프로그램으로 저장된 데이터 파일을 SPSS 프로그램의 데이터 편집기에서 어떻게 불러오는지를 설명하기로 한다. [그림 3-4]는 설문 결과를 Excel 프로그램의 워크시트에 입력한 것이다.

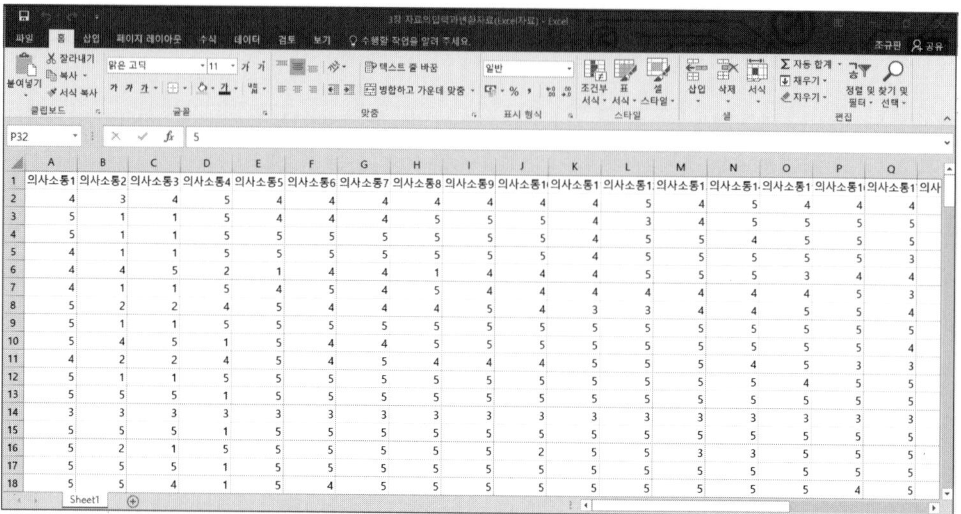

[그림 3-4] Excel 프로그램의 워크시트에 데이터를 입력한 예시

Excel 프로그램의 워크시트에 입력한 자료 【제3장 데이터의입력과변환자료(Excel자료)】를 SPSS 데이터 편집기에 불러오는 과정은 다음과 같다.

① SPSS 데이터 편집기의 파일(F) → 데이터 가져오기(D) → Excel... 버튼을 클릭한다.

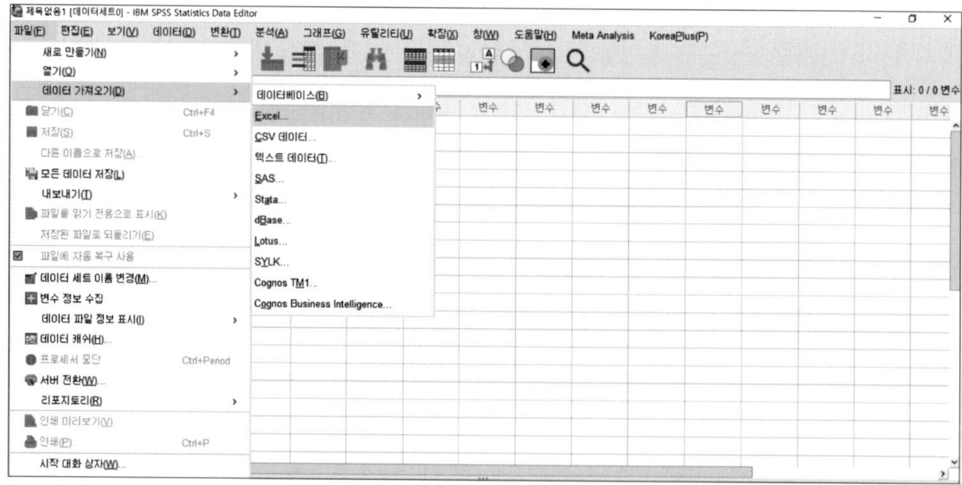

[그림 3-5] SPSS 프로그램의 데이터 편집기에서 Excel 프로그램에 저장된 파일을 불러오는 과정 1

② SPSS 프로그램의 데이터 파일로 변환할 Excel 프로그램의 파일을 선택하여 열기(O)

버튼을 클릭한다.

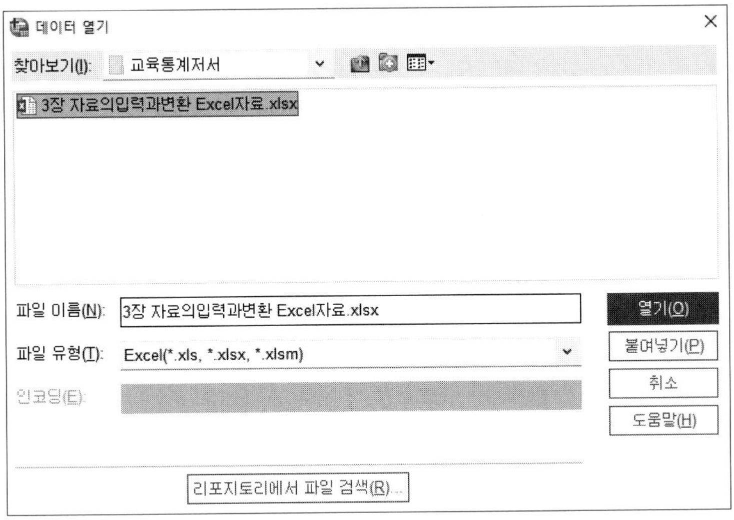

[그림 3-6] SPSS 프로그램의 데이터 편집기에서 Excel 프로그램에 저장된 파일을 불러오는 과정 2

③ 확인 버튼을 클릭하면 Excel 파일로 저장되어 있던 데이터가 SPSS 데이터 파일로 변환된 것을 확인할 수 있다.

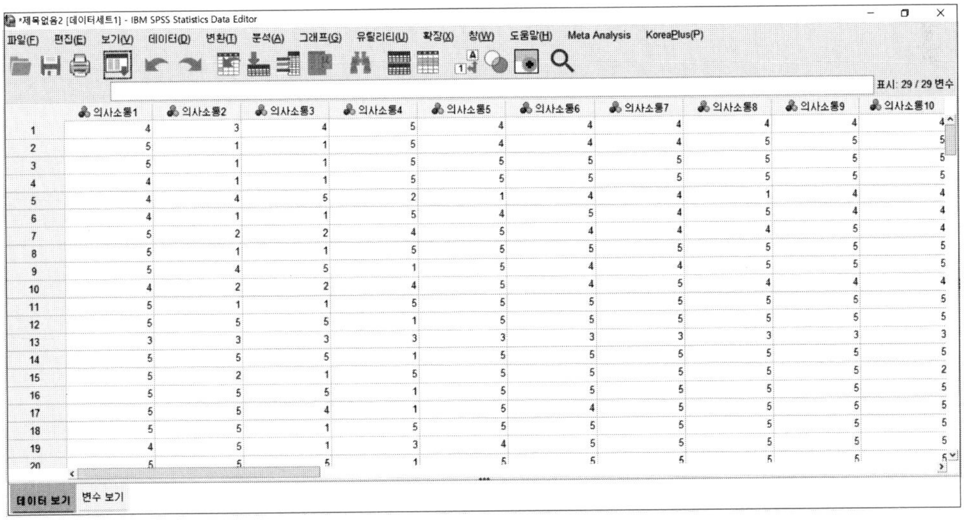

[그림 3-7] Excel 프로그램의 데이터 파일이 SPSS 프로그램의 데이터 파일로 변환된 자료

3) 흔글 프로그램에서 데이터의 입력과 저장

SPSS 데이터 편집기에서의 자료 입력은 자료를 입력한 다음 바로 통계 처리가 가능하다는 장점이 있으나, 설문 문항과 사례 수가 많을 경우 시간이 많이 걸린다는 단점이 있다. 왜냐하면 SPSS 데이터 편집기에서는 하나의 변수 값을 입력하고 다음 변수 값을 입력하기 위해서는 반드시 화살표 키를 눌러 셀을 이동시켜야 하기 때문이다. 따라서 입력할 자료가 많을 경우, SPSS 데이터 편집기보다는 흔글에서 자료를 입력한 후 이를 SPSS 프로그램에서 사용 가능하도록 변환하는 것이 훨씬 용이하다. 흔글 프로그램에서는 설문결과를 입력할 때 일부러 화살표 키를 누르지 않더라도 커서가 자동적으로 다음 칸으로 옮겨 가기 때문에 자료 입력에 소요되는 시간을 절약할 수 있다.

흔글 프로그램에서 자료를 입력하고 저장할 때는 다음 사항을 유의하여야 한다. 첫째, 숫자와 숫자 사이를 띄우지 않는다. 둘째, 한 케이스의 입력이 완료되기 전까지는 절대로 Enter↵ 키를 치지 않아야 하며, 한 케이스의 데이터 입력이 끝나면 Enter↵ 키를 친다. Enter↵ 키는 케이스들을 구분시켜 주는 역할을 한다. 셋째, 흔글에서 데이터의 입력을 끝내고 저장을 할 때는 반드시 '텍스트 문서(*.txt)' 파일 형식으로 저장한다. [그림 3-8]은 흔글 파일로 자료를 입력한 것이며, [그림 3-9]는 흔글 프로그램에서 입력한 자료를 텍스트 파일로 저장한 것이다.

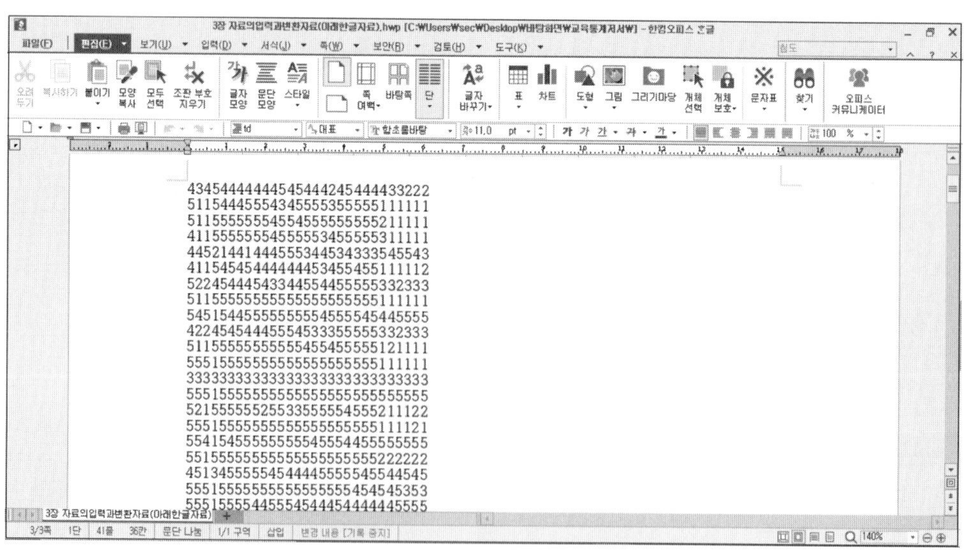

[그림 3-8] 흔글 프로그램에 데이터를 입력한 예시

3장 자료의입력과변환자료(텍스트자료) - Windows 메모장

파일(F) 편집(E) 서식(O) 보기(V) 도움말(H)

```
43454444444545444245444433222
51154445554345555355555111111
5115555555455455555555211111
41155555554555553455555311111
445214414445555344534333545543
41154545444444453455455111112
52245444543344554455555332333
51155555555555555555555111111
54515445555555554555545445555
42245454445554533355555332333
51155555555555455455555121111
55515555555555555555555111111
33333333333333333333333333333
55515555555555555555555555555
52155555525533555554555211122
55515555555555555555555111121
55415455555555545554455555555
55155555555555555555555222222
45134555554544445555545544545
55515555555555555555454545353
55515555445554544454444445555
42154554455555555554555221111
41154455455433344255555111111
21155455551434552155555244222
42244444444344554345333332334
42254454444345555534545332233
```

[그림 3-9] 훈글 파일을 텍스트 파일로 변환하여 저장한 자료

텍스트 파일로 저장된 자료는 Excel 파일로 저장한 자료와는 달리 SPSS 프로그램에서 바로 읽을 수 없다. 훈글 프로그램에서 입력한 자료 【제3장 데이터의입력과변환자료(훈글 자료)】를 텍스트 파일 【제3장 데이터의입력과변환자료(텍스트 자료)】로 저장한 후 이를 SPSS 데이터 편집기에 불러오는 과정을 살펴보면 다음과 같다.

① SPSS 데이터 편집기의 파일(F) → 데이터 가져오기(D) → 텍스트 데이터(T) 버튼을 클릭한다.

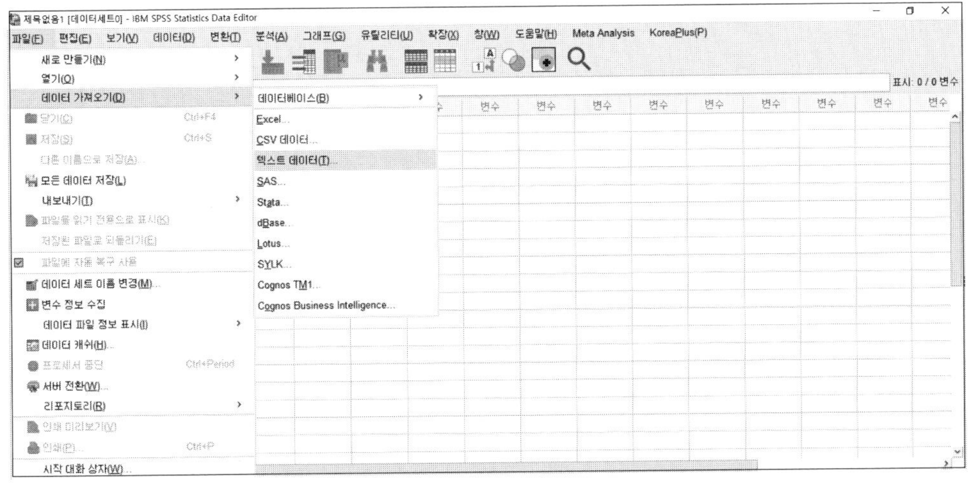

[그림 3-10] SPSS 데이터 편집기에서 텍스트 데이터를 가져오는 과정

② 가져올 텍스트 파일을 선택하고, 인코딩(E)에서 로컬 인코딩을 선택한 후 열기(O) 버튼을 클릭한다.

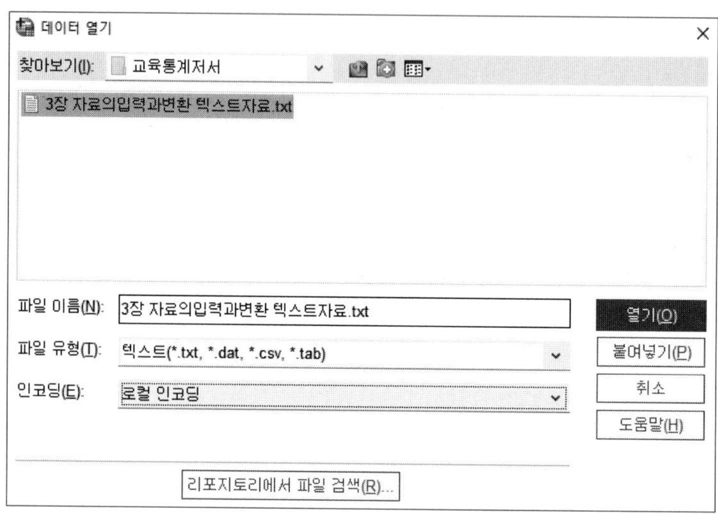

[그림 3-11] 텍스트 데이터 열기

③ 텍스트 가져오기 마법사 6단계 중 1단계, 2단계, 3단계에서는 다음(N) 버튼을 클릭한다.

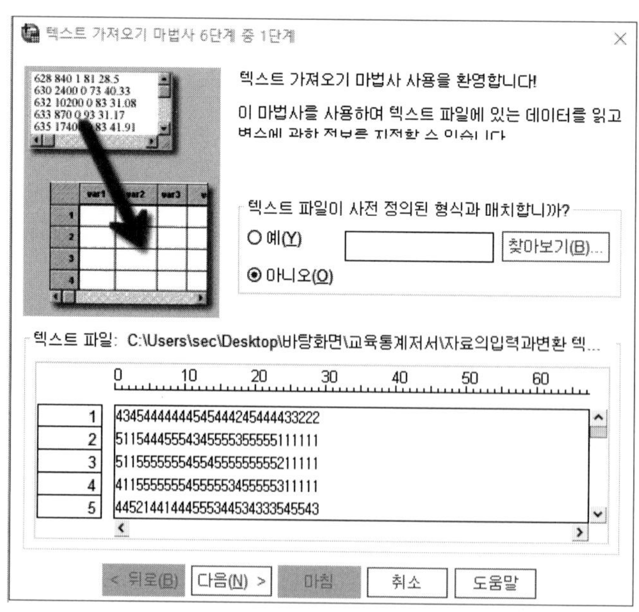

[그림 3-12] 텍스트 가져오기 마법사 6단계 중 1단계

④ 텍스트 가져오기 마법사 6단계 중 4단계에서는 변수 구분선을 삽입한 후 다음(N) 버튼을 클릭한다. 변수 구분선은 눈금자 또는 데이터 영역에 마우스 화살표를 둔 다음 마우스의 왼쪽 버튼을 클릭하면 다음과 같이 변수 구분선이 만들어진다. 만약 구분선을 잘못 설정하여 취소를 해야 할 경우에는 해당 구분선을 클릭한 다음 키보드에서 삭제 키(Delete Key)를 누르거나 [그림 3-13]의 화면에서 구분 삭제(D) 버튼을 클릭하면 된다.

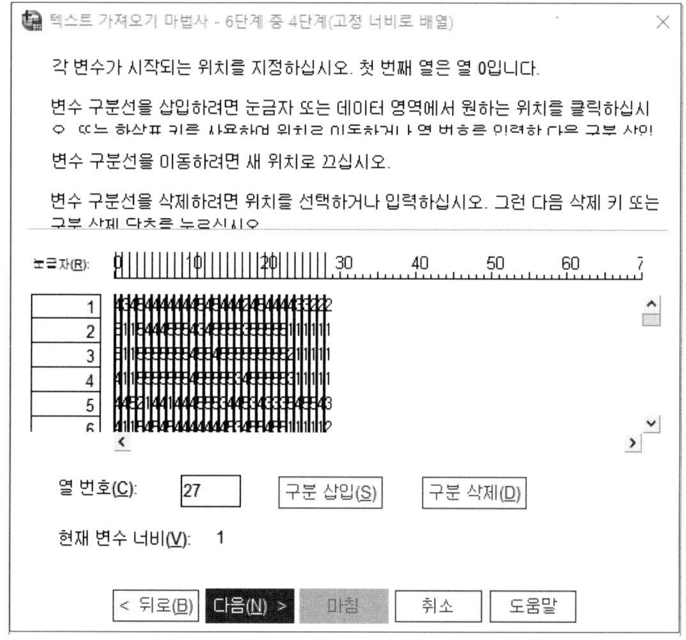

[그림 3-13] 텍스트 가져오기 마법사 6단계 중 4단계

⑤ 텍스트 가져오기 마법사 6단계 중 5단계에서는 다음(N) 버튼을 6단계에서는 마침 버튼을 클릭한다.

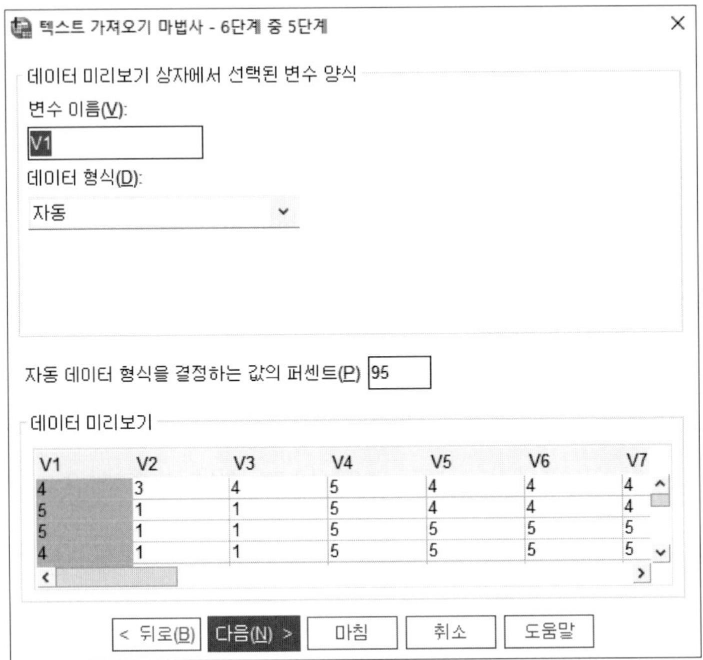

[그림 3-14] 텍스트 가져오기 마법사 6단계 중 5단계

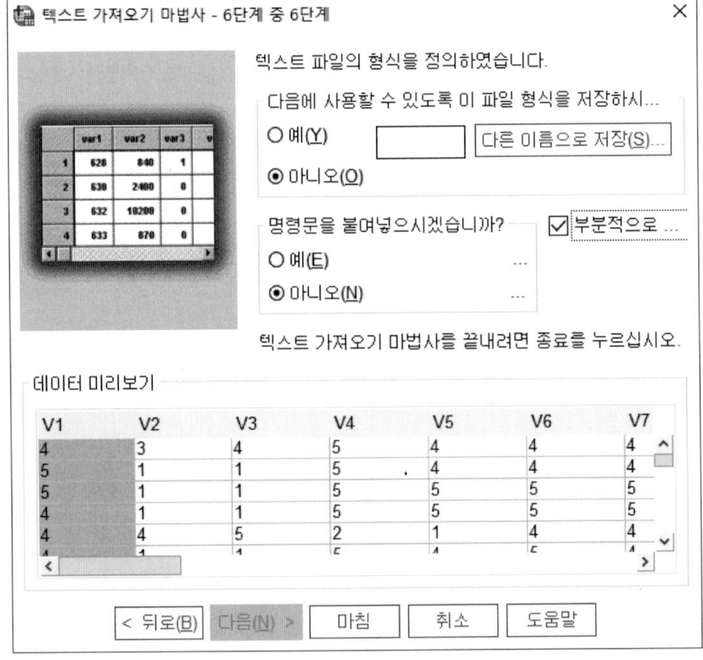

[그림 3-15] 텍스트 가져오기 마법사 6단계 중 6단계

⑥ 앞의 과정을 모두 마치면 다음과 같이 텍스트 파일이 SPSS 데이터 편집기의 파일로 변환되어 통계 처리를 할 수 있게 된다. 이 경우 [그림 3-16]과 같이 변수명에 V1, V2, V3 등으로 나타나므로 앞에서 설명하였듯이 변수 보기 창에서 변수명을 입력한 후 통계 처리를 하는 것이 좋다.

*제목없음2 [데이터세트1] - IBM SPSS Statistics Data Editor

파일(F) 편집(E) 보기(V) 데이터(D) 변환(T) 분석(A) 그래프(G) 유틸리티(U) 확장(X) 창(W) 도움말(H) Meta Analysis KoreaPlus(P)

표시: 29 / 29 변수

	V1	V2	V3	V4	V5	V6	V7	V8	V9	V10	V11	V12	V13	V14
1	4	3	4	5	4	4	4	4	4	4	4	5	4	5
2	5	1	1	5	4	4	4	5	5	5	4	3	4	5
3	5	1	1	5	5	5	5	5	5	5	4	5	5	4
4	4	1	1	5	5	5	5	5	5	5	4	5	5	5
5	4	4	5	2	1	4	4	1	4	4	4	5	5	5
6	4	1	1	5	4	5	4	5	4	4	4	4	4	4
7	5	2	2	4	5	4	4	4	5	4	3	3	4	4
8	5	1	1	5	5	5	5	5	5	5	5	5	5	5
9	5	4	5	1	5	4	4	5	5	5	5	5	5	5
10	4	2	2	4	5	4	5	4	4	4	5	5	5	4
11	5	1	1	5	5	5	5	5	5	5	5	5	5	5
12	5	5	5	1	5	5	5	5	5	5	5	5	5	5
13	3	3	3	3	3	3	3	3	3	3	3	3	3	3
14	5	5	5	1	5	5	5	5	5	5	5	5	5	5
15	5	2	1	5	5	5	5	5	5	2	5	5	3	3
16	5	5	5	1	5	5	5	5	5	5	5	5	5	5
17	5	5	4	1	5	4	5	5	5	5	5	5	5	5
18	5	5	1	5	5	5	5	5	5	5	5	5	5	5
19	4	5	1	3	4	5	5	5	5	5	4	5	4	4
20	5	5	5	1	5	5	5	5	5	5	5	5	5	5

데이터 보기 변수 보기

[그림 3-16] 텍스트 파일이 SPSS 데이터 파일로 변환된 자료

 2. 데이터의 변환

설문지에 대한 응답결과를 흔글 프로그램이나 Excel 프로그램에 입력하여 SPSS 데이터 편집기로 변환하였거나 또는 SPSS 데이터 편집기에 직접 설문결과를 입력하였다고 해서 바로 통계 처리를 할 수 없는 경우가 많다. 설문지에 역채점 문항이 포함되어 있을 경우 통계 처리를 위해 먼저 코딩을 변경해야 하며, 반응 범주가 너무 많아 범주의 수를 줄일 때도 코딩을 변경해야 한다. 또한 각 문항에 대한 응답결과를 그대로 통계 처리하는 경우보다 하위요인이나 전체 문항의 합으로 통계 처리하는 경우가 많이 있다. 이 경우에는 통계 처리 전에 하위요인 문항의 합이나, 전체 문항의 합을 우선 계산한 후 새로 생성된 변수로 통계 처리를 해야 한다. 여기서는 코딩의 변경이나 변수의 계산에 대해 알아보고자 한다.

1) 코딩변경

코딩변경은 설문지 응답결과를 입력한 후 입력한 특정 변수 값을 변경하는 것을 말한다. 코딩변경은 주로 역채점 문항에 대해 코딩을 변경할 때 사용하지만, 응답결과를 범주변수로 변환하거나, 범주 수를 줄일 때도 활용된다. 역채점 문항은 특정 심리적 특성을 측정하는 설문지(척도라고도 함)에서 다른 문항과는 의미가 반대되기 때문에 채점을 역으로 해야 하는 문항을 말한다. 예를 들어, 반응양식이 Likert 5점 척도(① 전혀 그렇지 않다, ② 그렇지 않다, ③ 보통이다, ④ 그렇다, ⑤ 매우 그렇다)인 진로의사결정수준 척도의 문항인 '나는 관심 있는 진로와 관련된 활동에 자발적으로 참여한다.'에 ⑤로 응답한 사람은 진로의사결정수준이 높은 것이다. 하지만 '나는 시간이 아직 많기 때문에 진로나 직업에 대해 생각하고 싶지 않다.'라는 문항에 ⑤에 응답한 사람은 진로의사결정수준이 낮다고 할 수 있다. 이와 같은 문항을 역채점 문항이라고 하며, 하위요인 또는 전체 문항의 총점을 계산하기 전에 이러한 역채점 문항에 대한 코딩변경이 필요하다. 〈표 3-1〉은 진로의사결정수준 척도의 하위요인별 문항구성 및 신뢰도를 나타낸 표로 논문의 연구방법에서 측정도구에 대한 설명으로 제시되고 있는 예시표이다.

〈표 3-1〉 진로의사결정수준 척도의 하위요인별 문항구성 및 신뢰도

하위요인	문항 번호	문항 수	Cronbach α
진로의사결정 준비	1, 2*, 3*, 4, 5, 6, 7, 8, 9	9	.84
진로의사결정 수행	10, 11, 12, 13, 14, 15, 16, 17, 18	9	.83
진로의사결정 성찰	19, 20, 21, 22, 23, 24*, 25*, 26*, 27*, 28*, 29*	11	.91
전체		29	.92

* 역채점 문항

이 표에서 * 표시된 문항은 역채점 문항이며, 통계 처리를 위해서는 코딩변경을 하여야 한다. 코딩변경은 변경된 코딩값을 원래의 변수에 저장하는 방법과 변경된 코딩값을 다른 변수로 저장하는 방법이 있다. 위에서 제시한 진로의사결정수준 척도를 사용하여 연구대상에게 설문을 실시한 결과를 코딩한 자료는 【제3장 데이터의입력과변환자료(역채점 문항 코딩변경)】이다. 이 자료를 사용하여 같은 변수로 코딩을 변경하는 과정을 살펴보자.

① SPSS 데이터 편집기에서 해당 파일을 불러온 후 변환(T) → 같은 변수로 코딩변경(S) 버튼을 클릭한다.

[그림 3-17] 같은 변수로 코딩변경하기 과정 1

② 역채점 문항을 오른쪽에 있는 변수(V) 창으로 이동시킨 후 기존값 및 새로운 값(O) 버튼을 클릭한다.

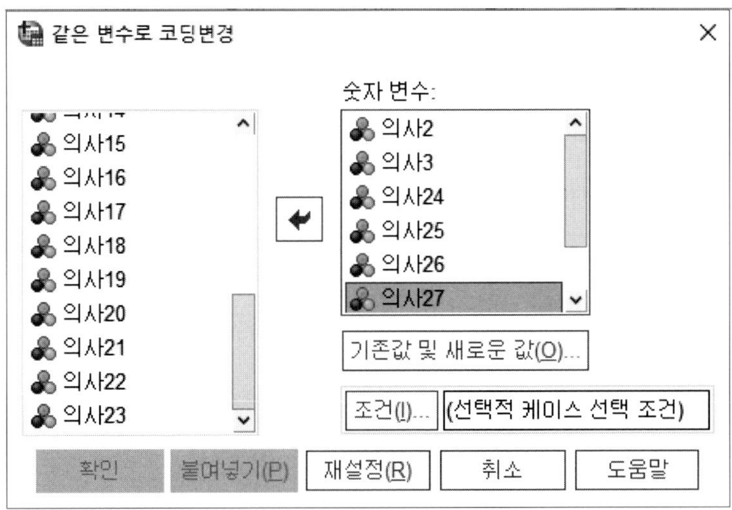

[그림 3-18] 같은 변수로 코딩변경하기 과정 2

③ 기존값에서 값(V)과 이에 해당되는 새로운 값에서 값(L)을 입력한 후 추가(A) 버튼을 클릭한다. 코딩변경 값을 모두 추가한 후 계속(C) 버튼을 클릭한 후 확인 버튼을 클릭하면 코딩변경이 완료된다.

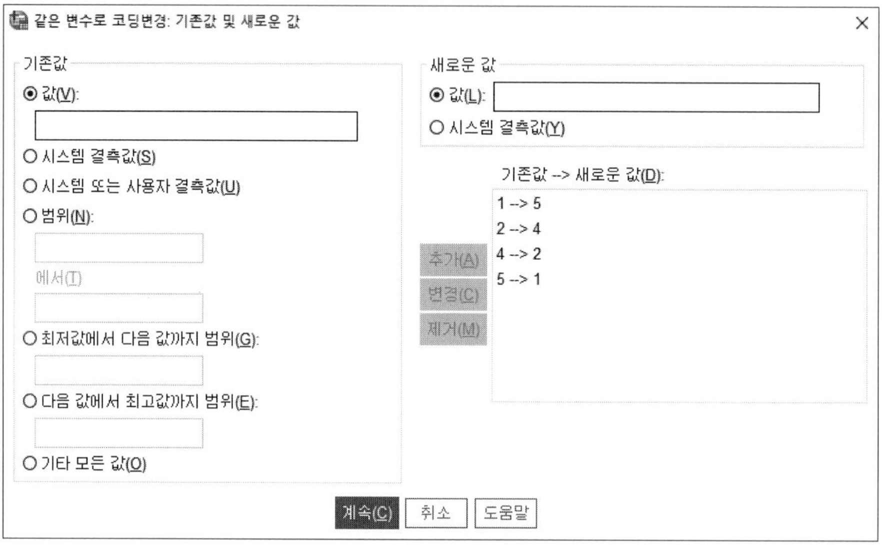

[그림 3-19] 같은 변수로 코딩변경하기 과정 3

다른 변수로 코딩을 변경하는 과정도 같은 변수로 코딩을 변경하는 과정과 유사하다. 단 같은 변수로 코딩을 변경하면 새로운 변수가 만들어지지 않고 기존의 변수에서 코딩만 변경되지만, 다른 변수로 코딩변경을 하면 새로운 변수가 하나 더 생성되어 새로운 변수에 변경된 자료가 입력된다. 앞의 자료 【제3장 데이터의입력과변환자료(역채점 문항 코딩변경)】를 사용하여 Likert 5점 척도를 3점 척도 '① 그렇지 않다, ② 보통이다, ③ 그렇다'로 변환하는 과정을 살펴보자. 5점 척도에서 '① 전혀 그렇지 않다'와 '② 그렇지 않다'를 '① 그렇지 않다'로, '③ 보통이다'는 그대로 '② 보통이다'로, '④ 그렇다'와 '⑤ 매우 그렇다'는 '③ 그렇다'로 코딩을 변경하는 과정은 다음과 같다.

① SPSS 데이터 편집기에서 해당 파일을 불러온 후 변환(T) → 다른 변수로 코딩변경(R) 버튼을 클릭한다.

[그림 3-20] 다른 변수로 코딩변경하기 과정 1

② 다른 변수로 코딩변경할 변수를 지정하고 새로운 변수명을 출력변수에 넣고 변경(H) 버튼을 클릭한 후 기존값 및 새로운 값(O) 버튼을 클릭한다.

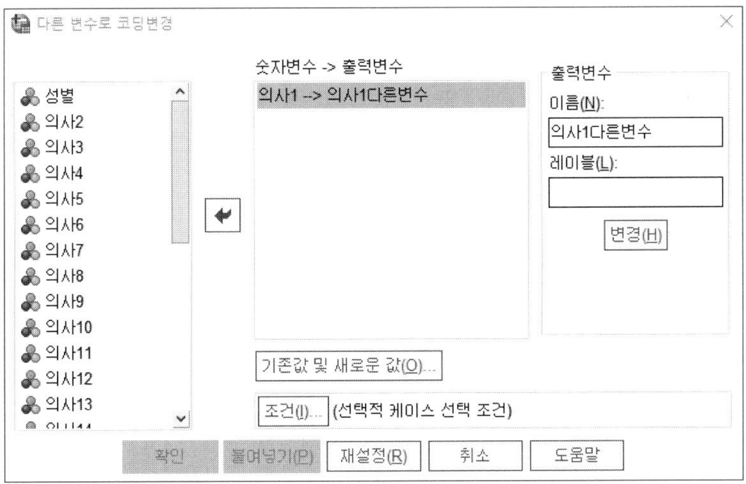

[그림 3-21] 다른 변수로 코딩변경하기 과정 2

③ 기존값에서 값(V)과 이에 해당되는 새로운 값에서 값(L)을 입력한 후 추가(A) 버튼을 클릭한다. 코딩변경 값을 모두 추가한 후 계속(C) 버튼을 클릭한 후 확인 버튼을 클릭

하면, 새로운 변수로 코딩변경이 완료되어 [그림 3-23]처럼 SPSS 데이터 편집기에 새로운 변수가 추가된다.

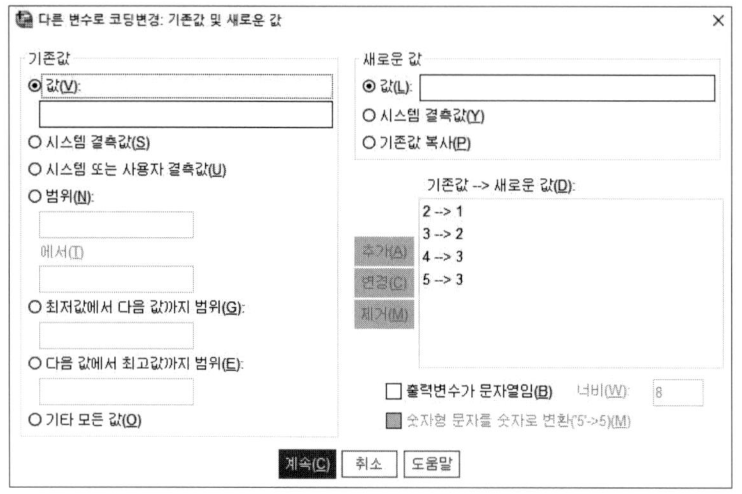

[그림 3-22] 다른 변수로 코딩변경하기 과정 3

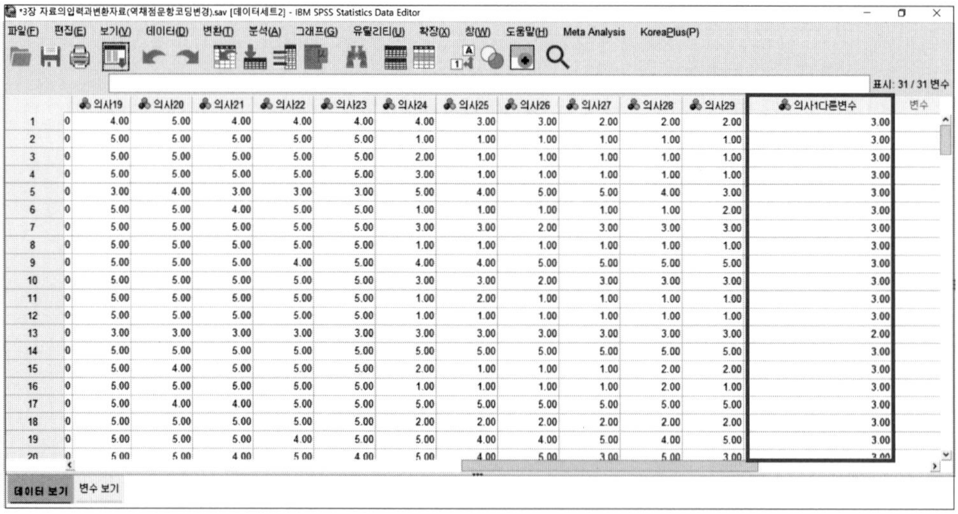

*3장 자료의입력과변환자료(역채점문항코딩변경).sav [데이터세트2] - IBM SPSS Statistics Data Editor

파일(F) 편집(E) 보기(V) 데이터(D) 변환(T) 분석(A) 그래프(G) 유틸리티(U) 확장(X) 창(W) 도움말(H) Meta Analysis KoreaPlus(P)

표시: 31 / 31 변수

		의사19	의사20	의사21	의사22	의사23	의사24	의사25	의사26	의사27	의사28	의사29	의사1다른변수	변수
1	0	4.00	5.00	4.00	4.00	4.00	4.00	3.00	3.00	2.00	2.00	2.00	3.00	
2	0	5.00	5.00	5.00	5.00	5.00	1.00	1.00	1.00	1.00	1.00	1.00	3.00	
3	0	5.00	5.00	5.00	5.00	5.00	2.00	1.00	1.00	1.00	1.00	1.00	3.00	
4	0	5.00	5.00	5.00	5.00	5.00	3.00	1.00	1.00	1.00	1.00	1.00	3.00	
5	0	3.00	4.00	3.00	3.00	3.00	5.00	4.00	5.00	5.00	4.00	3.00	3.00	
6	0	5.00	5.00	4.00	5.00	5.00	1.00	1.00	1.00	1.00	1.00	2.00	3.00	
7	0	5.00	5.00	5.00	5.00	5.00	3.00	3.00	2.00	3.00	3.00	3.00	3.00	
8	0	5.00	5.00	5.00	5.00	5.00	1.00	1.00	1.00	1.00	1.00	1.00	3.00	
9	0	5.00	5.00	5.00	4.00	5.00	4.00	4.00	5.00	5.00	5.00	5.00	3.00	
10	0	5.00	5.00	5.00	5.00	5.00	3.00	3.00	2.00	3.00	3.00	3.00	3.00	
11	0	5.00	5.00	5.00	5.00	5.00	1.00	2.00	1.00	1.00	1.00	1.00	3.00	
12	0	5.00	5.00	5.00	5.00	5.00	1.00	1.00	1.00	1.00	1.00	1.00	3.00	
13	0	3.00	3.00	3.00	3.00	3.00	3.00	3.00	3.00	3.00	3.00	3.00	2.00	
14	0	5.00	5.00	5.00	5.00	5.00	5.00	5.00	5.00	5.00	5.00	5.00	3.00	
15	0	5.00	4.00	5.00	5.00	5.00	2.00	1.00	1.00	1.00	2.00	2.00	3.00	
16	0	5.00	5.00	5.00	5.00	5.00	1.00	1.00	1.00	1.00	2.00	1.00	3.00	
17	0	5.00	4.00	4.00	5.00	5.00	5.00	5.00	5.00	5.00	5.00	5.00	3.00	
18	0	5.00	5.00	5.00	5.00	5.00	2.00	2.00	2.00	2.00	2.00	2.00	3.00	
19	0	5.00	5.00	5.00	4.00	5.00	5.00	4.00	4.00	5.00	4.00	5.00	3.00	
20	0	5.00	5.00	4.00	5.00	4.00	5.00	4.00	5.00	3.00	5.00	3.00	3.00	

데이터 보기 | 변수 보기

[그림 3-23] 다른 변수로 코딩변경한 후의 SPSS 데이터 편집기

2) 변수계산

빈도분석이나 교차분석과 같이 데이터 편집기에 자료를 입력한 후 바로 통계 처리를

할 수 있는 경우도 있지만, 모든 통계방법이 데이터 편집기에 자료의 입력이 끝났다고 해서 바로 통계 처리를 할 수 있는 것은 아니다. 많은 통계방법에서 통계 처리를 위해서는 데이터 편집기에 입력된 데이터를 연구문제에 맞게 분석할 수 있도록 데이터를 변환해야 한다.

예를 들어, 앞에서 제시한 〈표 3-1〉의 진로의사결정수준 척도의 하위요인별 문항구성 및 신뢰도와 같은 경우에 문항 하나하나를 가지고 통계 처리를 하는 것이 아니라 하위요인 문항과 전체 문항에 대한 총점을 계산한 후 이 점수들로 통계 처리를 하는 경우가 많다. 〈표 3-1〉과 같이 역채점 문항이 있는 경우, 사전에 역채점에 대한 코딩변경을 실시한 후 하위요인 또는 전체 문항에 대한 총점을 계산하여야 한다. 변수계산 과정은 다음과 같다.

① SPSS 데이터 편집기에서 해당 파일을 불러온 후 변환(T) → 변수계산(C) 버튼을 클릭한다.

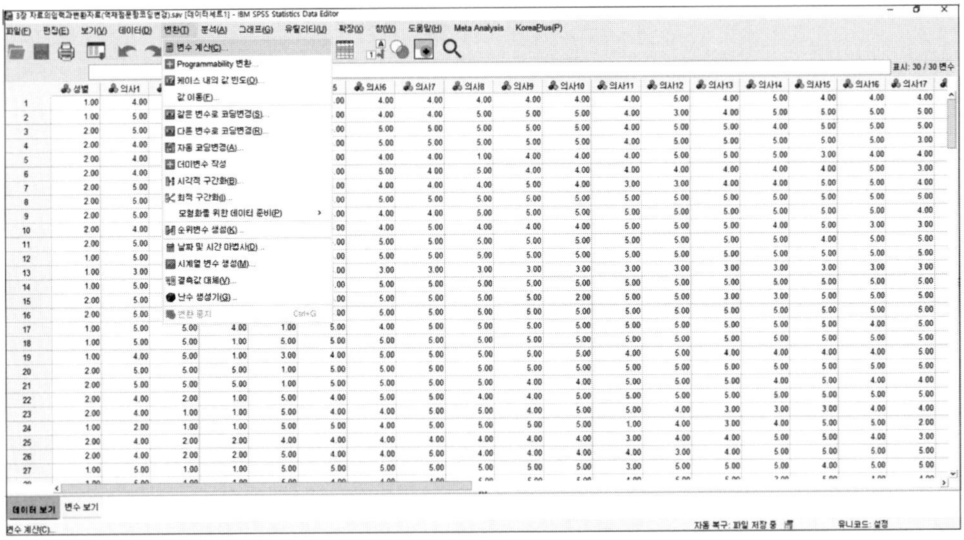

[그림 3-24] 변수계산 과정 1

② 목표변수(T)에 변수의 이름을 입력하고, 해당 문항을 숫자표현식(E)으로 이동시켜 덧셈을 한다. 이때 변수의 이름은 하위요인의 경우 하위요인명을, 척도 전체의 경우 척도명을 입력하는 것이 일반적이다. 데이터의 입력과 저장 부분에서 기술한 것처럼

목표변수의 이름을 띄워 쓰거나 숫자로 시작해서는 안 된다.

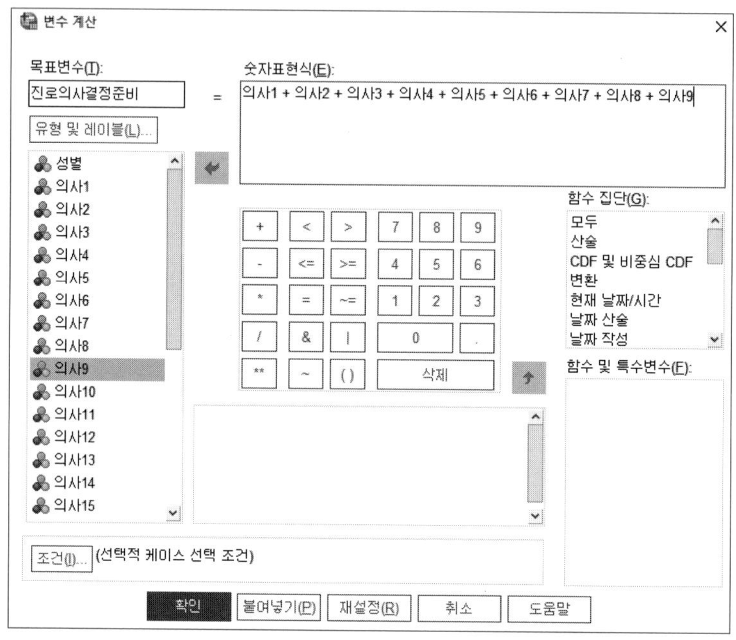

[그림 3-25] 변수계산 과정 2

만약 하위요인을 구성하는 문항들이 〈표 3-1〉처럼 연속적으로 되어 있을 때 해당되는 모든 문항을 숫자표현식(E)으로 이동시켜 덧셈을 하는 것보다 다음과 같은 수식을 사용하면 더 간편하게 변수계산을 할 수 있다. 숫자표현식(E)에 합을 의미하는 sum을 입력한 후 괄호 안에 시작 변수, to, 마지막 변수 순으로 입력을 하면 된다. 〈표 3-1〉의 진로의사결정수준 척도의 하위요인인 진로의사결정 준비는 문항1에서 문항9까지 연속적인 문항으로 구성되어 되어 있다. 이 경우, 하위요인인 진로의사결정 준비의 총점을 계산하기 위해서는 목표변수(T)에 진로의사결정준비로 입력하고 숫자표현식(E)에 sum(의사1 to 의사9)을 입력하면 된다.

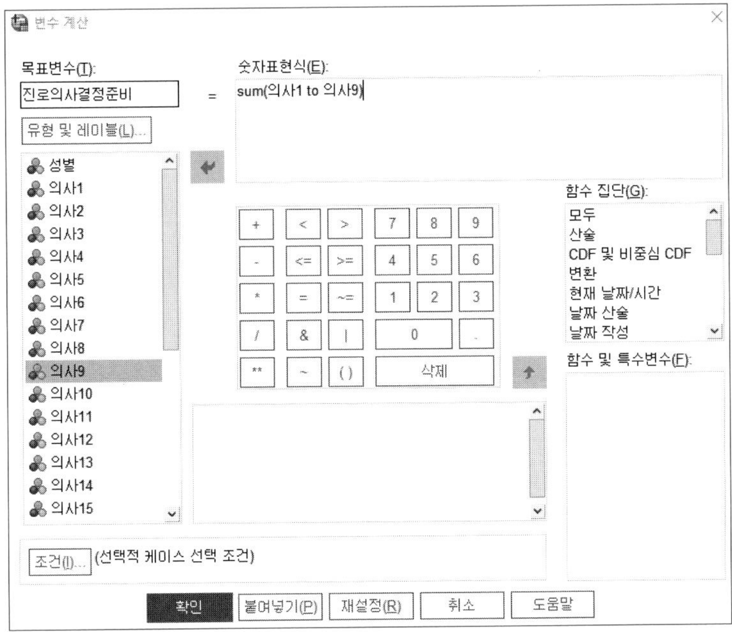

[그림 3-26] 변수계산 과정 3

③ 이와 같은 방법으로 3개의 하위요인과 전체 점수에 대한 변수계산을 마치면 다음과 같이 SPSS 데이터 편집기에 하위요인 및 전체의 모든 케이스 계산 결과가 나타난다.

*3장 자료의입력과변환자료(역채점문항코딩변경).sav [데이터세트2] - IBM SPSS Statistics Data Editor

파일(F) 편집(E) 보기(V) 데이터(D) 변환(T) 분석(A) 그래프(G) 유틸리티(U) 확장(X) 창(W) 도움말(H) Meta Analysis KoreaPlus(P)

42 : 진로의사결정수준 78.00 표시: 34 / 34 변수

	의사28	의사29	진로의사결정준비	진로의사결정수행	진로의사결정성찰	진로의사결정수준
1	2.00	2.00	36.00	36.00	37.00	109.00
2	1.00	1.00	34.00	39.00	31.00	104.00
3	1.00	1.00	37.00	43.00	32.00	112.00
4	1.00	1.00	36.00	41.00	33.00	110.00
5	4.00	3.00	29.00	39.00	42.00	110.00
6	1.00	2.00	33.00	36.00	31.00	100.00
7	3.00	3.00	35.00	36.00	42.00	113.00
8	1.00	1.00	37.00	45.00	31.00	113.00
9	5.00	5.00	38.00	44.00	52.00	134.00
10	3.00	3.00	34.00	37.00	42.00	113.00
11	1.00	1.00	37.00	43.00	32.00	112.00
12	1.00	1.00	41.00	45.00	31.00	117.00
13	3.00	3.00	27.00	27.00	33.00	87.00
14	5.00	5.00	41.00	45.00	55.00	141.00
15	2.00	2.00	38.00	38.00	33.00	109.00
16	2.00	1.00	41.00	45.00	32.00	118.00
17	5.00	5.00	39.00	44.00	53.00	136.00
18	2.00	2.00	41.00	45.00	37.00	123.00
19	4.00	5.00	37.00	40.00	51.00	128.00
20	5.00	3.00	41.00	45.00	48.00	134.00

데이터 보기 변수 보기

[그림 3-27] 변수계산 후의 SPSS 데이터 편집기

제4장

중심경향값과 분산도

1. 중심경향값
2. 분산도
3. SPSS 프로그램에서 중심경향값과 분산도의 산출 과정

1. 중심경향값

대학수학능력시험 성적이나 지능검사 점수 등과 같이 피험자로부터 측정한 자료를 그래프로 나타내면 측정치들이 어떤 특정한 값을 중심으로 집중되는 현상이나 경향을 볼 수 있는데, 이를 중심경향(central tendency) 또는 집중경향이라고 한다. 자료의 중심에 해당되는 특정한 값을 중심경향값(measure of central tendency) 또는 집중경향값이라고 하며, 중심경향값에는 최빈값, 중앙값, 평균이 있다. 최빈값은 전체 측정치 중 빈도가 가장 높은 측정치를 말하며, 중앙값은 측정치들을 내림차순이나 오름차순으로 정렬하여 가장 가운데 위치한 측정치를 말한다. 평균은 모든 측정치의 합을 사례 수 n으로 나눈 값을 의미한다.

1) 최빈값

최빈값(mode)은 자료의 분포에서 빈도 또는 도수가 가장 높은 점수나 측정치를 말한다. 빈도가 가장 높은 점수가 최빈값이므로 중심경향값 중에서 가장 쉽고 간단하게 산출할 수 있다는 장점이 있다. 하지만 자료에 따라 최빈값이 한 개 이상 존재할 수도 있다. 최빈값이 하나인 자료를 그래프로 나타냈을 경우 봉우리가 하나이므로 단봉분포(unimodal distribution)라고 하며, 최빈값이 두 개면 이봉분포(bimodal distribution), 세 개 이상이면 다봉분포(mutimodal distribution)라고 한다.

예를 들어, 15명의 국어 점수가 30, 40, 40, 50, 60, 60, 60, 60, 60, 70, 70, 70, 80, 90, 90이라고 가정할 때 여기서 60은 빈도가 5개로 다른 점수들에 비해 빈도가 가장 높으므로 최빈값이 된다. 이 자료에서 최빈값은 하나이므로 단봉분포에 해당한다. 15명의 점수가

20, 20, 30, 40, 50, 50, 50, 60, 60, 70, 70, 70, 80, 80, 90일 경우 50점과 70점의 빈도가 각각 3개로 다른 점수에 비해 빈도가 가장 높으므로 50과 70이 최빈값이 된다. 그리고 최빈값이 두 개이므로 이 자료는 이봉분포이다. 만약 15명의 국어 점수가 20, 30, 30, 30, 40, 50, 50, 50, 60, 70, 70, 70, 80, 90, 90이면 빈도가 가장 높은 점수가 30, 50 그리고 70이므로 30, 50, 70이 최빈값이 되며, 최빈값이 세 개이므로 다봉분포에 해당한다.

2) 중앙값

중앙값(median)은 자료를 크기에 따라 오름차순이나 내림차순으로 배열하였을 때 중앙에 위치하는 측정치로, 자료를 상하 50%로 나누는 점수를 말한다. 자료의 총 사례 수가 홀수일 경우는 크기에 의해 배열했을 때 가장 중간에 있는 측정치가 중앙값이 된다. 예를 들어, 자료가 55, 60, 80, 85, 88의 경우 측정치의 수가 5개로 홀수이므로 가장 가운데 위치한 80이 중앙값이 된다. 만약 자료의 총 사례 수가 짝수이면 자료를 크기순으로 배열한 다음 가장 중간에 있는 두 측정치의 값을 더해서 2로 나누어 나온 값이 중앙값이 된다. 예를 들어, 60, 66, 70, 76, 77, 90의 경우 측정치의 수가 6개로 짝수이다. 이 경우 가장 가운데 위치한 70과 76을 더한 다음 2로 나눈 값인 73이 중앙값이 된다.

중앙값은 측정치들의 절대적 크기와 관계없이 상대적 크기를 고려하여 배열한 후 가운데 오는 값으로 산출하므로, 측정치들의 절대적 크기 자체가 중앙값 산출에 거의 영향을 미치지 않는다. 예를 들어, 10명으로 구성된 A와 B 두 집단의 점수가 〈표 4-1〉과 같다고 가정해 보자. 이 두 집단의 중앙값과 평균은 다음과 같다.

〈표 4-1〉 극단적인 점수를 포함한 분포에서의 중심경향값

집단	점수	중앙값	평균
A	4, 4, 4, 5, 6, 6, 7, 7, 8, 9	6	6
B	3, 4, 4, 5, 6, 6, 7, 7, 8, 90	6	14

A, B 두 집단의 중앙값은 모두 6으로 같지만, 두 집단의 평균은 각각 6과 14로 큰 차이가 있다. B 집단의 중앙값 6과 평균 14 중 어느 값이 B 집단 점수들을 더 잘 대표한다고 할 수 있을까? B 집단의 평균이 14로 높은 이유는 10명 중 한 명의 점수가 90점이기 때문

이다. 이와 같이 자료 중 일부가 다른 자료의 분포에서 멀리 떨어져 있는 극단적인 점수를 극외자(outlier)라고 한다. 극외자가 있을 때에 평균은 영향을 많이 받게 되며, 이 경우 평균보다는 중앙값이 이 점수들을 잘 대표한다고 할 수 있다.

3) 평균

평균(mean)은 전체 측정치들의 합을 총 사례 수로 나눈 값으로 산술평균을 의미한다. 모집단의 평균은 μ로 표본의 평균은 $\overline{X}$로 표시하며, 표본의 평균인 $\overline{X}$를 계산하는 공식은 다음과 같다.

$$\overline{X}=\frac{X_1+X_2+X_3+\cdots+X_n}{n}=\frac{\Sigma X_i}{n}$$

이 공식을 이용하여 30, 40, 50, 60, 70, 80, 90, 100의 평균을 구해 보자.

$$\overline{X}=\frac{30+40+50+\cdots+100}{8}=\frac{520}{8}=65$$

이와 같이 모든 측정치의 값을 더해서 총 사례 수로 나누어 평균을 구하는 것은 원자료(raw data)로 평균을 계산하는 경우에 해당된다. 하지만 원자료가 없고 묶음도수표에서 급간으로 제시된 묶음자료의 경우 평균을 계산하기 위해서는 각 급간의 중앙값과 해당 급간의 빈도를 곱한 후 그 값들을 더한 다음 총 사례 수로 나누면 된다. 묶은 자료의 평균을 계산하는 공식은 다음과 같다.

$$\overline{X}=\frac{\Sigma fX}{n}$$

이 공식을 이용하여 〈표 4-2〉의 묶음자료의 평균을 구해 보자.

〈표 4-2〉 묶음도수표 자료에 대한 평균의 계산

급간	중앙값(X)	빈도(f)	fX
59~65	62	4	248
66~72	69	6	414
73~79	76	6	456
80~86	83	8	664
87~93	90	4	360
94~100	97	2	194
		$n=30$	$\Sigma fX=2336$

$$\overline{X}=\frac{62\times4+69\times6+76\times6+\cdots+97\times2}{30}=\frac{2336}{30}=77.87$$

평균은 대부분의 기술통계표에 포함시킬 정도로 중심경향값 중 가장 많이 사용한다. 하지만 〈표 4-1〉처럼 자료에 극단적인 점수가 있을 때 평균을 사용하는 것은 왜곡된 정보를 줄 수 있다는 점을 고려하여 사용할 필요가 있다. 또한 묶음자료를 활용하여 평균을 산출하는 것보다는 원자료를 사용하여 평균을 산출하는 것이 더 정확하므로, 원자료가 있는 경우 원자료로 평균을 산출하는 것이 바람직하다.

4) 중심경향값에 따른 분포의 모양과 왜도

자료의 분포를 그래프로 그렸을 때 분포의 모양에 따라 중심경향값인 최빈값, 중앙값, 평균의 위치가 달라진다. 분포는 정규분포와 비정규분포인 편포로 구분할 수 있으며, 편포는 다시 부적편포와 정적편포로 나누어진다. 정규분포(normal distribution)는 평균을 중심으로 좌우대칭인 형태의 분포를 말하며, 정규분포에서 최빈값, 중앙값, 평균은 같다. 부적편포(negatively skewed distribution)는 왼쪽으로 길게 뻗어 있는 분포를 말한다. 분포의 긴 꼬리부분이 음의 부호 쪽으로 길게 뻗어 있어 부적편포라고 한다. 예를 들어, 국어 시험 문제가 쉬워 높은 점수를 받은 학생들이 많을 때 그래프를 그리면 많은 점수가 양의 부호 쪽으로 치우쳐 있으며 음의 부호 쪽으로 꼬리가 길게 늘어지는 것을 볼 수 있는데, 이를 부적편포라고 한다. 부적편포에서 중심경향값은 평균이 가장 왼쪽에, 최빈값이 가장 오른쪽에 위치하며, 중앙값은 평균과 최빈값 사이에 위치한다. 즉, 부적편포에서 중심경향값의 크기는 최빈값이 가장 크고, 그다음이 중앙값이며, 평균이 가장 작다. **정적편포**(positively skewed distribution)란 부적편포와 반대로 오른쪽으로 꼬리가 길게 뻗어 있는 분포를 말한다. 수학 시험이 어려워 많은 학생이 낮은 점수를 받았을 때 이를 그래프로 나타내면 많은 점수가 음의 부호 쪽에 위치하며 양의 부호 쪽으로 꼬리가 길게 늘어지는 것을 볼 수 있는데, 이를 정적편포라고 한다. 정적편포에서 중심경향값은 최빈값이 가장 왼쪽에, 평균이 가장 오른쪽에 위치하며, 중앙값은 평균과 최빈값 사이에 위치한다. 즉, 정적편포에서 중심경향값의 크기는 평균이 가장 크고, 그다음이 중앙값이며, 최빈값이 가장 작다.

평균을 $\overline{X}$, 중앙값을 Mdn, 최빈값을 Mo로 표기할 때, 정규분포, 부적편포, 정적편포에서 중심경향값의 위치를 그림으로 나타내면 다음과 같다.

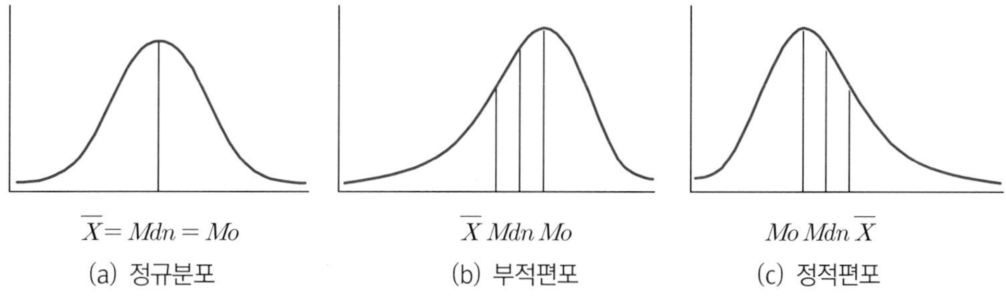

[그림 4-1] 정규분포와 편포에서 중심경향값의 위치

왜도(skewness)는 정규분포를 벗어난 정도, 즉 분포의 비대칭 정도를 나타내는 통계량으로 왜도 값은 분포가 기울어진 방향과 정도를 나타낸다. 왜도가 0이면 정규분포, 양수이면 정적편포, 음수이면 부적편포이며, 비대칭 정도가 커질수록 왜도의 절대값은 증가한다. 일반적으로 통계분석에서 사용된 사례 수가 많으면 많을수록 정규분포에 가까워진다. 왜도 값이 -2에서 $+2$ 사이에 분포하면 정규분포로 간주한다.

2. 분산도

자료의 분포를 이해하기 위해 주로 사용하는 것이 중심경향값이며, 특히 평균을 많이 사용한다. 하지만 평균이 같다고 해서 자료들의 분포가 같은 것은 아니다. 다음의 예를 보자.

〈표 4-3〉 평균은 같지만 분산도가 다른 분포

집단	점수
A	10, 30, 50, 70, 90
B	40, 45, 50, 55, 60

A 집단과 B 집단의 점수 평균은 50으로 서로 같다. 하지만 두 집단의 점수 분포는 차이가 있다. 즉, A 집단은 B 집단에 비해 점수들이 평균으로부터 많이 흩어져 있으며, 반대로 B 집단은 점수들이 평균 가까이에 분포하고 있다. 이와 같이 평균이 같더라도 자료들의 흩어진 정도는 다를 수 있다. 따라서 자료의 분포를 정확하게 이해하기 위해서는 평균과 같은 중심경향값도 알아야 하지만 자료가 흩어져 있는 정도도 파악해야 한다. 분산도(variation)란 자료가 흩어져 있는 정도를 의미하며, 분산도의 종류에는 범위, 분산, 표준편차 등이 있다.

1) 범위

범위(range)는 분포의 흩어진 정도를 가장 간단히 알아보는 방법으로 최곳값에서 최젓값을 뺀 값을 말한다. 범위를 계산하는 공식은 다음과 같다.

$$R = H - L$$

H: 최곳값

L: 최젓값

앞의 〈표 4-3〉에서 A 집단의 범위는 최곳값인 90에서 최젓값인 10을 뺀 80이며, B 집단의 범위는 60에서 40을 뺀 20으로 A 집단의 범위가 B 집단의 범위보다 크다. 즉, A 집단이 B 집단보다 더 많이 흩어져 있다. 범위는 분산도 중 가장 쉽고 간단하게 추정할 수 있다는 장점이 있다. 하지만 최곳값과 최젓값에 의해서만 범위가 결정되므로 두 점수 사이에 어떠한 값들이 존재하든 범위에 영향을 미치지 않아 신뢰로운 분산도라고 보기는 어렵다.

2) 분산

각 값으로부터 평균을 뺀 점수를 편차 또는 편차 점수라고 하며, 편차를 제곱한 후 모두 더하여 총 사례 수로 나눈 값을 분산(variance)이라고 한다. 모집단과 표본 자료의 분산을 계산하는 공식은 다음과 같다.

$$\text{모집단의 분산: } \sigma^2 = \frac{\Sigma(X_i - \mu)^2}{N} \qquad \text{표본의 분산: } S^2 = \frac{\Sigma(X_i - \overline{X})^2}{n-1}$$

모집단의 분산을 구할 때는 분모에 총 사례 수인 N을 사용하지만, 표본의 분산을 구할 때는 총 사례 수인 n 대신에 $n-1$을 사용한다. 그 이유는 n보다 $n-1$을 사용하여 표본의 분산을 계산하는 것이 모집단의 분산과 비슷한 값을 구할 수 있기 때문이다. 분산을 계산할 때 분모에 n을 사용하여 표본의 분산을 계산하면 모집단의 분산보다 작게 추정되는 경향이 있는데, 이를 편파추정치(biased estimator)라고 한다. 분모에 n 대신에 $n-1$을 사용하여 표본의 분산을 계산하면 모집단의 분산과 비슷한 값이 나오는데, 이를 불편파추정치(unbiased estimator) 또는 양호한 추정치(good estimator)라고 한다. 앞에서 범위는 최젓값 및 최곳값만을 사용하여 계산하기 때문에 그 외의 값들은 아무런 영향을 미치지 못한다고 하였다. 하지만 분산은 모든 값이 평균으로부터 어느 정도 떨어져 있는지를 고려하여 계산을 하므로 범위보다는 더 정확한 분산도라고 할 수 있다.

분산을 계산하기 위해서는 먼저 편차를 구해야 한다. 편차(deviation)란 각 값이 평균으로부터 떨어진 정도를 의미한다. 편차를 계산하는 공식은 다음과 같다.

$$d = X_i - \overline{X}$$

각 값이 평균으로부터 많이 떨어져 있을수록 편차는 크며, 편차가 0이면 그 값은 평균과 같다. 자료들의 분포에 관계없이, 즉 자료들이 평균으로부터 떨어져 있는 정도에 관계없이 편차의 합은 항상 0이 된다($\Sigma d=0$). 〈표 4-3〉의 A 집단의 편차의 합이나 B 집단의 편차의 합은 모두 0이다. 따라서 편차의 합을 이용하여 전체 자료들이 평균으로부터 얼마만큼 떨어져 있는가를 계산하기는 어렵다. 편차의 합이 0이 되는 것을 막기 위하여 분산을 계산할 때는 편차를 제곱하여 사용한다.

〈표 4-4〉는 평균이 55인 대학생 10명의 교육통계 성적에 대한 분산을 구하는 과정이다. 분산을 구하기 위해서는 편차와 편차의 제곱을 먼저 계산해야 하므로 〈표 4-4〉와 같이 표를 만들어 사용하면 편리하다.

〈표 4-4〉 편차 및 분산의 계산

X_i	$d=X_i-\overline{X}$	$d^2=(X_i-\overline{X})^2$
20	−35	1225
25	−30	900
40	−15	225
50	−5	25
50	−5	25
55	0	0
70	15	225
70	15	225
80	25	625
90	35	1225
	$\Sigma(X_i-\overline{X})=0$	$\Sigma(X_i-\overline{X})^2=4700$

$$S^2=\frac{\Sigma(X_i-\overline{X})^2}{n-1}=\frac{4700}{9}=522.22$$

〈표 4-4〉에서와 같이 편차의 합인 $\Sigma(X_i-\overline{X})$는 분포와 관계없이 항상 0이 된다. 즉 한 집단의 점수들이 평균으로부터 얼마나 떨어져 있건 간에 편차의 합은 항상 0이 된다.

따라서 편차 점수의 합으로는 점수가 흩어져 있는 정도를 알 수 없다. 따라서 분산을 구할 때 편차 점수를 제곱한 후 합을 구하고 $n-1$로 나눈다.

3) 표준편차

편차를 모두 제곱한 후 합하여 총 사례 수 N(표본의 경우 $n-1$)으로 나눈 값인 분산에 제곱근을 취한 값을 표준편차(standard deviation)라고 하며, 모집단은 σ, 표본은 S로 표기한다. 모집단과 표본의 표준편차를 구하는 공식은 다음과 같다.

$$\text{모집단의 표준편차: } \sigma = \sqrt{\sigma^2} = \sqrt{\frac{\Sigma(X_i - \mu)^2}{N}}$$

$$\text{표본의 표준편차: } S = \sqrt{S^2} = \sqrt{\frac{\Sigma(X_i - \overline{X})^2}{n-1}}$$

분산을 계산할 때 편차의 합이 0이 되는 것을 막기 위해 편차 점수를 제곱하여 합을 구한 후 $n-1$로 나누었다. 따라서 표준편차를 계산할 때는 원점수에 가깝게 이를 다시 환원하는 차원에서 분산에 제곱근을 취한다.

앞의 〈표 4-4〉의 자료에 대한 표준편차는 다음과 같다.

$$S = \sqrt{S^2} = \sqrt{\frac{\Sigma(X_i - \overline{X})^2}{n-1}} = \sqrt{\frac{4700}{9}} = \sqrt{522.22} = 22.85$$

4) 분산도에 따른 분포의 모양과 첨도

중심경향값이 같아도 분산도에 따라 분포의 모양은 달라진다. [그림 4-2]에서 ⓐ, ⓑ, ⓒ 세 분포 모두 최빈값, 중앙값, 평균이 모두 같지만 분산이 서로 다르다. 분산이나 표준편차가 크면 분포가 넓게 퍼져 있어 ⓒ와 같이 그래프의 봉우리가 낮아지고, 분산이나 표준편차가 작으면 ⓐ와 같이 분포가 좁고 그래프의 봉우리가 높다.

첨도(kurtosis)는 분포의 꼬리 부분의 길이와 중앙 부분의 뾰족한 정도에 대한 정보를 제공하는 통계량이다. 정규분포는 첨도가 0으로 중첨(mesokurtic)이라고 하며 [그림 4-2]에서 ⓑ가 중첨에 해당된다. 첨도가 0보다 큰 양수이면 급첨(leptokurtic)이라고 하며, ⓐ처럼 분포가 정규분포보다 뾰족하다. 첨도가 0보다 작은 음수이면 저첨(platykurtic)이라고 하며, ⓒ처럼 분포가 정규분포보다 낮고 퍼져 있다. 왜도에서 설명하였듯이 통계분석에 사용된 사례 수가 많으면 많을수록 정규분포에 가까워진다. 첨도 값이 −2에서 +2에 분포하면 정규분포로 간주한다.

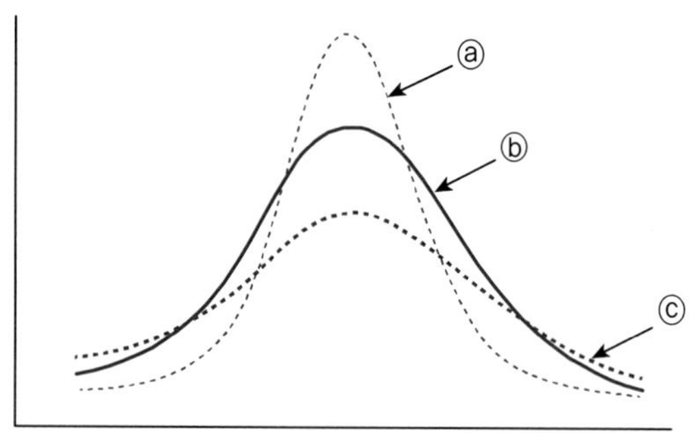

[그림 4-2] 중심경향값이 같고 분산이 다른 세 분포

3. SPSS 프로그램에서 중심경향값 및 분산도의 산출 과정

〈표 4-5〉는 고등학교 학생 20명의 수학과 영어 성적이며, 이들 자료를 입력한 파일은 【제4장 중심경향값과분산도자료】이다. SPSS 프로그램으로 이 자료의 중심경향값과 분산도를 산출하는 과정을 살펴보자.

〈표 4-5〉 고등학교 학생 20명의 수학 및 영어 성적

성별	남	남	남	남	남	남	남	남	남	남	여	여	여	여	여	여	여	여	여	여
수학 성적	10	20	40	40	50	50	50	60	60	90	10	10	20	20	40	50	50	60	60	70
영어 성적	30	40	40	50	40	60	80	80	70	80	30	40	40	50	50	50	50	60	80	70

① 고등학교 학생 20명의 수학 및 영어 성적을 SPSS 데이터 편집기에 입력한다.

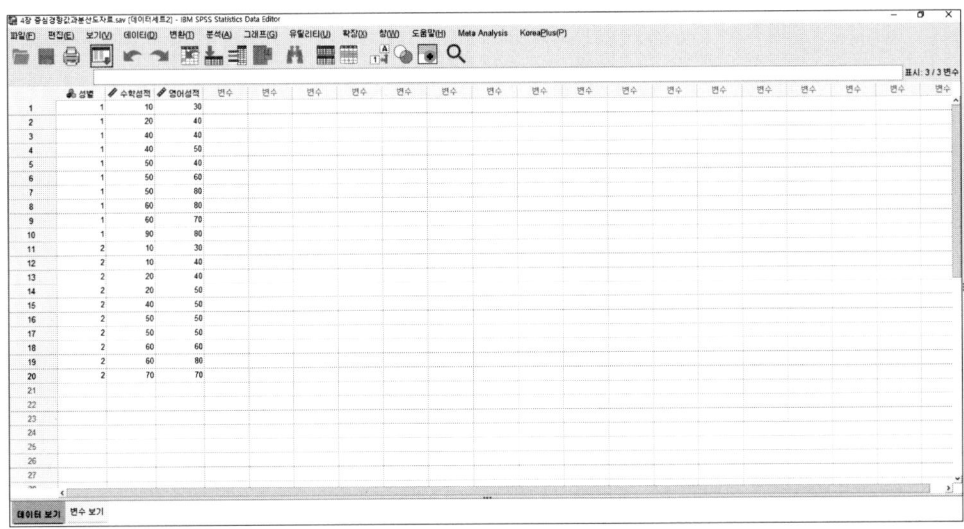

	성별	수학성적	영어성적
1	1	10	30
2	1	20	40
3	1	40	40
4	1	40	50
5	1	50	40
6	1	50	60
7	1	50	80
8	1	60	80
9	1	60	70
10	1	90	80
11	2	10	30
12	2	10	40
13	2	20	40
14	2	20	50
15	2	40	50
16	2	50	50
17	2	50	50
18	2	60	60
19	2	60	80
20	2	70	70

[그림 4-3] 중심경향값과 분산도 통계 처리 과정 1

② SPSS 데이터 편집기에서 해당 파일을 불러온 후 분석(A) → 기술통계량(E) → 빈도분석(F) 버튼을 클릭한다.

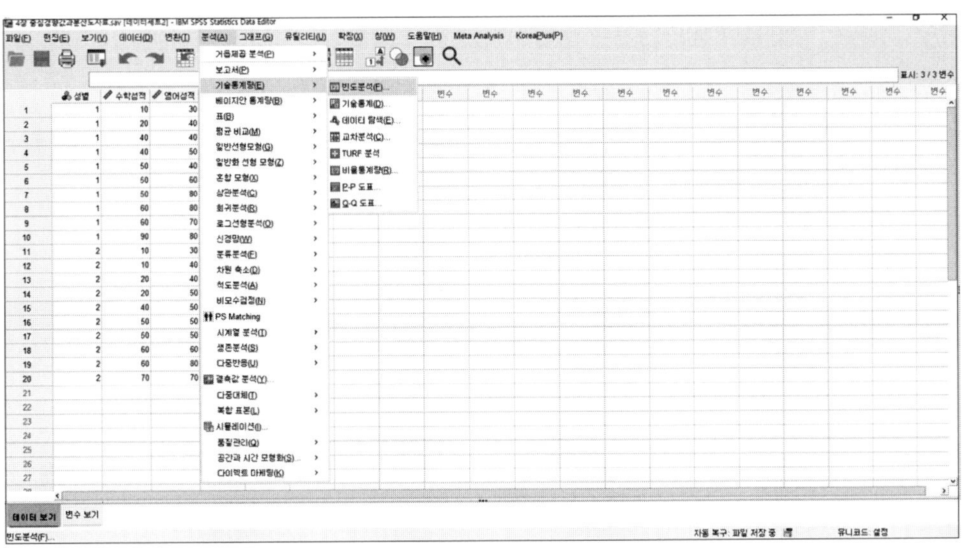

[그림 4-4] 중심경향값과 분산도 통계 처리 과정 2

③ 분석하고자 하는 변수를 선택하여 변수(V)로 이동시킨 후 통계량(S) 버튼을 클릭한다.

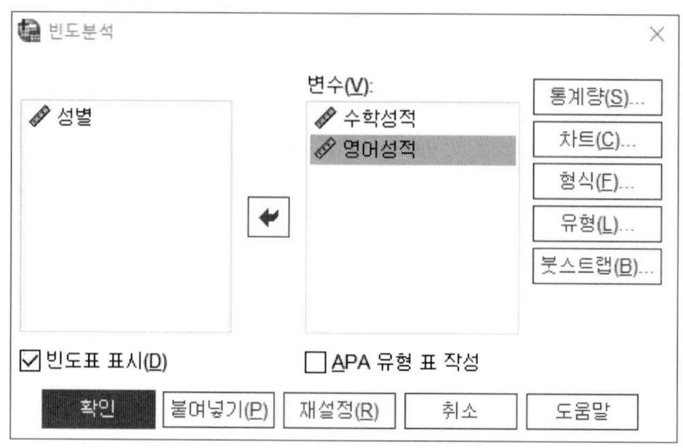

[그림 4-5] 중심경향값과 분산도 통계 처리 과정 3

④ 중심경향에 있는 평균(M), 중위수(D), 최빈값(O)과 산포도에 있는 표준편차(T), 분산(V), 범위(N)에 체크를 하고, 계속(C) 버튼을 클릭한 후 확인 버튼을 클릭한다.

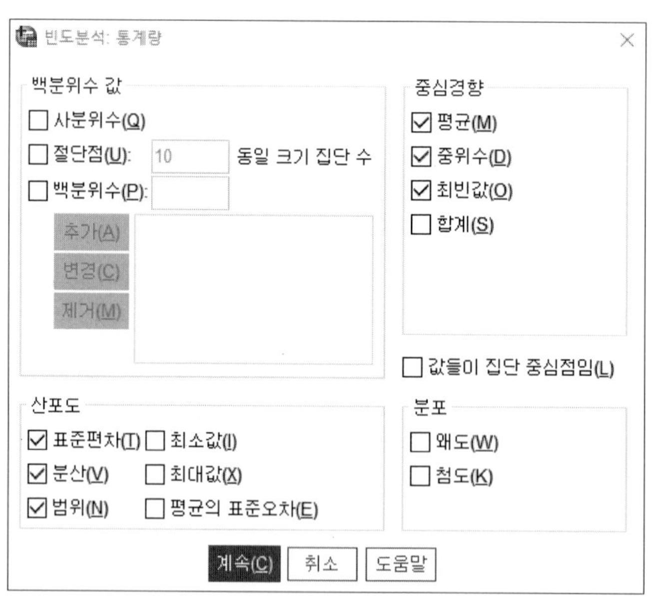

[그림 4-6] 중심경향값과 분산도 통계 처리 과정 4

⑤ 이상의 과정을 거친 통계 처리 결과는 다음과 같이 결과 창에 나타난다.

빈도

통계량

		수학성적	영어성적
N	유효	20	20
	결측	0	0
평균		43.00	54.50
중위수		50.00	50.00
최빈값		50	40[a]
표준화 편차		22.029	17.006
분산		485.263	289.211
범위		80	50

a. 여러 최빈값이 있습니다. 가장 작은 값이 나타납니다.

[그림 4-7] 중심경향값과 분산도 통계 처리 결과

여기에서는 고등학교 학생 20명 전체에 대한 중심경향값인 평균, 중앙값, 최빈값과 분산도인 범위, 분산, 표준편차 값을 산출하였다. 만약 남학생과 여학생을 구분하여 각각 중심경향값과 분산도를 구하기 위해서는 어떻게 해야 할까? 하나의 데이터 파일을 남학생 파일과 여학생 파일로 따로 만들어 필요한 값을 산출할 수도 있다. 하지만 다음과 같은 과정을 거쳐 기존의 데이터 파일을 따로 분리하지 않고 남학생과 여학생의 결과를 산출할 수 있다.

① SPSS 데이터 편집기에서 데이터(D) → 케이스 선택(S) 버튼을 클릭한다.

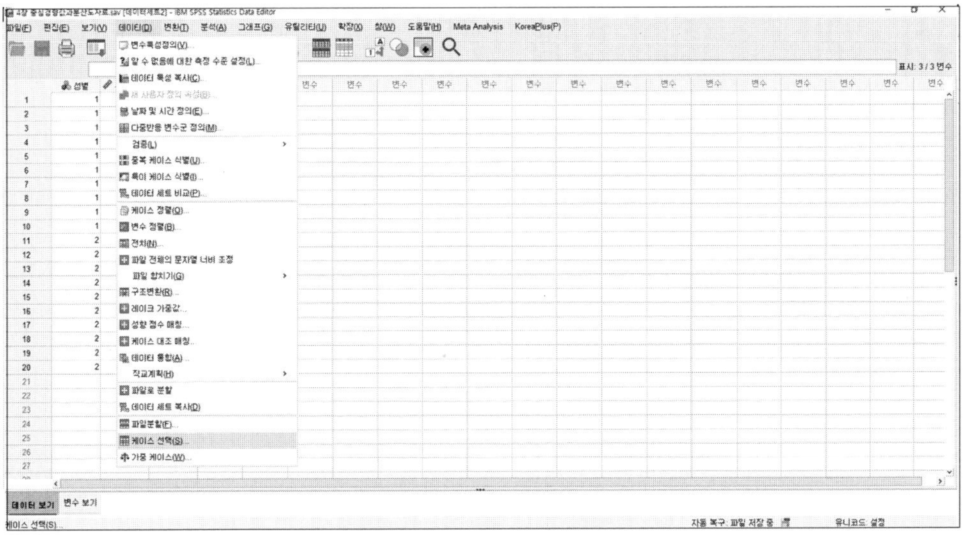

[그림 4-8] 케이스 선택 과정 1

② 케이스 선택할 변수를 클릭한 다음 선택에서 조건을 만족하는 케이스(C) 버튼을 클릭한 후 조건(I) 버튼을 클릭한다.

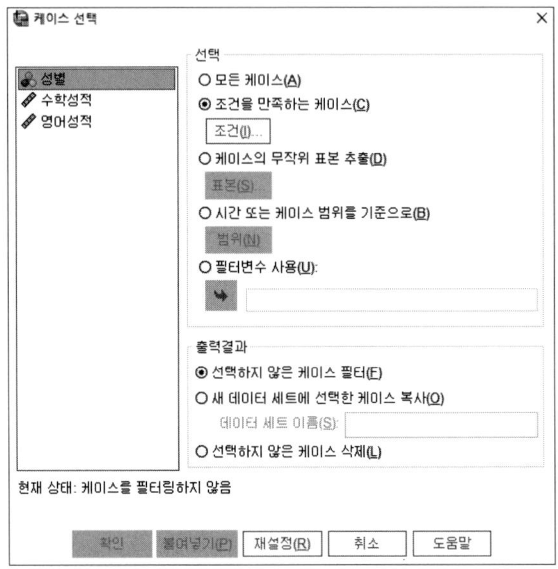

[그림 4-9] 케이스 선택 과정 2

③ 변수에서 분석할 대상을 선택하고 계속(C) 버튼을 클릭한 후 확인 버튼을 클릭한다. 남학생을 선택할 경우 성별=1로 지정한다.

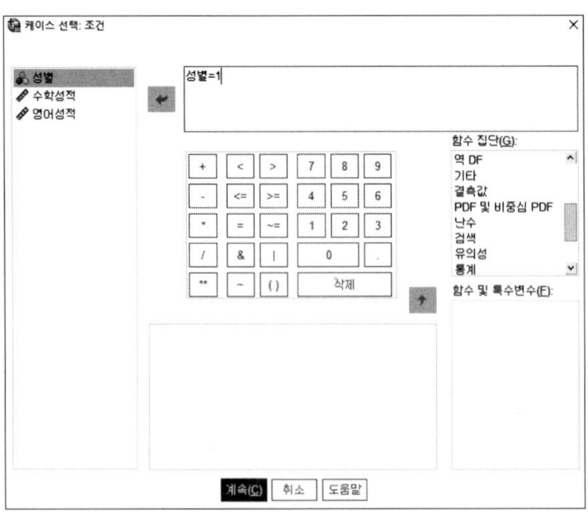

[그림 4-10] 케이스 선택 과정 3

④ 이상의 과정을 거치면 데이터 편집기에 다음과 같이 나타나며, 통계분석을 할 때 선택한 케이스만 분석된다. 선택한 케이스에 대한 통계분석 끝나면 이제 조건을 만족하는 케이스(C) 버튼을 클릭하여 다른 케이스를 선택한 후 같은 방법으로 통계분석을 하면 된다. 즉, 남학생에 대한 통계분석이 끝나고 여학생만을 분석하기 위해서는 성별=2로 하여 통계분석을 하면 된다.

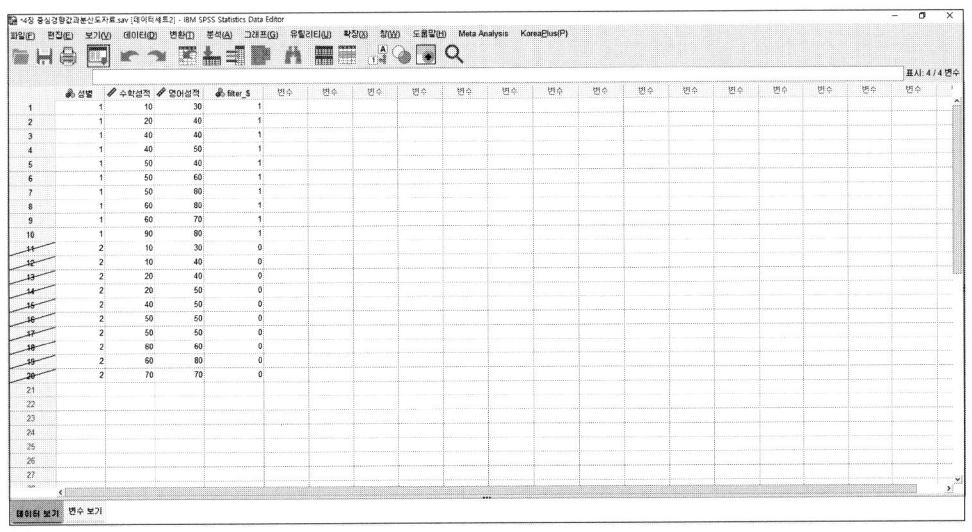

[그림 4-11] 케이스 선택 후의 SPSS 데이터 편집기

연습문제

1. 다음 용어들의 개념을 설명하라.

1) 중심경향값 2) 최빈값 3) 중앙값
4) 극외자 5) 평균 6) 정규분포
7) 부적편포 8) 정적편포 9) 왜도
10) 분산도 11) 범위 12) 분산
13) 편파추정치 14) 불편파추정치 15) 편차
16) 표준편차 17) 첨도

2. 다음은 A 대학교 학생 10명의 교육통계 성적이다. 다음 물음에 답하라.

70 75 75 80 85 85 85 90 95 100

1) 중심경향값(최빈값, 중앙값, 평균)을 구하라.

2) 분산도(범위, 분산, 표준편차)를 구하라.

3. 다음은 B 고등학교 학생 10명의 지능지수이다. 다음 물음에 답하라.

114, 126, 86, 103, 107, 92, 98, 132, 89, 103

1) 중심경향값(최빈값, 중앙값, 평균)을 구하라.

2) 분산도(범위, 분산, 표준편차)를 구하라.

4. 다음은 C 대학교 학생 20명의 교육통계 성적이다. 다음 물음에 답하라.

91 64 98 66 83 87 83 86 80 93 83 75 72 79 90 80 90 71 84 68

1) 중심경향값(최빈값, 중앙값, 평균)을 구하라.

2) 분산도(범위, 분산, 표준편차)를 구하라.

5. 2, 3, 4번 문제를 SPSS 프로그램을 이용하여 결과를 산출하라.

제5장

상관분석

1. 상관의 개념 및 산포도
2. 상관계수의 종류
3. 상관분석

 1. 상관의 개념 및 산포도

1) 상관의 개념

지능과 성적 간에는 어떤 관계가 있을까? 일반적으로 지능이 높은 학생들이 지능이 낮은 학생들에 비해 성적이 높은 경우가 많다. 그 이유는 많은 지능검사가 학습 능력을 측정하고 있기 때문이다. 지능과 성적처럼 한 변수의 값이 증가할 때 다른 변수의 값도 함께 증가하는 경우도 있으며, 이와는 반대로 중고자동차의 주행거리와 그 자동차의 가격처럼 한 변수의 값이 증가할 때 다른 변수의 값은 감소하는 경우도 있다. 한편, 키와 지능 또는 몸무게와 지능 간의 관계처럼 두 변수 간에 관계가 거의 없는 경우도 있다.

상관(correlation)이란 두 변수 간의 관계를 말한다. 한 변수가 변할 때 다른 변수가 변하는 정도를 상관이라고 한다. 상관에는 한 변수의 값이 증가할 때 다른 변수의 값도 같이 증가하는 정적상관(positive correlation), 한 변수의 값이 증가할 때 다른 변수의 값은 감소하는 부적상관(negative correlation), 그리고 한 변수의 값의 증가 또는 감소가 다른 변수의 값의 증감과 관계가 없는 무상관(no correlation)이 있다.

두 변수 간의 관계인 상관관계는 인과관계(causality)보다는 상호관계(interaction)로 해석하는 것이 적합하다. 예를 들어, 지능과 성적 간의 관계에서 정적상관이 있다고 할 때 '지능이 높기 때문에 성적이 높다.'라고 인과관계로 해석을 하는 것은 무리가 있다. 왜냐하면 성적은 학습동기, 학습태도, 적성 등 지능 이외에 다양한 변수들의 영향을 받아서 결정되기 때문이다. 따라서 '지능과 성적 간에는 관계가 있다 또는 상관이 있다.'라고 해석하는 것이 바람직하다.

조사연구와는 달리 실험연구는 그 결과를 인과관계로 해석할 수 있다. 예를 들어 '집단놀이치료 프로그램이 유아의 정서조절능력 및 사회성에 미치는 효과'라는 실험연구에서 실험 후 유아의 정서조절능력 및 사회성이 향상되었다면, 그 원인은 집단놀이치료 프로그램이라는 실험처치 때문이라고 할 수 있다. 즉, 집단놀이치료 프로그램이 원인이고 유아의 정서조절능력 및 사회성이 결과인 인과관계로 해석할 수 있다.

하지만 사회과학에서는 현실적인 이유로 실험연구를 할 수 없는 경우가 많다. 이 경우 조사연구를 많이 하게 되는데, 실험연구가 아닌 조사연구에서도 이론이나 선행연구의 결과를 근거로 변수들 간의 인과관계를 통계적으로 검정할 수 있는 방법들이 있다. 사회과학에서는 회귀분석, 경로분석, 구조방정식모형 등과 같은 통계적 방법을 활용하여, 인위적으로 설정한 인과관계를 확증해 주는 방식으로 조사연구이지만 그 결과를 인과관계로 해석하는 것을 허용하고 있다. 예를 들어 '중학생이 지각한 긍정심리자본과 성취목표지향이 학습몰입에 미치는 영향'이라는 조사연구에서 중다회귀분석을 실시하였을 경우, 긍정심리자본 및 성취목표지향과 학습몰입 간의 관계를 인과관계로 해석한다. 또한 '대학생의 성취동기, 학업적 정서조절, 자기주도학습능력, 학습몰입 간의 구조적 관계'라는 조사연구에서 변수들 간의 관계를 구조방정식모형으로 분석하였을 경우, 그 결과는 인과관계로 해석한다.

2) 산포도

두 변수의 관계를 알아보는 가장 간단하고 쉬운 방법은 두 변수의 관계를 도표로 그려보는 것이다. 산포도(scatter plot)는 두 변수 간의 관계를 알아보기 위하여 두 변수 값을 나타내는 점을 도표에 나타낸 것이다. 즉, 한 변수를 X축에, 다른 변수를 Y축에 설정하여 각각의 X값에 해당되는 Y값을 도표에 점으로 표시하여 두 변수의 관계를 추정할 수 있게 만든 도표가 산포도이다. 〈표 5-1〉은 10명의 고등학교 학생의 국어와 영어 성적이며, 두 과목의 성적에 대한 산포도는 [그림 5-1]과 같다.

〈표 5-1〉 국어 및 영어 성적

	국어 성적(X)	영어 성적(Y)
1	60	50
2	80	80
3	50	60
4	90	100
5	90	90
6	100	80
7	80	70
8	40	40
9	50	50
10	70	70

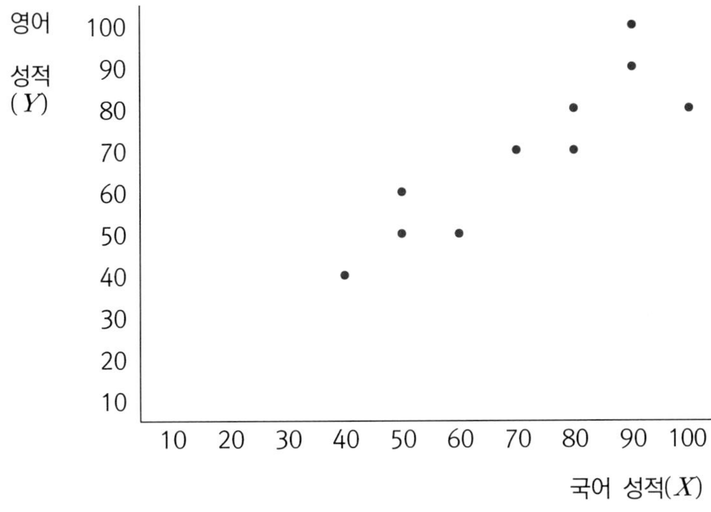

[그림 5-1] 국어 및 영어 성적의 산포도

[그림 5-1]의 산포도를 보면 고등학교 학생들의 국어 성적이 높을수록 영어 성적이 높아 두 교과목의 성적 간에 정적상관이 있음을 알 수 있다. 산포도를 통해 한 변수가 변할 때 다른 변수가 어떻게 변하는지를 쉽게 알 수 있으므로 두 변수 간의 관계를 대략적으로 예측하기 위해 산포도를 활용한다. 이처럼 산포도는 두 변수 간의 관계에 대한 대략적인 정보를 제공하지만 정확한 계량적인 정보는 제시하지 못한다. SPSS 프로그램에서도 산포도를 그릴 수 있다. SPSS 프로그램에서 국어 및 영어 성적의 산포도를 작성하는 과정은 다음과 같다.

① SPSS 데이터 편집기에서 해당 파일을 불러온 후 그래프(G) → 그래프보드 양식 선택기(G) 버튼을 클릭한다.

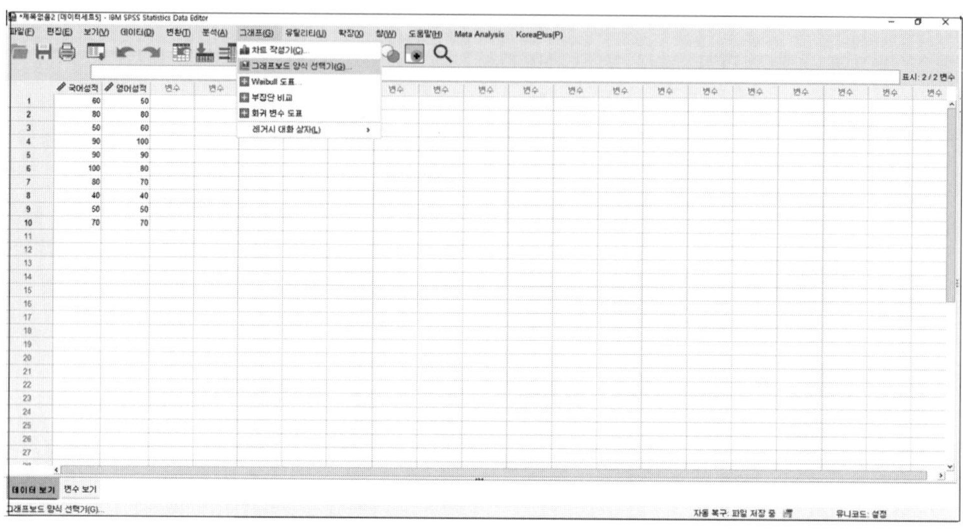

[그림 5-2] 산포도 작성 과정 1

② 산포도를 그릴 변수를 지정한 다음 제시되어 있는 그래프 중에서 산점도를 클릭한 후 확인 버튼을 클릭한다.

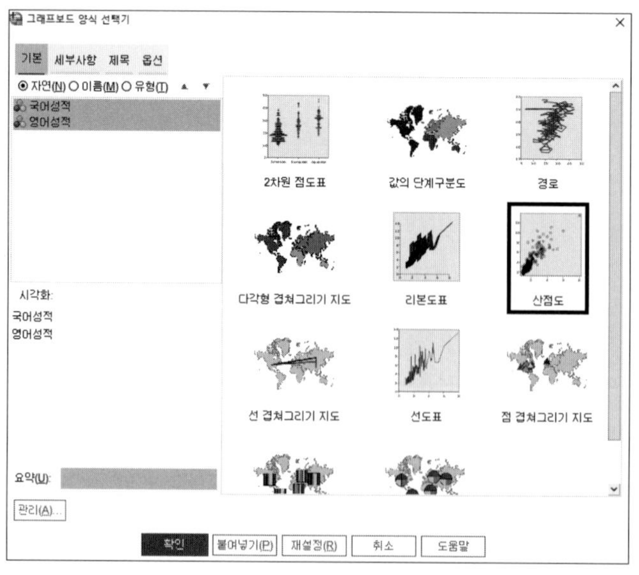

[그림 5-3] 산포도 작성 과정 2

③ 확인 버튼을 클릭하면 다음과 같은 산포도가 결과 창에 나타난다.

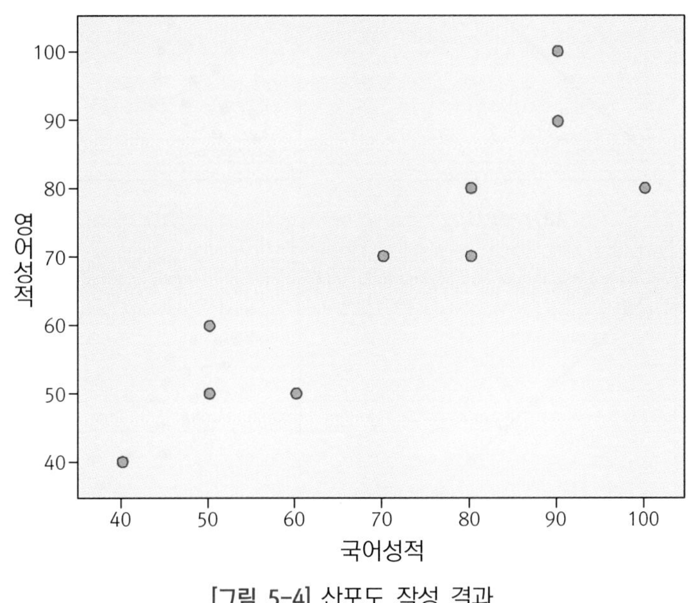

[그림 5-4] 산포도 작성 결과

두 변수 간의 관계인 상관의 정도를 객관적이고 계량적으로 파악하기 위해 가장 많이 사용되는 것이 상관계수이다. 상관계수(correlation coefficient)는 두 변수 간의 상관관계의 정도를 나타내는 지수로, 한 변수가 변할 때 다른 변수가 변하는 정도를 나타낸다. 그뿐만 아니라 두 변수가 정적상관인지, 부적상관인지 상관계수의 방향에 대한 정보도 제공한다. [그림 5-5]는 상관계수가 서로 다른 산포도의 예들이다.

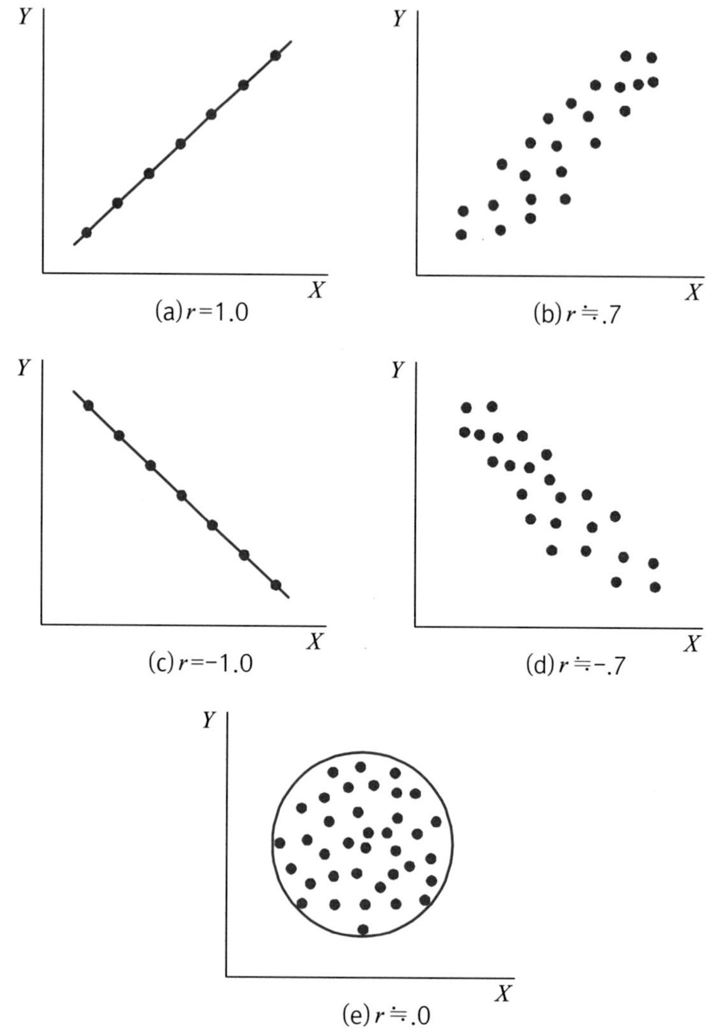

[그림 5-5] 산포도의 예와 상관계수

[그림 5-5]에서 (a)는 모든 점들이 왼쪽 아래에서 오른쪽 위로 향하는 일직선상에 위치해 있어 상관계수 r이 1.0인 정적상관을 보여 주는 산포도이다. 이와는 반대로 (c)는 왼쪽 위에서 오른쪽 아래로 향하는 직선에 모든 점들이 놓여 있는 상관계수 r이 −1.0인 부적상관의 산포도이다. (b) 산포도는 점들이 정적상관을 보이고 있지만 일직선상에 위치해 있지는 않고 일부 흩어져 있으며, 상관계수 r은 약 .7 정도이다. (d) 산포도는 부적상관을 보이고 있으며, 상관계수 r은 약 −.7 정도이다. 마지막으로 (e) 산포도는 점들이 둥근 원 모양을 이루고 있으며, 상관계수 r은 .0에 가깝다. 이처럼 산포도는 점들의 방향

을 통해 두 변수가 정적상관인지 부적상관인지에 대한 정보를 제공해 준다. 또한 점들의 흩어진 정도를 통해 상관이 대략 어느 정도인지 예측할 수 있게 해 준다.

 2. 상관계수의 종류

1) 적률상관계수

상관계수는 두 변수가 동시에 변하는 정도를 나타내는 통계치이다. 상관계수의 종류에는 여러 가지가 있으나, 그중 가장 많이 사용되는 것이 Pearson의 적률상관계수이다. 적률상관계수(product-moment correlation coefficient)는 등간척도 또는 비율척도에 의해 측정된 두 변수 간 상관의 정도를 나타낸 것으로, 두 변수를 모두 평균이 0이고 표준편차가 1인 Z 점수로 변환한 다음 Z 점수 간의 공분산 정도를 추정하는 것이다.

공분산(covariance)은 두 변수가 동시에 변하는 정도, 즉 한 변수가 얼마만큼 변할 때 다른 변수가 얼마만큼 변하는지를 나타내는 지수이다. 한 변수에 대한 분산은 각 값으로부터 평균을 뺀 편차를 제곱한 후, 그 수를 모두 더하여 총 사례 수로 나눈 값을 말한다. 분산의 공식을 바탕으로 두 변수가 동시에 얼마나 변하는지를 나타내는 공분산 공식을 모집단과 표본으로 구분하여 제시하면 다음과 같다.

$$\text{모집단의 공분산: } \sigma_{xy} = \frac{\Sigma(X_i - \mu_x)(Y_i - \mu_y)}{N}$$

$$\text{표본의 공분산: } S_{xy} = \frac{\Sigma(X_i - \overline{X})(Y_i - \overline{Y})}{n-1}$$

적률상관계수는 두 변수의 공분산을 각 변수의 표준편차의 곱으로 나누어 상관계수를 구한 것이다. 모집단과 표본의 적률상관계수를 구하는 공식은 다음과 같다.

$$\text{모집단의 적률상관계수: } \rho_{xy} = \frac{\sigma_{xy}}{\sigma_x \sigma_y} = \frac{\frac{\Sigma(X_i - \mu_x)(Y_i - \mu_y)}{N}}{\sigma_x \sigma_y} = \frac{\Sigma(X_i - \mu_x)(Y_i - \mu_y)}{N\sigma_x \sigma_y}$$

$$\text{표본의 적률상관계수: } r_{xy} = \frac{S_{xy}}{S_x S_y} = \frac{\frac{\Sigma(X_i - \overline{X})(Y_i - \overline{Y})}{(n-1)}}{S_x S_y} = \frac{\Sigma(X_i - \overline{X})(Y_i - \overline{Y})}{(n-1)S_x S_y}$$

표본의 적률상관계수 공식을 이용하여 고등학교 학생의 국어 성적과 영어 성적 간의 적률상관계수를 구하는 과정은 다음과 같다.

〈표 5-2〉 국어 성적(X)과 영어 성적(Y) 간의 적률상관계수 계산 방법 1

번호	X_i	Y_i	$X_i - \overline{X}$	$Y_i - \overline{Y}$	$(X_i - \overline{X})(Y_i - \overline{Y})$
1	60	50	−11	−19	209
2	80	80	9	11	99
3	50	60	−21	−9	189
4	90	100	19	31	589
5	90	90	19	21	399
6	100	80	29	11	319
7	80	70	9	1	9
8	40	40	−31	−29	899
9	50	50	−21	−19	399
10	70	70	−1	1	−1
					$\Sigma(X_i - \overline{X})(Y_i - \overline{Y}) = 3110$

$$r_{xy} = \frac{S_{xy}}{S_x S_y} = \frac{\Sigma(X_i - \overline{X})(Y_i - \overline{Y})}{(n-1)S_x S_y} = \frac{3110}{(9)(20.25)(19.12)} = .89$$

이상에서 표본의 적률상관계수 공식을 이용하여 Pearson의 적률상관계수를 산출하는 과정을 살펴보았다. Pearson의 적률상관계수는 두 변수의 표준편차 없이도 다음의 공식을 활용하여 쉽게 계산할 수도 있다.

$$r_{xy} = \frac{n\Sigma X_i Y_i - (\Sigma X_i)(\Sigma Y_i)}{\sqrt{n\Sigma X_i^2 - (\Sigma X_i)^2}\ \sqrt{n\Sigma Y_i^2 - (\Sigma Y_i)^2}}$$

이 공식을 이용하여 고등학교 학생의 국어 성적과 영어 성적 간의 적률상관계수를 구하는 과정은 다음과 같다.

〈표 5-3〉 국어 성적(X)과 영어 성적(Y) 간의 적률상관계수 계산 방법 2

번호	X_i	Y_i	X_iY_i	X_i^2	Y_i^2
1	60	50	3000	3600	2500
2	80	80	6400	6400	6400
3	50	60	3000	2500	3600
4	90	100	9000	8100	10000
5	90	90	8100	8100	8100
6	100	80	8000	10000	6400
7	80	70	5600	6400	4900
8	40	40	1600	1600	1600
9	50	50	2500	2500	2500
10	70	70	4900	4900	4900
	$\Sigma X_i = 710$	$\Sigma Y_i = 690$	$\Sigma X_iY_i = 52100$	$\Sigma X_i^2 = 54100$	$\Sigma Y_i^2 = 50900$

$$\begin{aligned} r_{xy} &= \frac{n\Sigma X_i Y_i - \Sigma X_i \Sigma Y_i}{\sqrt{n\Sigma X_i^2 - (\Sigma X_i)^2}\ \sqrt{n\Sigma Y_i^2 - (\Sigma Y_i)^2}} \\ &= \frac{(10)(52100) - (710)(690)}{\sqrt{(10)(54100) - (710)^2}\ \sqrt{(10)(50900) - (690)^2}} = \frac{31100}{34841.97} = .89 \end{aligned}$$

고등학교 학생들의 국어 성적과 영어 성적 간의 적률상관계수를 구한 결과, 상관계수는 .89이다. 그런데 국어 성적과 영어 성적 간의 상관계수인 .89는 무슨 의미일까? 상관계수에 대한 일반적 해석과 정확한 상관계수의 의미를 차례대로 살펴보자. 상관계수의 해석에 대한 절대적 기준은 없으며, 학자들에 따라 다소 차이가 있지만 일반적으로 〈표 5-4〉와 같이 해석한다.

〈표 5-4〉 상관계수의 일반적 해석

상관계수의 범위	일반적 해석
.00 ~ ±.20	상관이 매우 낮다.
±.20 ~ ±.40	상관이 낮다.
±.40 ~ ±.60	상관이 있다.
±.60 ~ ±.80	상관이 높다.
±.80 ~ ±1.00	상관이 매우 높다.

만약 두 변수 간의 상관계수 r이 $-.75$라면 어떻게 해석할까? 〈표 5-4〉에 근거하여 '상관이 높다.'라고 해석을 할 수 있다. 그런데 상관계수가 $-.75$이므로 '부적 상관이 높다.'라고 해석할 수도 있다. 이처럼 상관계수 r이 음수일 경우, 일반적인 해석 앞에 '부적'이라는 용어를 포함하여 해석하기도 한다. 앞의 예에서 국어 성적과 영어 성적 간의 상관계수 r은 .89이다. 따라서 〈표 5-4〉에 근거하여 '국어 성적과 영어 성적 간의 상관은 매우 높다.'라고 해석할 수 있다.

다음으로, 국어 성적과 영어 성적 간의 상관계수인 .89의 정확한 의미에 대해 살펴보자. 상관계수 $r=.89$를 제곱을 하면 $r^2=.79$가 된다. 여기서 r^2을 결정계수라고 한다. 결정계수(coefficient of determination)는 변수 Y의 전체 분산(S_Y^2) 중에서 변수 X로 예측할 수 있는 Y의 분산의 비율을 의미하며, 적률상관계수의 제곱인 r^2과 같다. 결정계수 r^2은 변수 X가 변수 Y를 설명할 수 있는 비율, 즉 설명력을 의미한다. 국어 성적과 영어 성적 간의 상관계수 r이 .89이므로 r^2은 .79가 되며, 이 경우 영어 성적의 분산 79%를 국어 성적이 설명할 수 있다고 해석한다. 상관분석에서는 변수 간 방향이 없으므로 국어 성적이 영어 성적을 설명할 수 있는 설명력이 79%이면, 반대로 영어 성적이 국어 성적을 설명할 수 있는 설명력 또한 79%라고 할 수 있다.

이상에서 2개의 공식을 통해 적률상관계수를 산출하는 과정을 살펴보았으며, 산출된 적률상관계수의 일반적 해석과 그 의미에 대해 알아보았다. 이제 SPSS 프로그램을 통하여 적률상관계수를 산출하는 과정을 살펴보자. 〈표 5-1〉의 고등학교 국어 성적과 영어 성적을 입력한 파일은 【제5장 상관분석자료1(적률상관계수)】이다. SPSS 프로그램에서 국어 및 영어 성적의 적률상관계수를 산출하는 과정은 다음과 같다.

① SPSS 데이터 편집기에서 해당 파일을 불러온 후 분석(A) → 상관분석(C) → 이변량 상관(B) 버튼을 클릭한다.

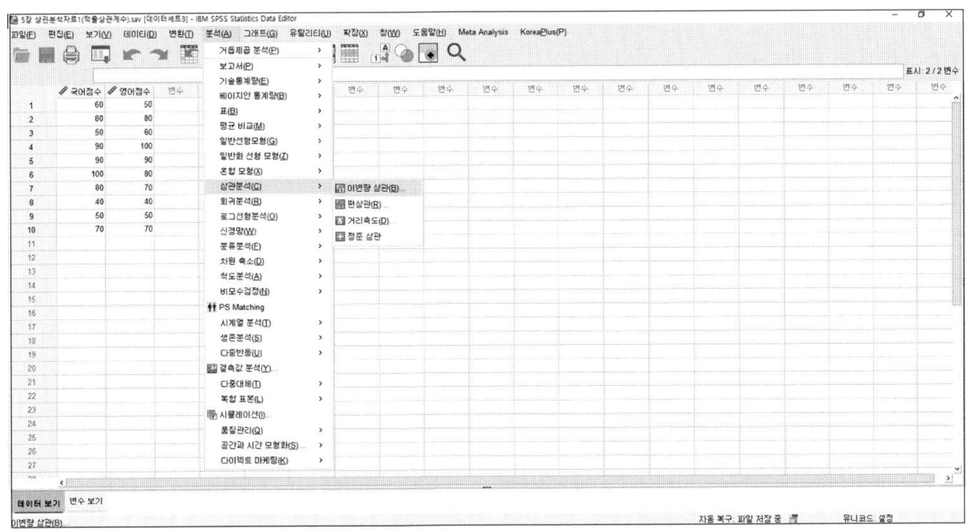

[그림 5-6] 적률상관계수 통계 처리 과정 1

② 상관계수를 산출할 변수를 변수(V) 창으로 이동시키고, 각 변수에 대한 평균과 표준편차가 필요할 경우 옵션(O) 버튼을 클릭하여 평균과 표준편차(M)에 체크를 한 후 계속(C) 버튼과 확인 버튼을 클릭한다.

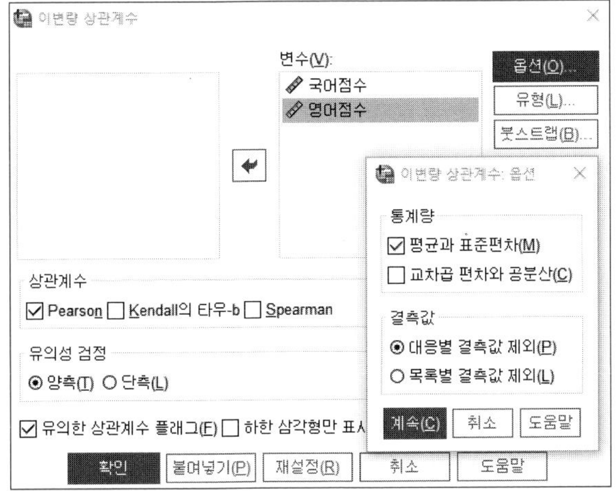

[그림 5-7] 적률상관계수 통계 처리 과정 2

③ 이상의 과정을 거친 통계 처리 결과는 다음과 같이 결과 창에 나타난다.

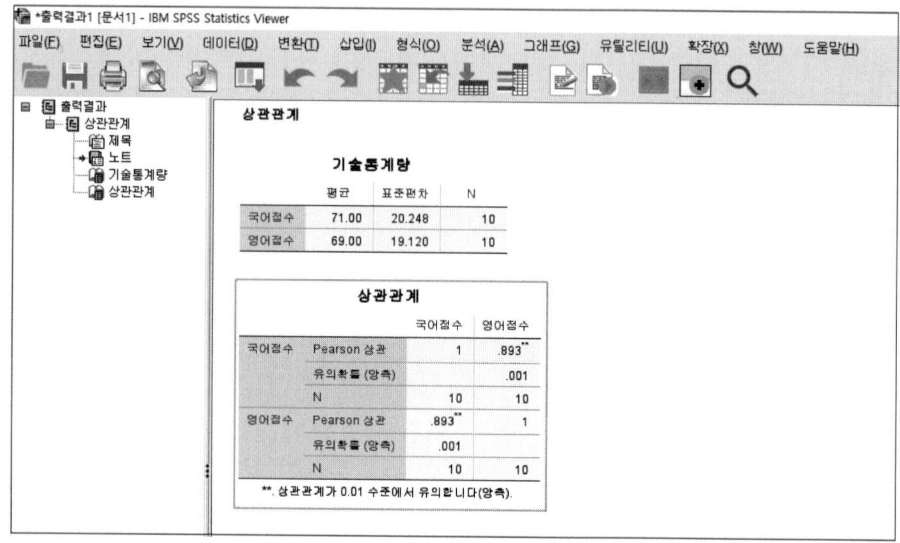

[그림 5-8] 적률상관계수 통계 처리 결과

2) 특수상관계수

(1) 등위상관계수

등위상관계수(rank correlation coefficient)는 두 변수가 등간척도 또는 비율척도로 측정된 연속적인 양적 변수가 아니라 서열척도에 의해 측정된 비연속적인 양적 변수일 때 사용하는 상관계수로 순위상관계수, 서열상관계수라고도 한다. 예를 들어, 어느 집단의 성적 등수와 지능지수 등수 간의 상관을 추정할 때 Spearman의 등위상관계수를 사용한다. Spearman의 등위상관계수를 추정하는 공식은 다음과 같다.

$$r_s = 1 - \frac{6\Sigma D_i^2}{n(n^2-1)}$$

이 공식을 이용하여 고등학교 학생들의 국어 및 영어 성적 간의 등위상관계수를 구하는 과정은 다음과 같다.

〈표 5-5〉 국어 성적(X)과 영어 성적(Y)의 등위상관계수 계산

번호	X_i	Y_i	X_i 등위	Y_i 등위	D_i	D_i^2
1	60	50	7	8.5	−1.5	2.25
2	80	80	4.5	3.5	1	1
3	50	60	8.5	7	1.5	2.25
4	90	100	2.5	1	1.5	2.25
5	90	90	2.5	2	.5	.25
6	100	80	1	3.5	−2.5	6.25
7	80	70	4.5	5.5	−1	1
8	40	40	10	10	0	0
9	50	50	8.5	8.5	0	0
10	70	70	6	5.5	.5	.25
						$\Sigma D_i^2 = 15.5$

$$r_s = 1 - \frac{6\Sigma D_i^2}{n(n^2-1)} = 1 - \frac{(6)(15.5)}{10(100-1)} = .91$$

등위상관계수 추정 시 성적을 등위로 변환할 때 같은 성적이 있으면, 해당되는 등위를 모두 더하여 같은 성적의 사례 수로 나누어 등위 성적을 계산한다. 앞의 예에서 X 성적 중 90점은 2등인데 2명이 있다. 따라서 (2+3)/2를 하여 90점에 해당하는 등위 성적 2.5를 부여하면 된다. 같은 방법으로 X 점수 중 80점은 4등인데 2명이 있다. 따라서 (4+5)/2를 하여 80점에 해당하는 등위 성적 4.5를 부여하면 된다.

〈표 5-1〉의 고등학교 학생들의 국어 성적과 영어 성적을 입력한 파일은 【제5장 상관분석자료2(등위상관계수)】이다. SPSS 프로그램에서 국어 및 영어 성적의 등위상관계수를 산출하는 과정은 다음과 같다.

① SPSS 데이터 편집기에서 해당 파일을 불러온 후 분석(A) → 상관분석(C) → 이변량 상관(B) 버튼을 클릭한다.

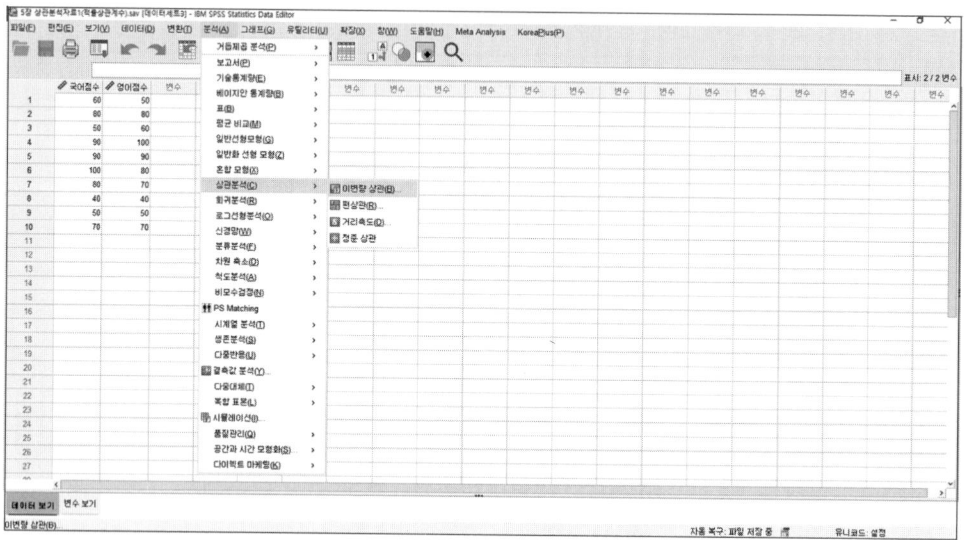

[그림 5-9] 등위상관계수 통계 처리 과정 1

② 상관계수에서 Spearman에 체크를 한 후, 상관계수를 산출할 변수들을 변수(V) 창으로 이동시키고, 각 변수에 대한 평균과 표준편차가 필요할 경우 옵션(O) 버튼을 클릭하여 평균과 표준편차(M)에 체크를 한 후 계속(C) 버튼과 확인 버튼을 클릭한다.

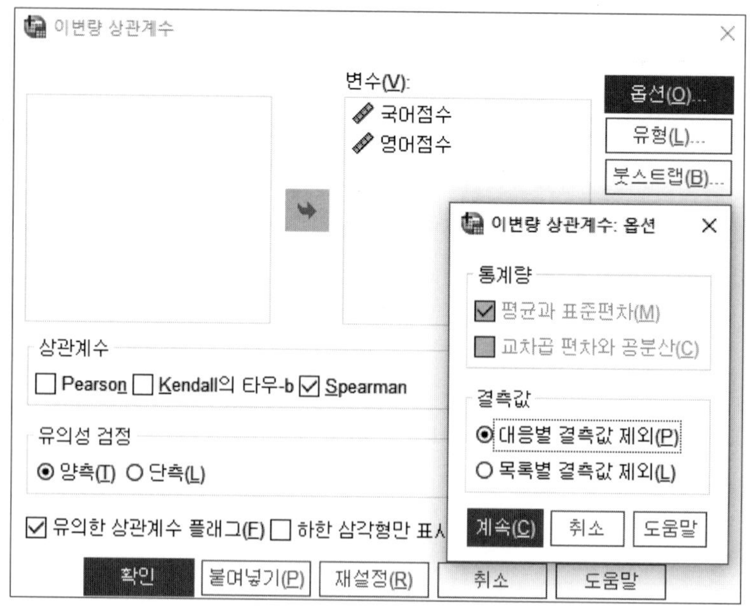

[그림 5-10] 등위상관계수 통계 처리 과정 2

③ 이상의 과정을 거친 통계 처리 결과는 다음과 같이 결과 창에 나타난다.

*출력결과3 [문서3] - IBM SPSS Statistics Viewer

비모수 상관

상관관계

			국어점수	영어점수
Spearman의 rho	국어점수	상관계수	1.000	.904**
		유의확률 (양측)	.	.000
		N	10	10
	영어점수	상관계수	.904**	1.000
		유의확률 (양측)	.000	.
		N	10	10

**. 상관관계가 0.01 수준에서 유의합니다(양측).

[그림 5-11] 등위상관계수 통계 처리 결과

(2) 양류상관계수

양류상관계수(point-biserial correlation coefficient)는 두 변수 중 한 변수는 이분변수(dichotomous variable)이고, 나머지 한 변수가 연속변수일 때 두 변수의 상관계수를 추정할 때 사용하는 상관계수이다. 주로 독립변수가 이분변수이며 종속변수가 연속변수이다. 예를 들어, 성별과 교육통계 성적 간의 상관을 분석하기 위해서는 양류상관계수를 활용하여야 한다. 양류상관계수를 추정하는 공식은 다음과 같다.

$$r_{pb} = \frac{\overline{Y}_H - \overline{Y}_L}{S_Y}\sqrt{pq}$$

$\overline{Y}_H$: 두 집단 중 평균이 높은 집단의 평균
$\overline{Y}_L$: 두 집단 중 평균이 낮은 집단의 평균
S_Y: 연속변인 Y의 표준편차
p: 두 집단 중 평균이 높은 집단의 사례 수의 비율
q: 두 집단 중 평균이 낮은 집단의 사례 수의 비율

이 공식을 이용하여 성별과 영어 성적 간의 양류상관계수를 구하는 과정은 다음과 같다.

〈표 5-6〉 성별과 영어 성적(Y)의 양류상관계수 계산

번호	성별	영어 성적(Y)
1	여	50
2	남	80
3	여	60
4	남	100
5	남	90
6	여	80
7	여	70
8	여	40
9	남	50
10	여	70

$$r_{pb} = \frac{\overline{Y}_H - \overline{Y}_L}{S_Y}\sqrt{pq} = \frac{80.00 - 61.67}{19.12}\sqrt{(.4)(.6)} = .47$$

이 예에서 총 10명 중 남자는 4명이며, 남자의 평균은 80이다. 여자는 6명이며, 여자의 평균은 61.67이다. 따라서 평균이 높은 집단인 남자의 사례 수의 비율인 p는 4/10=.4가 되며, 평균이 낮은 여자의 사례 수의 비율인 q는 6/10=.6이 된다.

SPSS 프로그램에서 양류상관계수를 산출하는 과정은 Pearson의 적률상관계수 산출 과정과 동일하며, 그 해석 방법도 같다. SPSS 통계 처리 결과는 수식을 이용한 수학적 계산 결과와 약간의 차이가 있을 수 있으며, 특히 상관계수의 양과 음의 부호가 다를 수 있다. 수식에서는 평균이 높은 집단에서 평균이 낮은 집단의 평균 차를 구하기 때문에 항상 양의 상관계수가 나오지만, SPSS 통계 처리 결과에서는 이분변수 중 어느 값을 1로 하고 어느 값을 2로 코딩하는가에 따라 상관계수가 양수일 수도 있고 음수일 수도 있다.

앞의 성별과 영어 성적을 입력한 파일은 【제5장 상관분석자료5(양류상관계수)】이다. SPSS 프로그램에서 성별과 영어 성적의 양류상관계수를 산출하는 과정은 적률상관계수를 산출하는 과정과 동일하다.

① SPSS 데이터 편집기에서 해당 파일을 불러온 후 분석(A) → 상관분석(C) → 이변량 상관

(B) 버튼을 클릭한다.

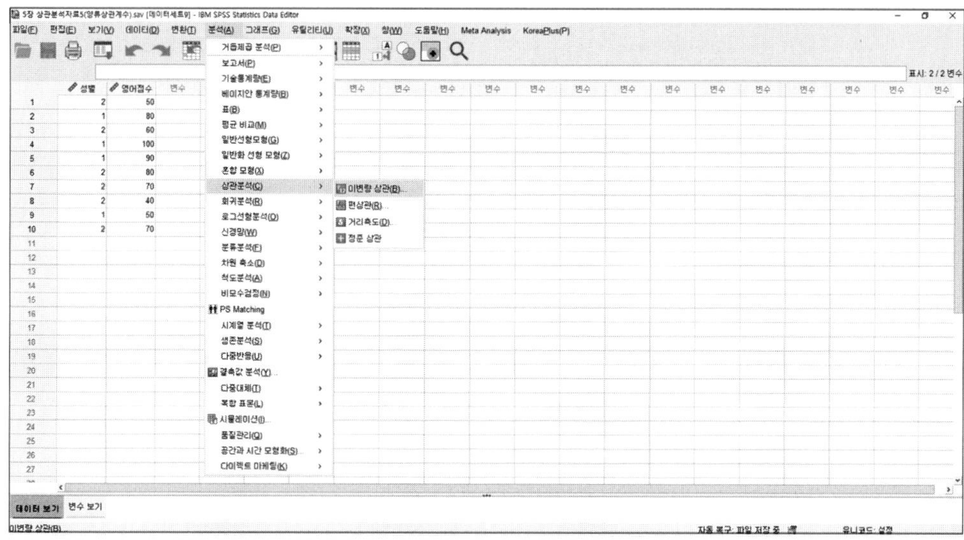

[그림 5-12] 양류상관계수 통계 처리 과정 1

② 상관계수에서 Pearson에 체크를 한 후, 상관계수를 산출할 변수들을 변수(V) 창으로 이동시키고, 각 변수에 대한 평균과 표준편차가 필요할 경우 옵션(O) 버튼을 클릭하여 평균과 표준편차(M)에 체크를 한 후 계속(C) 버튼과 확인 버튼을 클릭한다.

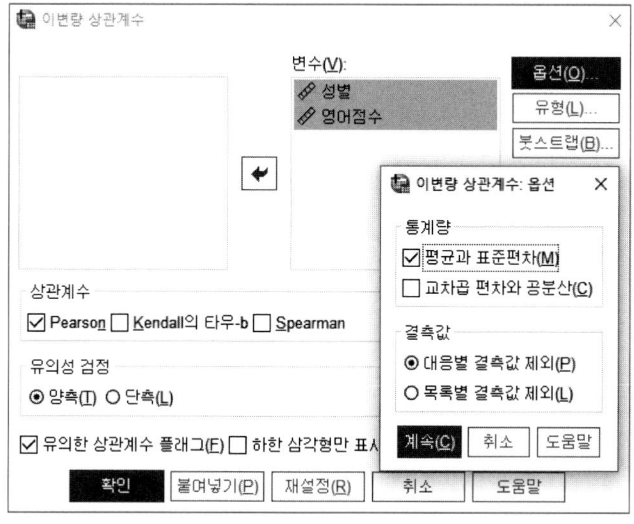

[그림 5-13] 양류상관계수 통계 처리 과정 2

③ 이상의 과정을 거친 통계 처리 결과는 다음과 같이 결과 창에 나타난다.

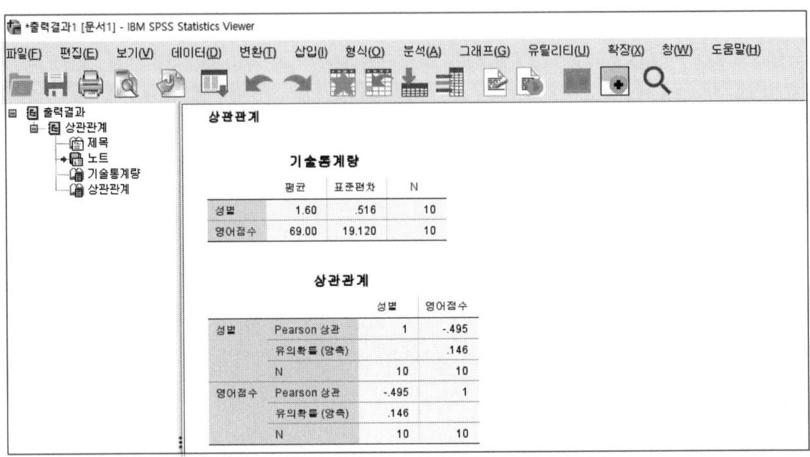

상관관계

기술통계량

	평균	표준편차	N
성별	1.60	.516	10
영어점수	69.00	19.120	10

상관관계

		성별	영어점수
성별	Pearson 상관	1	-.495
	유의확률 (양측)		.146
	N	10	10
영어점수	Pearson 상관	-.495	1
	유의확률 (양측)	.146	
	N	10	10

[그림 5-14] 양류상관계수 통계 처리 결과

(3) 양분상관계수

양분상관계수(biserial correlation coefficient)는 두 변수 모두 연속변수였으나, 연구의 목적을 위해 연구자가 한 변수를 인위적으로 이분변수로 만들어 인위적 이분변수와 연속변수 간의 상관계수를 추정할 때 사용하는 상관계수이다. 양류상관계수에서는 성별과 같이 자연적인 이분변수이지만, 양분상관계수에서는 지능지수 100을 기준으로 상과 하의 두 집단으로 구분하는 것과 같이 인위적인 이분변수이다. 양분상관계수를 구하는 공식은 다음과 같다.

$$r_b = (\frac{\overline{Y}_H - \overline{Y}_L}{S_Y})(\frac{pq}{h})$$

$\overline{Y}_H$: 두 집단 중 평균이 높은 집단의 평균
$\overline{Y}_L$: 두 집단 중 평균이 낮은 집단의 평균
S_Y: 연속변인 Y의 표준편차
p: 두 집단 중 평균이 높은 집단의 사례 수의 비율
q: 두 집단 중 평균이 낮은 집단의 사례 수의 비율
h: 표준정규분포에서 p와 q가 분할되는 점에서의 높이

양분상관계수의 공식에서 표준정규분포에서 p와 q가 분할되는 점에서의 높이인 h는 계산을 통해 구하기는 어렵다. 일부 교육통계 책의 부록에서 표준정규분포의 세로좌표에 대한 수표를 제시하고 있어 이 수표를 활용하여 h 값을 찾으면 된다. 양분상관계수는 양류상관계수보다 그 값이 더 크게 추정되며, 사례 수가 적어 정규분포의 가정에 위배되어 상관계수가 1보다 큰 값이 산출될 수 있다. 지능이 100보다 높은 학생을 1, 100보다 낮은 학생을 2라고 했을 때 지능 수준과 교육통계 성적 간의 양분상관계수를 구하는 과정은 다음과 같다.

〈표 5-7〉 지능 수준과 교육통계 성적(Y)의 양분상관계수 계산

번호	지능 수준	교육통계 성적(Y)
1	2	50
2	1	80
3	2	60
4	1	100
5	1	90
6	1	80
7	1	70
8	2	40
9	2	50
10	1	70

$$r_b = (\frac{\overline{Y}_H - \overline{Y}_L}{S_Y})(\frac{pq}{h}) = (\frac{81.67 - 50.00}{19.12})(\frac{(.6)(.4)}{.3863}) = 1.03$$

(4) Φ 계수

양류상관계수와 양분상관계수는 두 변수 중 어느 한 변수가 이분변수이고 다른 변수가 연속변수일 경우 상관계수를 추정할 때 사용하는 반면, Φ 계수(phi coefficient)는 두 변수 모두 이분변수일 때 상관계수를 추정하는 방법이다. 예를 들어, 성별과 대학원 진학 여부 간의 상관 정도를 추정하기 위해서는 Φ 계수로 추정해야 한다. Φ 계수를 추정하기 위해서는 수집된 자료를 2×2 분할표(contingency table)를 만들어 공식에 대입해야 한다.

a	b
c	d

[그림 5-15] Φ계수 추정을 위한 2×2 분할표

$$r_{\Phi} = \frac{ad-bc}{\sqrt{(a+c)(b+d)(a+b)(c+d)}}$$

이 공식을 이용하여 성별과 대학원 진학 여부 간의 Φ 계수를 구하는 과정은 다음과 같다.

〈표 5-8〉 성별에 따른 대학원 진학 여부

	남	여
진학	3	5
미진학	7	3

$$r_{\Phi} = \frac{ad-bc}{\sqrt{(a+c)(b+d)(a+b)(c+d)}} = \frac{9-35}{\sqrt{(10)(8)(8)(10)}} = -.33$$

성별에 따른 대학원 진학 여부를 입력한 파일은 【제5장 상관분석자료3(파이계수)】이다. SPSS 프로그램에서 Φ 계수를 산출하는 과정은 IX장의 χ^2 검정의 과정과 같다.

① SPSS 데이터 편집기에서 해당 파일을 불러온 후 분석(A) → 기술통계량(E) → 교차분석(C) 버튼을 클릭한다.

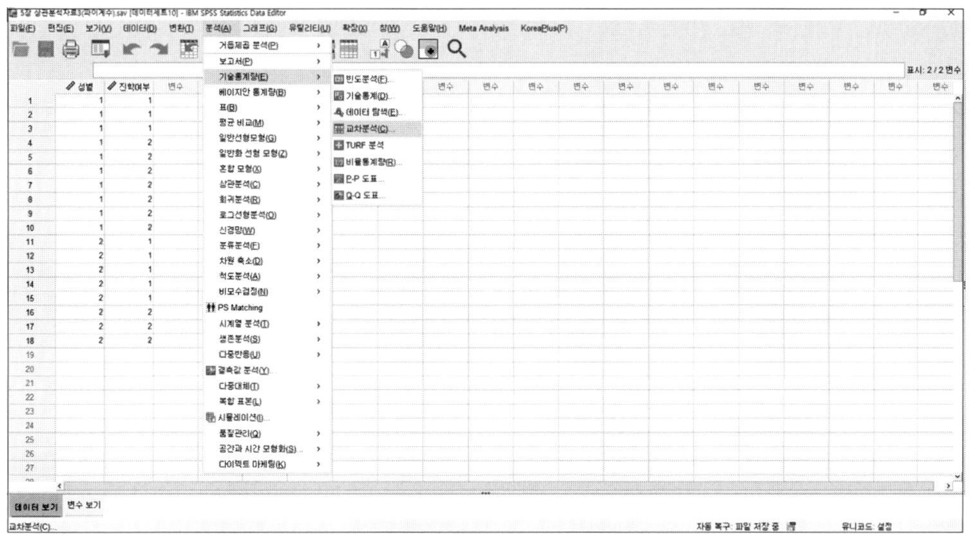

[그림 5-16] Φ계수 통계 처리 과정 1

② 행(O)과 열(C)에 변수를 이동시키고 통계량(S) 버튼을 클릭한 후 파이 및 크레이머의 V(P)에 체크를 한다.

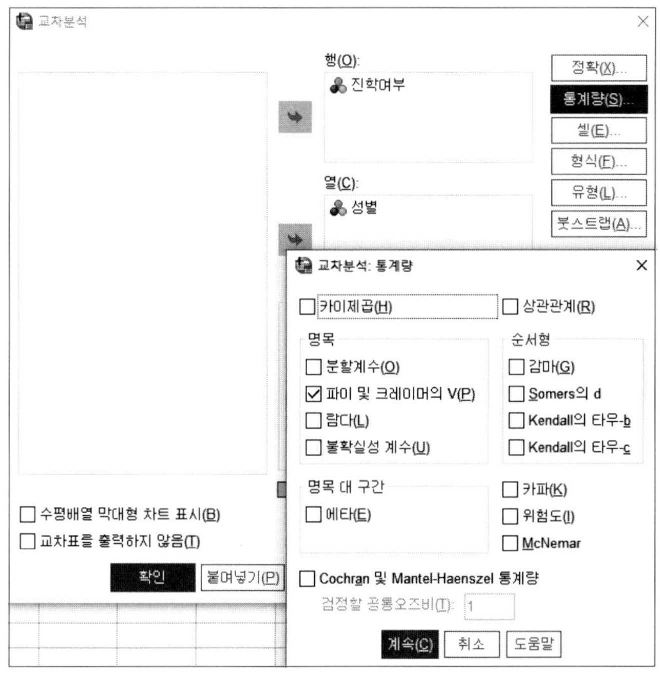

[그림 5-17] Φ계수 통계 처리 과정 2

③ 계속(C) 버튼과 확인 버튼을 클릭하면 다음과 같은 결과 창이 나타난다.

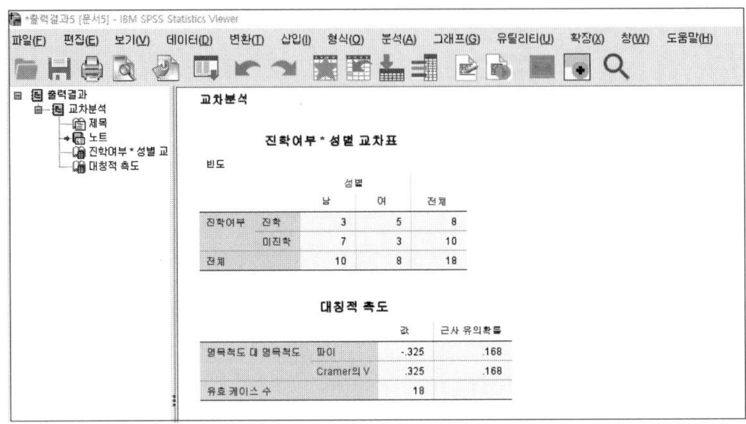

		성별		
		남	여	전체
진학여부	진학	3	5	8
	미진학	7	3	10
전체		10	8	18

대칭적 측도

		값	근사 유의확률
명목척도 대 명목척도	파이	-.325	.168
	Cramer의 V	.325	.168
유효 케이스 수		18	

[그림 5-18] Φ계수 통계 처리 결과

3. 상관분석

1) 상관분석의 개요

(1) 상관분석의 개념

상관분석(correlation analysis)은 두 변수 간의 관계를 나타내는 통계치인 상관계수를 산출하고, 산출한 상관계수의 통계적 유의성을 검정하여 그 결과를 해석하는 절차를 말한다. 상관분석이라고 하면 일반적으로 두 변수 간의 관계를 분석하는 단순상관분석(simple correlation analysis)을 의미하지만, 3개 이상의 변수 간 상관을 분석하는 다중상관분석(multiple correlation analysis)도 있다.

예를 들어, 진로결정자기효능감(X_1)과 진로준비행동(X_2)의 두 변수에 대한 상관분석은 단순상관분석에 해당된다. 만약 제3의 변수인 진로동기(X_3)가 진로결정자기효능감과 관계가 있다고 가정할 때, 진로동기(X_3)의 영향을 통제하고 진로결정자기효능감(X_1)과 진로준비행동(X_2) 간의 관계를 분석하고자 하면 부분상관으로 분석하여야 한다. 부분상관(partial correlation)은 제3의 변수의 영향을 통제한 두 변수 간의 상관관계를 의미한다. 단순상관분석은 통제변수가 없이 두 변수 간의 상관을 분석하므로 zero-order correlation이라고 하며, 다중상관분석에서 통제변수가 하나일 경우 first-order partial correlation, 통제변수가 두 개일 경우 second-order partial correlation이라고 한다. 진로결정자기효능감(X_1)과 진로준비행동(X_2)에 대한 진로동기(X_3)의 영향을 통제한 후 진로결정자기효능감(X_1)과 진로준비행동(X_2)의 상관은 통제변수가 하나이므로 first-order partial correlation이 된다. 부분상관 $r_{12.3}$을 구하는 공식은 다음과 같다.

$$r_{12.3} = \frac{r_{12} - r_{13}r_{23}}{\sqrt{1-r_{13}^2}\sqrt{1-r_{23}^2}}$$

진로결정자기효능감(X_1)과 진로준비행동(X_2) 간의 관계에서 진로동기(X_3)가 진로결정자기효능감과 관계가 있다고 가정할 때 진로동기의 영향을 통제하고 진로결정자기효능감과 진로준비행동 간의 부분상관을 계산해 보자. 【제5장 상관분석자료6(부분상관)】의 데이터를 사용하여 우선 각 변수들 간의 상관계수를 구하면 다음 〈표 5-9〉와 같다.

〈표 5-9〉 진로결정자기효능감, 진로준비행동, 진로동기 간의 상관(n=150)

	진로결정자기효능감(X_1)	진로준비행동(X_2)	진로동기(X_3)
진로결정자기효능감(X_1)	1.000		
진로준비행동(X_2)	.528**	1.000	
진로동기(X_3)	.720**	.647**	1.000
M	88.253	87.293	56.047
SD	12.349	12.658	12.052

**$p<.01$

〈표 5-9〉에서 X_1과 X_2의 상관계수인 r_{12}는 .528, X_1과 X_3의 상관계수인 r_{13}은 .720, X_2와 X_3의 상관계수인 r_{23}은 .647이다. 이를 부분상관($r_{12.3}$) 공식에 대입하면 다

음과 같다.

$$r_{12.3} = \frac{r_{12} - r_{13}r_{23}}{\sqrt{1-r_{13}^2}\sqrt{1-r_{23}^2}} = \frac{.528 - .720 \times .647}{\sqrt{1-.720^2}\sqrt{1-.647^2}} = .117$$

진로결정자기효능감(X_1)과 진로준비행동(X_2) 간의 상관계수 r_{12}는 .528이지만, 진로동기(X_3)를 통제한 후 이들 두 변수에 대한 부분상관 $r_{12.3}$은 .117로 상대적으로 낮은 것을 알 수 있다. SPSS 프로그램에서 【제5장 상관분석자료6(부분상관)】의 데이터를 사용하여 부분상관계수를 산출하는 과정을 살펴보자.

① SPSS 데이터 편집기에서 해당 파일을 불러온 후 분석(A) → 상관분석(C) → 편상관(R) 버튼을 클릭한다.

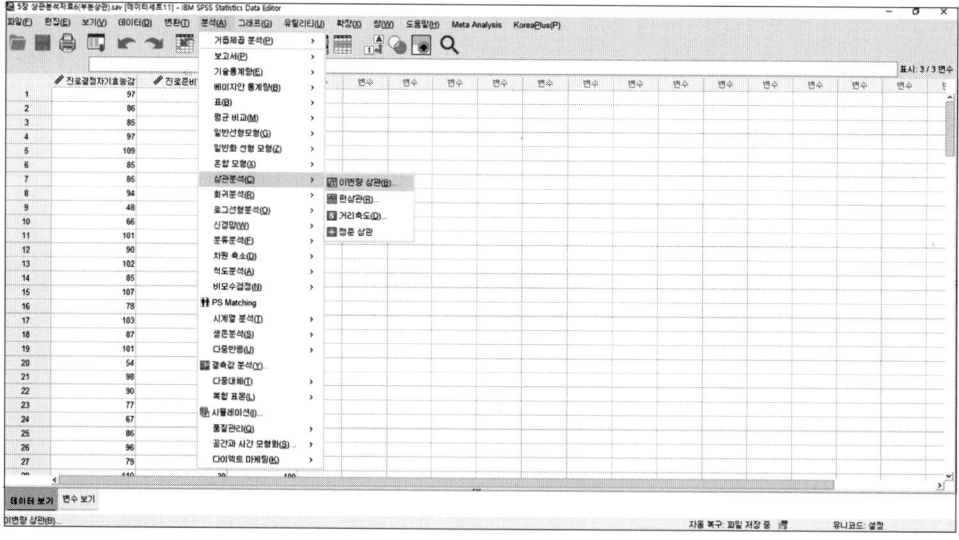

[그림 5-19] 부분상관분석의 통계 처리 과정 1

② 상관분석을 실시할 변수를 변수(V) 창으로, 통제할 변수를 제어변수(C) 창으로 이동시킨다.

[그림 5-20] 부분상관분석의 통계 처리 과정 2

③ 확인 버튼을 클릭하면 다음과 같은 결과 창이 나타난다.

*출력결과3 [문서3] - IBM SPSS Statistics Viewer

편상관계수

상관관계

대조변수			진로결정자기효능감	진로준비행동
진로동기	진로결정자기효능감	상관관계	1.000	.117
		유의확률(양측)	.	.157
		자유도	0	147
	진로준비행동	상관관계	.117	1.000
		유의확률(양측)	.157	.
		자유도	147	0

[그림 5-21] 부분상관분석 통계 처리 결과

이와는 달리 준부분상관(part correlation, semi-partial correlation)은 X_2에 대한 X_3의 영향을 통제한 후 X_1과 X_2의 상관을 의미한다. 즉, 진로준비행동(X_2)에 대해서만 진로동기(X_3)의 영향을 통제한 후 진로결정자기효능감(X_1)과 진로준비행동(X_2)의 상관을 분석하였다면 이는 준부분상관($r_{1(2.3)}$)에 해당된다. 준부분상관 $r_{1(2.3)}$을 구하는 공식은 다음과 같다.

$$r_{1(2.3)} = \frac{r_{12} - r_{13}r_{23}}{\sqrt{1-r_{23}^2}}$$

【제5장 상관분석자료6(부분상관)】 자료를 활용하여 진로준비행동에서 진로동기의 영향을 통제하고 진로결정자기효능감과 진로준비행동 간의 준부분상관을 계산해 보자.

$$r_{1(2.3)} = \frac{r_{12} - r_{13}r_{23}}{\sqrt{1-r_{23}^2}} = \frac{.528 - .720 \times .647}{\sqrt{1-.647^2}} = .081$$

SPSS 프로그램에서 【제5장 상관분석자료6(부분상관)】을 사용하여 준부분상관계수를 산출하는 과정을 살펴보자.

① SPSS 데이터 편집기에서 해당 파일을 불러온 후 분석(A) → 회귀분석(R) → 선형(L) 버튼을 클릭한다.

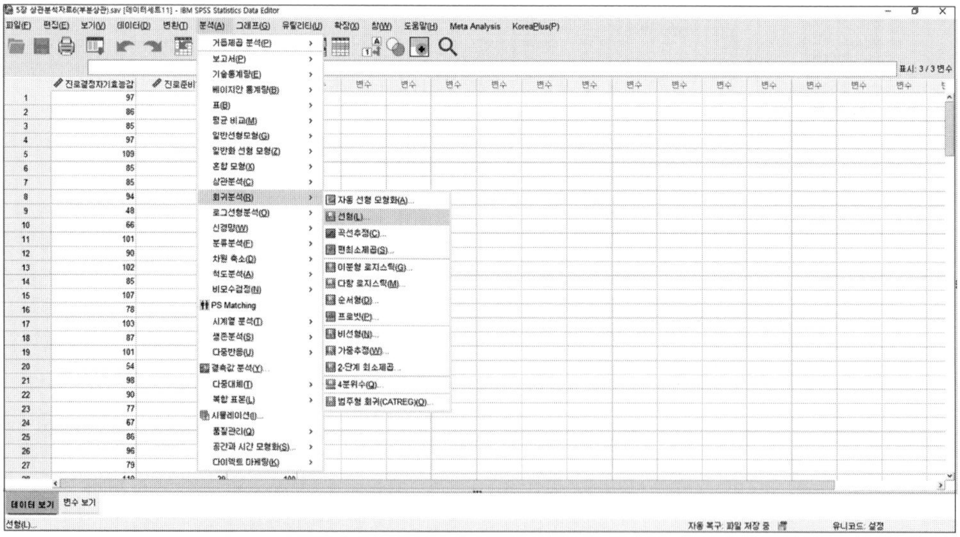

[그림 5-22] 준부분상관분석의 통계 처리 과정 1

② 종속변수를 종속변수(D) 창으로, 독립변수를 독립변수(I) 창으로 이동시킨다.

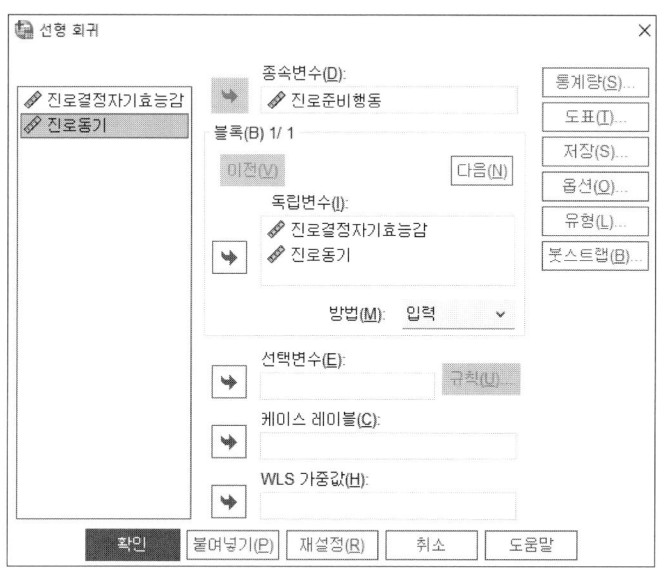

[그림 5-23] 준부분상관분석의 통계 처리 과정 2

③ 통계량(S) 버튼을 클릭하여 부분상관 및 편상관계수(P)에 체크를 하고 계속(C) 버튼을 클릭한다.

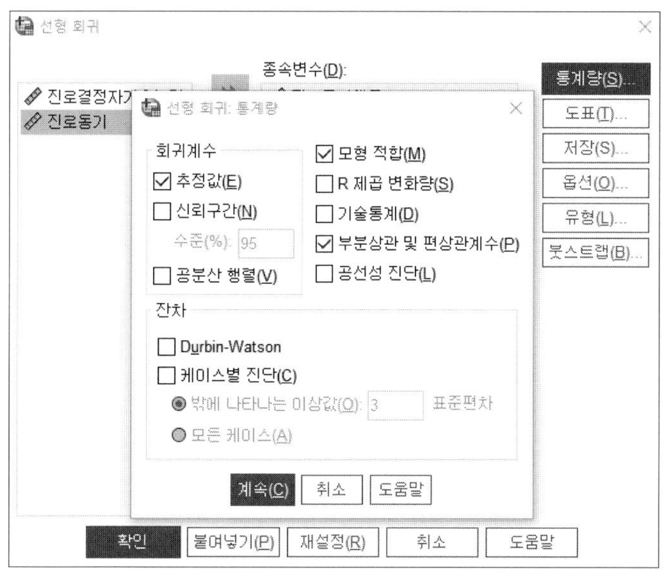

[그림 5-24] 준부분상관분석의 통계 처리 과정 3

③ 확인 버튼을 클릭하면 다음과 같은 결과 창이 나타난다.

모형 요약

모형	R	R 제곱	수정된 R 제곱	추정값의 표준 오차
1	.653[a]	.427	.419	9.184

a. 예측자: (상수), 진로동기, 진로결정자기효능감

ANOVA[a]

모형		제곱합	자유도	평균제곱	F	유의확률
1	회귀	9,240.646	2	4,620.323	54.773	.000[b]
	잔차	12,400.027	147	84.354		
	전체	21,640.673	149			

a. 종속변수: 진로준비행동

b. 예측자: (상수), 진로동기, 진로결정자기효능감

계수[a]

모형		비표준화 계수		표준화 계수				상관계수	
		B	표준화 오류	베타	t	유의확률	0차	편상관	부분상관
1	(상수)	-2.416	5.752		-.420	.675			
	진로결정자기효능감	.122	.086	.128	1.423	.157	.528	.117	.089
	진로동기	.542	.088	.555	6.176	.000	.647	.454	.386

a. 종속변수: 진로준비행동

[그림 5-25] 준부분상관분석 통계 처리 결과

[그림 5-25]와 같이 SPSS 결과 창에서 부분상관은 '상관계수 편상관', 준부분상관은 '부분상관'이라는 명칭을 사용하고 있으므로 사용 시 유의해야 한다.

(2) 상관분석의 기본 가정

상관계수를 활용한 상관분석을 위해서는 자료가 상관분석에 적합한지 여부를 확인해야 한다. 상관분석, 특히 Pearson의 적률상관계수를 활용한 상관분석에서는 먼저 자료의 선형성, 등분산성, 극단적인 점수 유무, 자료의 절단 여부 등과 같은 기본 가정의 충족 여부를 확인하여야 한다.

• 선형성

두 변수 간의 관계가 선형적인 관계(linear relationship)여야 한다. 두 변수 간의 관계를 알아보기 위해 산포도를 그렸을 때 선형적인 관계, 즉 직선적인 관계가 아니라 포물선과 같은 비선형적인 관계, 즉 곡선적인 관계일 때 적률상관계수로 상관을 추정하면 상관을 과소 추정하게 된다.

• 등분산성

등분산성(homoscedastic)이란 X 변수의 각 값에서 Y 변수의 분산이 같음을 의미한다. 산포도에서 두 변수를 대표하는 직선을 그렸을 때 X 변수의 어떤 지점에서도 Y 변수의 흩어진 정도가 같음을 의미한다. X 변수가 변해 감에 따라 Y 변수의 흩어지는 폭이 넓어지거나 좁아지는 경우 등분산성 가정에 위배된다. 이 경우, 상관을 과소 추정할 수 있다.

• 극단적인 점수

상관분석을 하기 위해서는 자료에 극단적인 점수(outlier)가 없어야 한다. 두 변수의 분포를 산포도로 그렸을 때 다른 점들과 멀리 떨어진 큰 값이나 작은 값과 같은 극단적인 점수가 있으면 두 변수 간의 상관계수가 원래보다 낮게 추정되어 두 변수 간의 상관에 대한 해석이나 유의성 검정에 오류를 일으킬 수 있다.

• 절단 자료

절단된 자료는 상관분석을 해서는 안된다. 절단 자료(truncation)란 두 변수 중 어느 한 변수라도 자료가 절단되어 변수의 측정치 범위를 제한하는 것을 말하며, 이 경우 상관계수가 과소 추정될 수 있다. 예를 들어, 특정 대학 학생들만을 대상으로 대학수학능력시험 점수와 대학 입학 후 학점 간의 상관계수를 추정할 때, 그 대학에 입학할 수 있는 대학수학능력시험 점수에 해당하는 학생들만의 자료는 절단 자료이므로 이를 사용하여 상관계수를 추정하면 실제보다 낮게 추정될 수 있다.

2) 상관분석의 절차

앞에서 살펴본 상관계수의 일반적인 해석은 상관계수의 크기에 따른 두 변수 간의 관계 정도에 대한 정보를 제공하지만, 상관계수의 통계적 유의미성 여부는 알려 주지 못한다. 대부분의 연구에서 사용하는 자료는 모집단의 자료인 모수치가 아니라 표본의 자료인 통계치이다. 모집단의 자료인 모수치를 구하기 어려운 경우가 많으므로, 표본을 통해 자료를 수집하고 그것을 분석하여 모집단의 결과로 추론하는 것이 추리통계라고 하였다. 통계치를 통한 모수치 추정 과정에서 필요한 것이 통계치의 유의성 검정이다. 주의할 점은 유의확률은 두 변수 간의 상관계수에 대한 통계적 유의미성만 제공하므로, 유의확률이 높다고 해서 두 변수 간의 상관이 높고, 유의확률이 낮다고 해서 두 변수 간의 상관이 낮다고 해석하는 것은 바람직하지 않다. 특히 상관분석은 통계분석에 사용된 사례 수의 영향을 많이 받는다. 예를 들어, 상관계수 r이 .35이면 상관이 낮다고 해석할 수 있지만, 분석에 사용된 사례 수가 300명 정도이면 1%의 유의수준에서 유의미한 상관이 있다는 결과가 나올 가능성이 크다. 반대로, 상관계수 r이 .75이면 상관이 높다고 해석할 수 있지만, 분석에 사용된 사례 수가 8명 정도이면 통계적으로 유의미한 상관이 없다고 나올 가능성이 크다.

상관분석은 다음과 같은 다섯 단계의 과정을 통해 상관계수의 통계적 유의성을 검정할 수 있다.

단계 1 가설 설정

$H_0 : \rho = 0$ (영가설: 두 변수 간에 상관이 없다.)

$H_A : \rho \neq 0$ (대립가설: 두 변수 간에 상관이 있다.)

단계 2 t 분포표에서 유의수준과 자유도를 고려하여 임계치 찾기

유의수준(α): 가설 설정 시 연구자가 설정(주로 .05 또는 .01을 사용)

자유도(df): 상관분석에서 자유도는 $n-2$

단계 3 t 통계값 계산

$$t = r\sqrt{\frac{(n-2)}{(1-r^2)}}$$

단계 4 영가설 채택 여부 결정

②의 임계치와 ③의 t 통계값을 비교하여 영가설 채택 여부를 결정

단계 5 결과의 해석

3) 상관분석의 예

유의수준 $\alpha = .05$에서 고등학교 국어 성적(X)과 영어 성적(Y) 간의 상관계수의 유의성을 검정하라.

〈표 5-10〉 국어 및 영어 성적

번호	국어 성적(X)	영어 성적(Y)
1	60	50
2	80	80
3	50	60
4	90	100
5	90	90
6	100	80
7	80	70
8	40	40
9	50	50
10	70	70

단계 1 가설 설정

$H_0 : \rho = 0$

$H_A : \rho \neq 0$

단계 2 t 분포표에서 유의수준과 자유도를 고려하여 임계치 찾기

유의수준 $\alpha = .05$,

자유도 $df = n - 2 = 10 - 2 = 8$

${}_{.05}t_8 = \pm 2.306$(양측검정이므로 $\alpha = .05/2$인 $\alpha = .025$에서 찾음)

단계 3 t 통계값 계산

$$t = r\sqrt{\frac{(n-2)}{(1-r^2)}} = .89\sqrt{\frac{(10-2)}{(1-.89^2)}} = 5.61$$

단계 4 영가설 채택 여부 결정

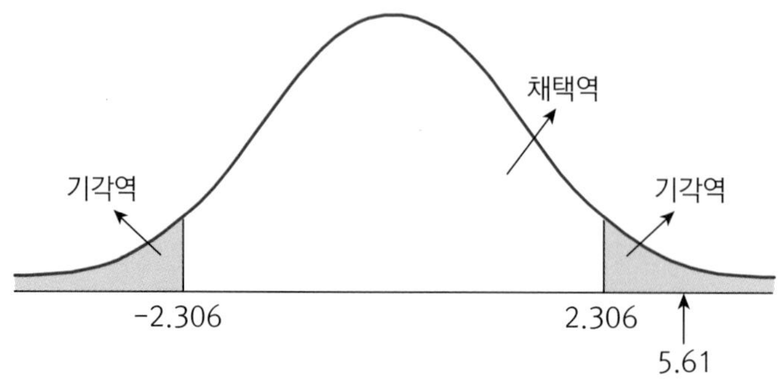

t 통계값 5.61이 기각역에 해당되므로 영가설을 기각

단계 5 결과의 해석

유의수준 $\alpha=.05$에서 고등학교 국어 성적과 영어 성적 간에는 유의미한 상관이 있다.

4) 상관분석의 통계 처리 과정 및 보고서 양식

대학생의 진로동기, 진로결정자기효능감, 진로태도성숙도, 진로준비행동 간의 관계를 알아보기 위해 대학생 150명에게 설문을 실시하여 데이터를 입력한 파일은 【제5장 상관분석자료4(적률상관계수)】이다. 이 자료를 사용하여 대학생의 진로동기, 진로결정자기효능감, 진로태도성숙도, 진로준비행동 간의 상관분석에 대한 통계 처리 과정 및 보고서 양식을 살펴보자.

 **연구문제**

대학생의 진로동기, 진로결정자기효능감, 진로태도성숙도, 진로준비행동 간의 관계는 어떠한가?

 **SPSS 통계 처리 과정**

① SPSS 데이터 편집기에서 해당 파일을 불러온 후 분석(A) → 상관분석(C) → 이변량 상관(B) 버튼을 클릭한다.

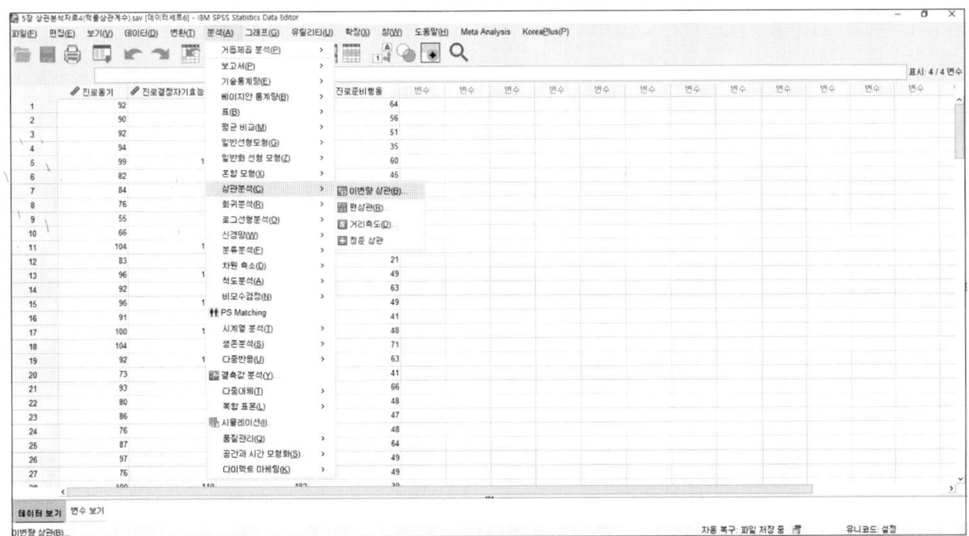

[그림 5-26] 상관분석의 통계 처리 과정 1

② 상관분석을 실시할 변수를 변수(V) 창으로 이동시킨 후 옵션(O) 버튼을 클릭하여 평균과 표준편차(M)에 체크를 한다.

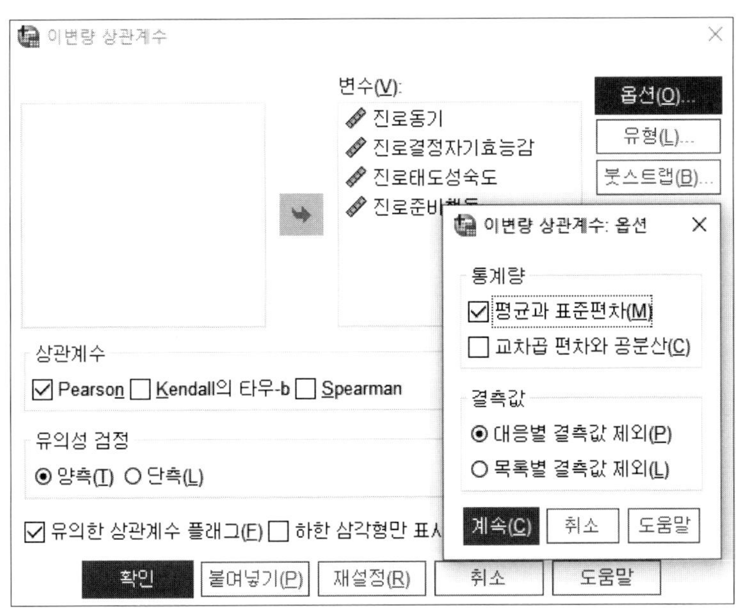

[그림 5-27] 상관분석의 통계 처리 과정 2

③ 계속(C) 버튼과 확인 버튼을 클릭하면 다음과 같은 결과 창이 나타난다.

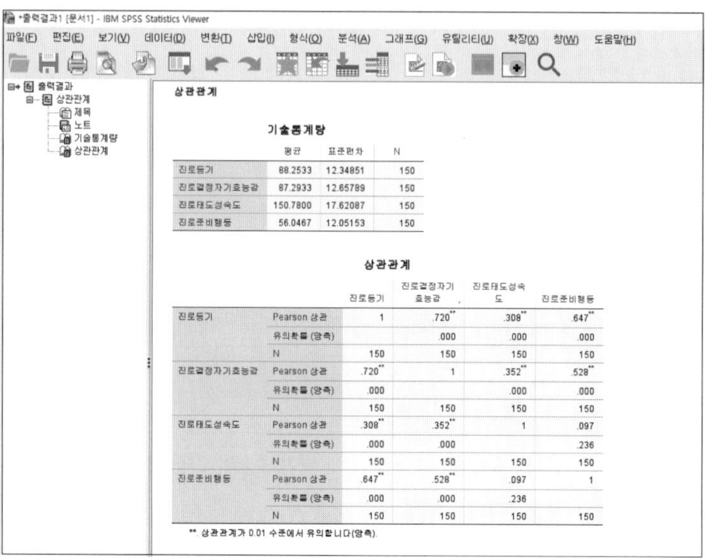

상관관계

기술통계량

	평균	표준편차	N
진로동기	88.2533	12.34851	150
진로결정자기효능감	87.2933	12.65789	150
진로태도성숙도	150.7800	17.62087	150
진로준비행동	56.0467	12.05153	150

상관관계

		진로동기	진로결정자기효능감	진로태도성숙도	진로준비행동
진로동기	Pearson 상관	1	.720**	.308**	.647**
	유의확률 (양측)		.000	.000	.000
	N	150	150	150	150
진로결정자기효능감	Pearson 상관	.720**	1	.352**	.528**
	유의확률 (양측)	.000		.000	.000
	N	150	150	150	150
진로태도성숙도	Pearson 상관	.308**	.352**	1	.097
	유의확률 (양측)	.000	.000		.236
	N	150	150	150	150
진로준비행동	Pearson 상관	.647**	.528**	.097	1
	유의확률 (양측)	.000	.000	.236	
	N	150	150	150	150

**. 상관관계가 0.01 수준에서 유의합니다(양측).

[그림 5-28] 상관분석 통계 처리 결과

보고서 양식

대학생의 진로동기, 진로결정자기효능감, 진로태도성숙도, 진로준비행동 간의 관계를 알아보기 위해 상관분석을 실시한 결과는 〈표 5-11〉과 같다.

〈표 5-11〉 대학생의 진로동기, 진로결정자기효능감, 진로태도성숙도, 진로준비행동 간의 상관($n = 150$)

	진로동기	진로결정 자기효능감	진로태도 성숙도	진로준비 행동
진로동기	1.000			
진로결정자기효능감	.720**	1.000		
진로태도성숙도	.308**	.352**	1.000	
진로준비행동	.647**	.528**	.097	1.000
M	88.253	87.293	150.780	56.047
SD	12.349	12.658	17.621	12.052

$^{**}p < .01$

대학생의 진로동기, 진로결정자기효능감, 진로태도성숙도, 진로준비행동 간의 상관을 분석한 결과 진로태도성숙도와 진로준비행동 간의 상관을 제외한 모든 변수 간에 1% 유의수준에서 유의한 정적 상관이 있는 것으로 나타났다. 변수 간의 상관계수는 .097에서 .720으로 진로동기와 진로결정자기효능감 간의 상관이 가장 높은 것으로 나타났다.

연습문제

1. 다음 용어들의 개념을 설명하라.

1) 상관 2) 정적상관 3) 부적상관

4) 무상관 5) 산포도 6) 상관계수

7) 적률상관계수 8) 공분산 9) 결정계수

10) 등위상관계수 11) 양류상관계수 12) 양분상관계수

13) Φ 계수 14) 상관분석 15) 부분상관

16) 준부분상관 17) 절단 자료

2. 다음은 5명의 수학 및 통계 성적이다. 단순적률상관계수를 계산하라.

번호	수학 성적(X)	통계 성적(Y)
1	5	4
2	8	7
3	9	8
4	7	8
5	6	6

3. 연습문제 2의 수학 및 통계 성적의 등위상관계수를 계산하라.

4. 다음은 중학생과 고등학생의 외모만족도(Y)에 대한 조사 결과이다. 학교급과 외모 만족도 간의 양류상관계수를 계산하라.

번호	학교급	외모만족도(Y)
1	중	80
2	중	60
3	고	70
4	중	70
5	고	50
6	고	60
7	고	80
8	중	90
9	고	70
10	고	60

5. 대학생 남녀 각각 10명에게 결혼 희망 여부를 조사한 결과를 다음과 같다. Φ계수를 계산하라.

	남	여
희망	7	5
미희망	3	5

6. 다음은 다섯 명의 수학 중간고사와 학기말고사 성적이다. 이들의 상관계수를 구하고, $\alpha=.05$ 수준(양측검정)에서 상관계수의 유의성을 검정하라.

수학 중간고사 성적(X)	70	50	90	80	60
수학 기말고사 성적(Y)	60	60	80	70	60

7. 다음은 여섯 명의 자아개념과 자아효능감 점수이다. 이들의 상관계수를 구하고, $\alpha=.05$ 수준(양측검정)에서 상관계수의 유의성을 검정하라.

자아개념 점수(X)	7	5	9	8	6	8
자아효능감 점수(Y)	7	6	9	7	6	8

제 6 장

회귀분석

1. 회귀분석의 개요
2. 단순회귀분석
3. 중다회귀분석

1. 회귀분석의 개요

1) 회귀분석의 개념

대학은 고등학생들의 교과 점수, 비교과 활동 점수, 대학수학능력시험 점수, 면접 점수 등 다양한 정보를 바탕으로 신입생을 선발하고 있다. 기업체도 입사시험 성적, 외국어 능력 시험 성적, 업무 관련 경력 등을 기초로 신입사원을 선발한다. 대학 또는 기업체에서 신입생이나 신입사원을 선발할 때 이러한 점수들을 활용하는 이유는 상대적으로 우수한 인재를 뽑기 위해서이며, 그 바탕에는 이러한 점수들이 우수한 학생이나 사원을 잘 예측하고 있다고 생각하기 때문이다.

통계의 주요 목적 중의 하나는 특정 변수로부터 다른 변수를 정확하게 예측하는 데 있다. 회귀분석(regression analysis)은 독립변수와 종속변수 간의 관계를 분석하여 독립변수가 종속변수에 미치는 영향력을 알아보거나, 독립변수의 변화에 따라 종속변수의 변화를 예측하기 위해서 사용하는 통계적 분석방법이다. 회귀분석은 이론적으로 인과관계를 가지는 변수들 간의 상관관계를 기초로 이론적인 인과관계를 경험적으로 확인하는 것이다. 상관분석은 단순히 두 변수 사이의 상관 정도만을 분석하는 것이지만, 회귀분석은 변수들 간의 인과관계를 알 수 있고 이를 통해 한 변수로부터 다른 변수의 변화를 예측할 수 있는 통계적 분석방법이다.

회귀분석에서 다른 변수에 영향을 주는 변수를 독립변수(independent variable)라고 하며, 독립변수에 의해 영향을 받는 변수를 종속변수(dependent variable)라고 한다. 독립변수를 설명변수(explanatory variable)나 예측변수(predictor variable)라고 하고, 종속변수를 피설명변수(explained variable), 반응변수(response variable), 또는 준거변수(criterion variable)

라고 한다. 회귀분석은 하나의 독립변수가 하나의 종속변수를 예언하는 단순회귀분석(simple regression analysis)과 둘 이상의 독립변수가 하나의 종속변수를 예측하는 중다회귀분석(multiple regression analysis)으로 구분된다. [그림 6-1]의 회귀모형이 보여 주고 있듯이 단순회귀분석과 중다회귀분석은 공통적으로 종속변수의 수가 하나이다. 하지만 단순회귀분석은 독립변수가 하나인 데 비해, 중다회귀분석은 독립변수가 두 개 이상이다.

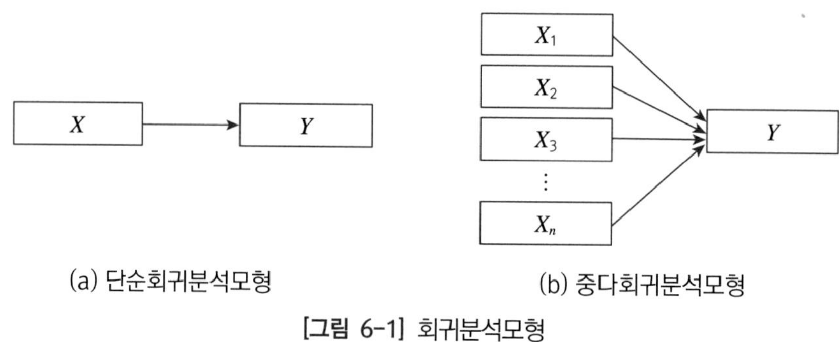

[그림 6-1] 회귀분석모형

2) 회귀분석의 기본 가정

회귀분석은 독립변수의 정보에 근거하여 종속변수를 예측하는 통계방법으로, 두 변수의 관계 정도인 상관계수에 근거하여 두 변수의 인과관계를 설명하기 위해 사용된다. 따라서 상관분석에서와 마찬가지로 회귀분석을 위해서는 선형성, 독립성, 등분산성, 정규성 등과 같은 4가지 기본 가정의 충족 여부를 확인하여야 한다.

• 선형성

회귀분석을 실시하기 위해서는 독립변수와 종속변수 간에 선형성이 있어야 한다. 선형성(linearity)이란 두 변수 간의 관계를 알아보기 위해 산포도를 그렸을 때 선형적인 관계, 즉 직선적인 관계를 가지는 성질이나 특성을 의미한다. 만약 두 변수 간에 직선적인 관계가 아닌 포물선과 같은 비선형적인 관계, 즉 산포도를 그렸을 때 곡선으로 나타나는 관계일 때 적률상관계수로 상관을 추정하면 상관을 과소 추정하게 되어 회귀모형을 통한 추정이 정확하지 않을 가능성이 높다. 예를 들어, 시험불안과 시험 점수 간의 관계를 조사하여 산포도를 그리면 포물선처럼 나타날 수 있다. 시험불안이 증가할 때 어느 정도까지는 시험 점수도 증가하지만 그 이후는 감소하는 것을 볼 수 있는데, 만약 시험불안과 시험 점수 간의 상관계수를 구하면 상관계수 r은 0에 가깝게 나타날 수 있다. 이 경우, 두 변수를 사용하여 회귀등식을 산출하였을 때 회귀등식은 독립변수의 정보에 근거하여 정확하게 종속변수를 예측하기 어렵다.

- 독립성

독립성(independency)은 중다회귀모형에 투입된 독립변수들 간에 특정한 관계가 없는 성질을 의미한다. 즉, 독립변수들 간에 서로 독립적이어서 상관이 낮거나 없어야 함을 말한다. 중다회귀분석에서 독립변수들 간에 서로 상관이 높으면 다중공선성(multicollinearity)의 문제를 유발하여 한 독립변수가 종속변수에 대한 설명력이 높을 때, 이 독립변수와 상관이 높은 다른 독립변수는 종속변수에 대한 영향력이 실제보다 낮게 산출되어 통계적으로 유의미하지 않게 되는 문제를 야기할 수 있다. 따라서 중다회귀모형에 투입할 독립변수들의 특성이 서로 관련이 있거나 유사하여 다중공선성의 문제가 발생할 수 있을 것 같으면, 선행연구 등을 통하여 독립변수들 간의 상관을 확인할 필요가 있다. 다중공선성은 중다회귀분석에서 보다 자세히 설명되어 있다.

- 등분산성

등분산성(homoscedasticity)은 독립변수의 각 값에서 종속변수의 분산이 동일함을 의미한다. 즉, 산포도에서 두 변수를 대표하는 직선을 그렸을 때 독립변수의 값에 관계없이 종속변수의 흩어진 정도가 같아야 한다. 독립변수가 변해 감에 따라 종속변수의 흩어지는 폭이 넓어지거나 좁아지는 경우, 등분산성 가정에 위배된다.

- 정규성

정규성(normality)은 독립변수의 값에 관계없이 잔차가 정규분포를 이루어야 한다는 것을 의미한다. 잔차(residual)는 표본 자료에서 회귀선의 예측값과 실제 관측값 간의 차이를 의미한다. 즉, 실제 관측값인 Y_i에서 기댓값 또는 예측값인 Y'_i를 뺀 $(Y_i - Y'_i)$값으로 회귀선에 의해 설명되지 않는 오차 e_i를 의미하며 설명되지 않은 편차라고도 한다. 한편, 오차(error)는 모집단으로부터 추정한 회귀식으로부터 얻은 예측값과 실제 관측값 간의 차이를 의미하므로 표본 자료에서 추정된 잔차와는 차이가 있다.

2. 단순회귀분석

1) 단순회귀분석의 목적

단순회귀분석(simple regression analysis)은 두 변수 간의 관계에 근거하여 한 변수에서 다른 변수의 값을 예언하기 위해 회귀계수를 구하고 회귀계수가 통계적으로 유의미한지를 분석하는 통계방법이다. 단순회귀분석의 목적은 독립변수(X)의 특정 값에 해당되는 종속변수(Y)의 값을 예측하기 위해 독립변수와 종속변수를 가장 잘 설명해 주는 회귀등식을 산출하는 데 있다. 제5장에서 고등학교 국어 성적과 영어 성적의 관계를 알아보기 위해 [그림 5-1]처럼 두 성적에 대한 산포도를 그렸다. 산포도에 포함되어 있는 점들을 대표하는 직선으로 된 회귀선을 그리고, 이 회귀선을 나타내는 일차방정식인 회귀등식을 산출해 내는 것이 단순회귀분석의 목적이다. 독립변수와 종속변수의 관계를 나타내는 회귀등식이 산출되면, 독립변수의 특정 점수에 해당되는 종속변수의 점수를 예측할 수 있게 된다. 앞의 예에서 국어 성적 및 영어 성적의 관계를 나타내는 회귀등식이 산출되면, 특정 국어 성적에 해당되는 영어 성적이 얼마가 될 것인지 예측할 수 있다.

2) 회귀선과 회귀등식

[그림 6-2]의 (a)와 같이 산포도에서 모든 점이 X축과 Y축에 평행되지 않는 하나의 직선상에 위치해 있을 때 상관계수 r은 1.0이 되며, 이 직선은 일차방정식 $Y = aX + b$로 나타낼 수 있다. 하지만 (b)와 같이 두 변수의 상관계수 r이 1.0이 아닐 때 점들은 흩어져 있으므로 이들 점들을 연결하면 직선을 그릴 수 없다. 그러므로 산포도에 나타난 점들을 대표하는 직선을 그려야 하는데, 이 직선을 회귀선이라고 한다. 회귀선(regression line)은 변수 X의 특정 값에 해당되는 변수 Y의 값을 예측하기 위한 직선을 말하며, $\overline{X}$와 $\overline{Y}$를 지난다.

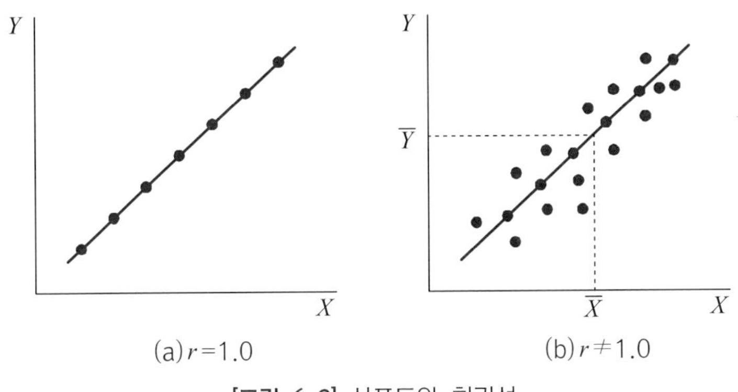

[그림 6-2] 산포도와 회귀선

이 회귀선을 설명하는 등식을 회귀등식(regression equation)이라고 하며, 회귀등식은 $Y' = aX + b$로 표기한다. 회귀등식에서 a는 회귀선의 기울기로 회귀계수(regression coefficient)라고 하며, b는 절편이다. 두 변수의 상관계수 r이 1.0이면 회귀계수 a는 s_y/s_x가 되지만, 두 변수의 상관계수 r이 0이면 회귀계수 a는 0이 되며 회귀선은 수평선이 된다. 회귀등식에서 기울기인 회귀계수와 절편을 구하는 공식은 다음과 같다.

회귀등식: $Y' = aX + b$

회귀계수: $a = r \times \dfrac{s_y}{s_x}$

절편: $b = \overline{Y} - a\overline{X}$

회귀등식을 완성하는 과정을 요약하면 다음과 같다.

① 두 변수의 산포도를 그려 상관계수의 기본 가정을 충족하는지 확인한다.

② $\overline{X}, \overline{Y}, s_x, s_y, r$을 계산한다.

③ 회귀계수와 절편을 계산한다.

$$a = r \times \frac{s_y}{s_x}$$

$$b = \overline{Y} - a\overline{X}$$

④ 회귀등식을 완성한다.

$$Y' = aX + b$$

3) 회귀등식을 구하는 예

〈표 6-1〉은 수학 및 과학 성적이다. 수학 성적을 독립변수 X라고 하고, 과학 성적을 종속변수 Y라고 가정하고 앞의 절차에 따라 회귀등식을 구하면 다음과 같다.

〈표 6-1〉 수학 및 과학 성적

학생	수학 성적(X)	과학 성적(Y)
1	30	50
2	60	50
3	80	80
4	90	90
5	90	80

① 두 변수의 산포도를 그려 상관계수의 기본 가정을 충족하는지 확인

과학 성적(Y)

100 90 80 70 60 50 40 30 20 10

10 20 30 40 50 60 70 80 90 100

수학 성적(X)

② $\overline{X}$, $\overline{Y}$, s_x, s_y, r을 계산한다.

$$\overline{X} = \frac{(30+60+80+90+90)}{5} = 70$$

$$\overline{Y} = \frac{(50+50+80+90+80)}{5} = 70$$

$$s_x = 25.50,\ s_y = 18.71,\ r = .89$$

③ 회귀계수와 절편을 계산한다.

$$a = r \times \frac{s_y}{s_x} = .89\left(\frac{18.71}{25.50}\right) = .65$$

$$b = \overline{Y} - a\overline{X} = 70 - .65(70) = 24.5$$

④ 회귀등식을 완성한다.

$$Y' = aX + b = .65X + 24.5$$

이 회귀등식은 수학 성적이 1점 변화될 때 과학 성적은 .65점 변화된다는 것을 의미한다. 수학 성적이 80점인 학생의 과학 성적을 알기 위해서는 $Y' = .65X + 24.5$ 공식의 X에 80을 대입하면 Y'가 76.5점이므로 과학 성적은 76.5점으로 예측할 수 있다.

4) 결정계수

회귀분석에서 종속변수의 측정치 Y_i가 평균 $\overline{Y}$로부터 떨어져 있는 차이를 총편차(total deviation)라고 하며, [그림 6-3]에서 ⓐ이다.

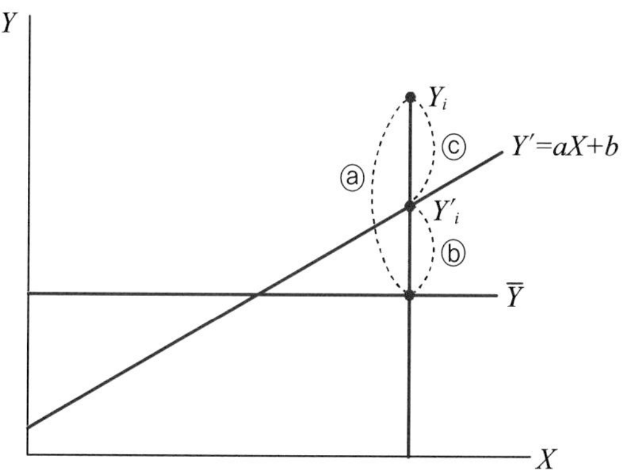

[그림 6-3] 회귀선에 의한 편차

[그림 6-3]에서 ⓐ와 같이 개인의 총편차는 다음과 같이 두 요소로 구성되어 있다.

$$\underbrace{(Y_i - \overline{Y})}_{ⓐ} = \underbrace{(Y'_i - \overline{Y})}_{ⓑ} + \underbrace{(Y_i - Y'_i)}_{ⓒ}$$

총편차 중에서 첫 번째 요소인 $(Y'_i - \overline{Y})$는 [그림 6-3]에서 ⓑ이며, 회귀선에 의한 기댓값 Y'_i에서 평균인 $\overline{Y}$를 뺀 값으로 X_i 값이 같을 때 모든 Y_i는 동일한 $(Y'_i - \overline{Y})$ 값을 가진다. 그러므로 $(Y'_i - \overline{Y})$는 회귀선에 의하여 결정된 값으로 설명된 편차(explained deviation)라고 한다. 두 번째 요소인 $(Y_i - Y'_i)$는 [그림 6-3]에서 ⓒ이며, X_i 값이 같더라도 개개인의 Y_i가 다르므로 $(Y_i - Y'_i)$ 값은 다르다. $(Y_i - Y'_i)$는 회귀선에 의해 설명되지 않는 오차 e_i로 설명되지 않은 편차(unexplained deviation)라고 한다.

편차의 합은 항상 0이 되어 분산을 계산할 때 편차 점수를 제곱하여 합을 계산하듯이 총편차 $(Y_i - \overline{Y})$의 합은 항상 0이므로 종속변수 Y의 총변화량을 계산하기 위해서는 총편차인 $(Y_i - \overline{Y})$를 제곱하여 모두 더해야 한다. 이를 총편차제곱합(sum of squares of total deviation: SS_T) 또는 총변화량(total variation)이라고 하며, 공식은 다음과 같다.

$$SS_T = \Sigma(Y_i - \overline{Y})^2$$

총편차 중 설명된 편차의 제곱합(sum of squares of explained deviation: SS_E)은 설명된 변화량(explained variation)이라고 하며, 공식은 다음과 같다.

$$SS_E = \Sigma(Y'_i - \overline{Y})^2$$

총편차 중 설명되지 않은 편차의 제곱합(sum of squares of unexplained deviation: SS_U)은 설명되지 않은 변화량(unexplained variation)이라고 하며, 공식은 다음과 같다.

$$SS_U = \Sigma(Y_i - Y'_i)^2$$

독립변수 X가 설명하는 종속변수 Y의 분산의 비율, 즉 총변화량 중 설명된 변화량의 비율을 결정계수(coefficient of determination) 혹은 상관비(correlation ratio)라 하고 R^2으로 표기한다. R^2을 계산하는 공식은 다음과 같다.

$$R^2 = \frac{\text{설명된 변화량}}{\text{총변화량}} = \frac{SS_E}{SS_T} = \frac{\Sigma(Y'_i - \overline{Y})^2}{\Sigma(Y_i - \overline{Y})^2}$$

결정계수의 범위는 0에서 1이다. 예를 들어, 총변화량이 10이고 설명된 변화량이 8이라면 결정계수는 .8로 80%는 회귀선에 의해 설명된 변화량이다. 즉, 독립변수 X가 종속변수 Y의 총변화량의 80%를 설명한다는 의미이다. 결정계수는 회귀모형의 적합도 정도를 나타내는 지표로 1에 가까울수록 독립변수가 종속변수를 많이 설명하므로 회귀모형이 적합하다는 것을 의미한다.

5) 단순회귀분석의 통계 처리 과정 및 보고서 양식

중학생의 진로동기가 진로준비행동에 미치는 영향을 알아보기 위해 150명의 중학생에게 설문을 실시하여 데이터를 입력한 파일은 【제6장 단순회귀분석자료】이다. 이 자료를 사용하여 중학생의 진로동기가 진로준비행동에 미치는 영향에 대한 통계 처리 과정 및 보고서 양식을 살펴보자.

연구문제

중학생의 진로동기가 진로준비행동에 미치는 영향은 어떠한가?

SPSS 통계 처리 과정

① SPSS 데이터 편집기에서 해당 파일을 불러온 후 분석(A) → 회귀분석(R) → 선형(L) 버튼을 클릭한다.

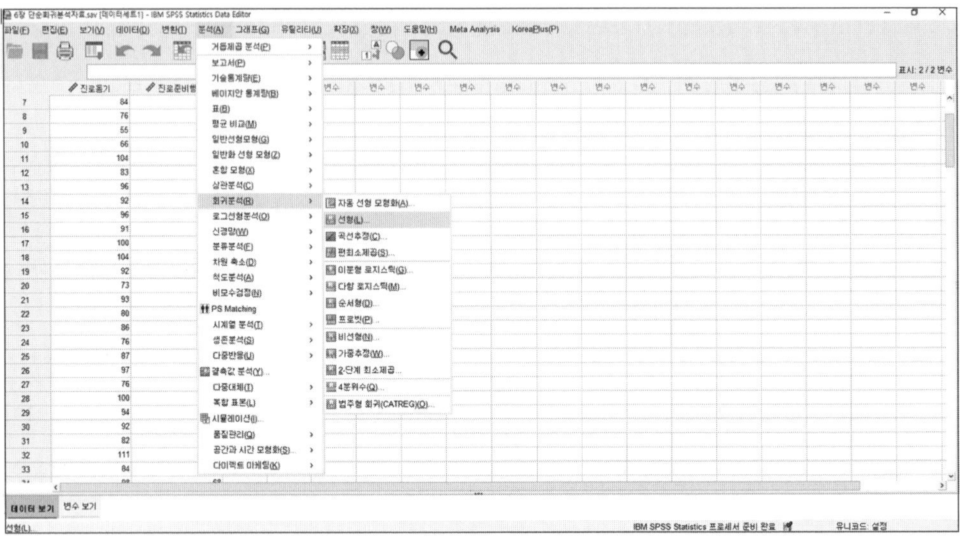

[그림 6-4] 단순회귀분석의 통계 처리 과정 1

② 독립변수를 독립변수(I) 창으로 종속변수를 종속변수(D) 창으로 이동시킨다.

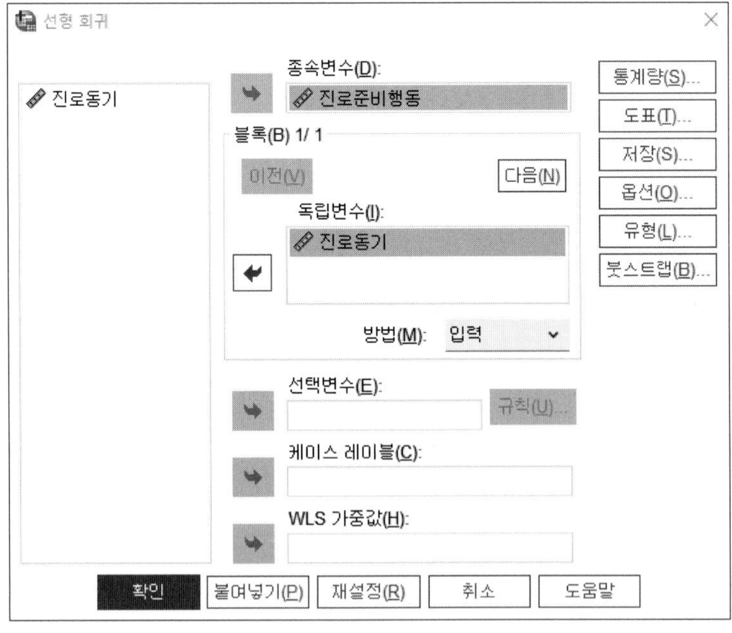

[그림 6-5] 단순회귀분석의 통계 처리 과정 2

③ 확인 버튼을 클릭하면 다음과 같은 결과 창이 나타난다.

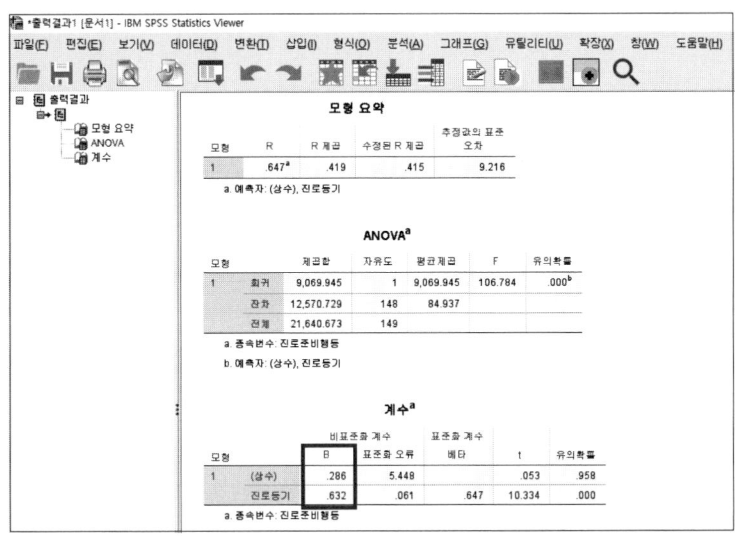

모형 요약

모형	R	R 제곱	수정된 R 제곱	추정값의 표준오차
1	.647[a]	.419	.415	9.216

a. 예측자: (상수), 진로동기

ANOVA[a]

모형		제곱합	자유도	평균제곱	F	유의확률
1	회귀	9,069.945	1	9,069.945	106.784	.000[b]
	잔차	12,570.729	148	84.937		
	전체	21,640.673	149			

a. 종속변수: 진로준비행동
b. 예측자: (상수), 진로동기

계수[a]

모형		비표준화 계수		표준화 계수		
		B	표준화 오류	베타	t	유의확률
1	(상수)	.286	5.448		.053	.958
	진로동기	.632	.061	.647	10.334	.000

a. 종속변수: 진로준비행동

[그림 6-6] 단순회귀분석 통계 처리 결과

논문에서 단순회귀분석은 많이 사용되지는 않는다. 하지만 통계 처리 결과를 통해 쉽게 회귀등식을 구할 수 있다. [그림 6-6] 단순회귀분석 통계 처리 결과에 나타난 비표준화 계수의 B값 중 상수에 대한 B값은 절편이 되며, 독립변수에 대한 B값은 기울기가 된다. 따라서 회귀등식은 $Y' = aX + b = .632X + .286$이 된다.

보고서 양식

진로동기가 진로준비행동에 미치는 영향에 대한 단순회귀분석의 결과는 다음 〈표 6-2〉와 같다.

〈표 6-2〉 진로동기가 진로준비행동에 미치는 영향에 대한 단순회귀분석의 결과

독립변수	B	SE	β	t	p
진로동기	.632	.061	.647	10.334	.000
$R^2 = .419$, $F = 106.784$, $p = .000$					

진로동기가 진로준비행동에 미치는 영향에 대한 통계적 유의성을 검정한 결과, 진로동기는 진로준비행동을 유의미하게 설명하고 있으며($t = 10.334$, $p < .01$), 진로준비행동의 총변화량의 41.9%가 진로동기에 의해 설명되고 있다.

3. 중다회귀분석

1) 중다회귀분석의 목적

단순회귀분석은 하나의 독립변수와 하나의 종속변수 간의 관계를 분석하는 것으로, 하나의 독립변수가 하나의 종속변수를 예언하는 정도를 분석하는 통계방법이다. 중다회귀분석(multiple regression analysis)은 두 개 이상의 독립변수들과 하나의 종속변수 간의 관계를 분석하는 것으로, 여러 개의 독립변수가 하나의 종속변수를 얼마나 예측하고 설명하는지를 분석하는 통계방법이다. 즉, 독립변수들 중 어느 변수가 종속변수에 유의미한 영향을 미치는지 여부와 그 영향력의 크기를 알아보는 데 목적이 있다.

예를 들어 '대학수학능력시험 성적, 고등학교 생활기록부 성적, 면접고사 성적이 대학입학 후 학점(GPA)에 미치는 영향' 또는 '수학학습동기, 수학태도 및 수학불안이 수학 성적에 미치는 영향' 등의 연구는 중다회귀분석을 이용하여 결과를 산출할 수 있다. 중다회귀분석은 두 개 이상의 독립변수들이 종속변수를 예측하므로 하나의 독립변수로 종속변수를 예측하는 단순회귀분석과 비교하여 종속변수의 분산을 더 많이 설명할 수 있다. '수학학습동기, 수학태도 및 수학불안이 수학 성적에 미치는 영향'에서 수학학습동기만으로 수학 성적을 예측하는 것보다는 수학태도나 수학불안이 포함되어 수학 성적에 대한 분산을 더 많이 설명함으로써 종속변수를 설명하는 예측의 정확성이 높아지게 된다.

2) 중다회귀분석의 회귀등식과 회귀계수

단순회귀분석에서는 독립변수가 하나이므로 회귀등식은 $Y' = aX + b$이었다. 중다회귀분석에서는 독립변수가 2개 이상이므로 각 독립변수별로 회귀계수가 있어야 한다. 만약 n개의 독립변수가 있을 경우, 회귀등식은 다음과 같다. 여기서 $a_1 \sim a_n$은 각 독립변수의 회귀계수가 되며 b는 절편이 된다.

$$\text{회귀등식: } Y' = a_1X_1 + a_2X_2 + \cdots + a_nX_n + b$$

만약에 독립변수가 두 개 있을 경우, 중다회귀분석의 회귀등식 및 회귀계수와 절편을 구하는 공식은 다음과 같다.

$$\text{회귀등식: } Y' = a_1X_1 + a_2X_2 + b$$

$$\text{독립변수 } X_1\text{의 회귀계수: } a_1 = \left(\frac{s_y}{s_{x_1}}\right)\left(\frac{r_{x_1y} - r_{x_2y}r_{x_1x_2}}{1 - r_{x_1x_2}^2}\right)$$

$$\text{독립변수 } X_2\text{의 회귀계수: } a_2 = \left(\frac{s_y}{s_{x_2}}\right)\left(\frac{r_{x_2y} - r_{x_1y}r_{x_1x_2}}{1 - r_{x_1x_2}^2}\right)$$

$$\text{절편: } b = \overline{Y} - a_1\overline{X}_1 - a_2\overline{X}_2$$

〈표 6-3〉은 5명의 지능지수와 창의성 점수, 그리고 수학 성적이다. 지능지수와 창의성 점수를 각각 독립변수 X_1과 X_2라고 하고, 수학 성적을 종속변수 Y라고 가정할 때 회귀등식을 구하면 다음과 같다.

〈표 6-3〉 지능지수, 창의성 점수, 수학 성적

학생	지능지수(X_1)	창의성 점수(X_2)	수학 성적(Y)
1	97	50	78
2	105	55	85
3	118	67	93
4	132	65	95
5	93	48	69

$\overline{X}_1 = 109.00,\ \overline{X}_2 = 57.00,\ \overline{Y} = 84.00$

$s_{x_1} = 16.016,\ s_{x_2} = 8.631,\ s_y = 10.770$

$r_{x_1x_2} = .922,\ r_{x_1y} = .930,\ r_{x_2y} = .949$

X_1 회귀계수: $a_1 = (\frac{s_y}{s_{x_1}})(\frac{r_{x_1y} - r_{x_2y}r_{x_1x_2}}{1 - r^2_{x_1x_2}}) = (\frac{10.770}{16.016})(\frac{.930 - (.949)(.922)}{1 - .922^2}) = .25$

X_2 회귀계수: $a_2 = (\frac{s_y}{s_{x_2}})(\frac{r_{x_2y} - r_{x_1y}r_{x_1x_2}}{1 - r^2_{x_1x_2}}) = (\frac{10.770}{8.631})(\frac{.949 - (.930)(.922)}{1 - .922^2}) = .76$

절편: $b = \overline{Y} - a_1\overline{X}_1 - a_2\overline{X}_2 = 84 - (.25)(109.00) - (.76)(57.00) = 13.43$

회귀등식: $Y' = a_1X_1 + a_2X_2 + b = .25X_1 + .76X_2 + 13.43$

이 회귀등식은 창의성 점수를 통제했을 때 지능지수가 1점 변화되면 수학 성적은 .25점 변화되고, 지능지수를 통제했을 때 창의성 점수가 1점 변화되면 수학 성적은 .76점 변화된다는 것을 의미한다. 만약 지능지수가 110이고 창의성 점수가 60점인 학생의 수학 성적은 86.53점으로 예측할 수 있다.

〈표 6-3〉의 자료를 SPSS 프로그램으로 중다회귀분석을 실시한 결과는 [그림 6-7]과 같다. 여기서 상수의 비표준화 계수 B값인 13.649가 절편이며, 지능지수의 비표준화 계수 B값인 .247이 지능지수(X_1)의 기울기, 창의성 점수의 비표준화 계수 B값인 .761이 창의성 점수(X_2)의 기울기가 된다.

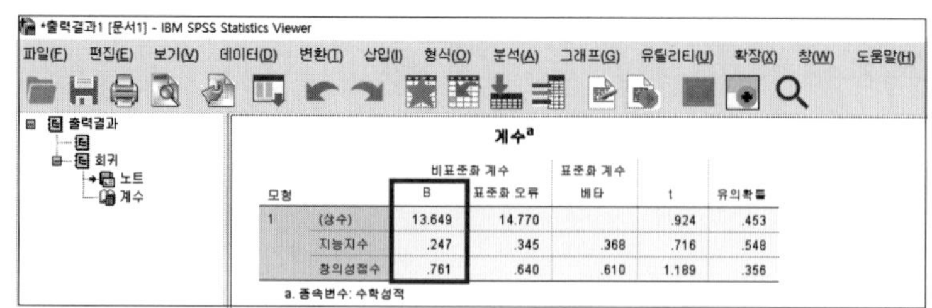

계수[a]

모형		비표준화 계수 B	비표준화 계수 표준화 오류	표준화 계수 베타	t	유의확률
1	(상수)	13.649	14.770		.924	.453
	지능지수	.247	.345	.368	.716	.548
	창의성점수	.761	.640	.610	1.189	.356

a. 종속변수: 수학성적

[그림 6-7] 중다회귀분석 통계 처리 결과에서 회귀계수 및 절편

앞의 회귀등식에서 사용한 회귀계수는 비표준화회귀계수이다. 비표준화회귀계수

(unstandardized regression coefficient)는 독립변수나 종속변수의 측정 단위인 척도에 따라 값이 달라지며, 범위는 $-\infty \sim +\infty$이다. 비표준화회귀계수는 특정 독립변수 외에 다른 독립변수를 통제했을 때 특정 독립변수가 1만큼 변화될 때 기대되는 종속변수의 변화량이다. SPSS 프로그램의 결과창에서 비표준화회귀계수는 B로 표시된다. 표준화회귀계수(standardized regression coefficient)는 독립변수 및 종속변수 점수를 Z 점수로 변환한 후 종속변수에 대한 다른 독립변수의 영향을 통제했을 때, 특정 독립변수가 Z점수로 1만큼 변화할 때 기대되는 종속변수의 Z 점수 변화량으로 SPSS 프로그램의 결과창에서는 β로 표시된다. 표준화회귀계수의 범위는 독립변수들 간의 다중공선성에 문제가 없을 경우 $-1 \sim +1$이다. 표준화회귀계수는 변수들의 척도에 영향을 받지 않으므로 종속변수에 대한 독립변수들의 상대적인 영향력이나 기여도를 평가할 때 활용된다.

3) 다중공선성

중다회귀분석은 두 개 이상의 독립변수가 종속변수에 미치는 영향력을 분석하는 통계방법이다. 회귀분석에서 총변화량 중 설명된 변화량의 비율을 나타내는 결정계수 R^2은 상관계수 r을 제곱한 것으로, 회귀분석은 상관계수의 크기에 의존한다. 독립변수와 종속변수 간의 높은 상관은 독립변수의 종속변수에 대한 영향력 또는 설명력을 높여주지만, 독립변수들 간의 높은 상관은 중다회귀분석에서 문제를 일으키기도 한다. 다중공선성(multicollinearity)은 중다회귀분석에서 독립변수들 간에 높은 상관관계가 나타나는 현상을 말한다. 중다회귀분석에서 종속변수에 대한 독립변수들의 영향력을 검정할 때 독립변수들끼리는 상호 독립적이라는 것을 가정하고 있는데, 독립변수들 간에 상관이 높으면 이 가정을 위배하게 된다.

중다회귀분석에서 독립변수들 간의 상관이 높을 때, 즉 다중공선성의 문제가 있을 때 한 독립변수가 종속변수에 대한 설명력이 높으면, 이 독립변수와 상관이 높은 다른 독립변수는 종속변수에 대한 영향력이 실제보다 낮게 산출되어 통계적으로 유의미하지 않게 되는 문제를 야기할 수 있다. 표준화회귀계수의 범위는 정상적인 상황에서는 $-1 \sim +1$이지만, 다중공선성의 문제가 있을 경우 이 범위를 벗어날 수 있다. 뿐만 아니라 회귀계수의 부호가 반대로 되는 현상도 유발할 수 있다. 예를 들어, 지능과 학업성취도 간의 관계에서 회귀계수는 양수로 예측되나, 다중공선성의 문제가 있을 경우 회귀계수가 음수가 될 수도 있다.

회귀분석에서 다중공선성을 검정하는 방법은 다음과 같다. 첫째, 상관분석 결과 독립변수 간의 상관계수가 .9 이상이면 다중공선성의 문제가 있다. 둘째, 공차한계가 .1보다 작은 독립변수는 다중공선성의 문제가 있다. 공차한계(tolerance)는 중다회귀분석에 포함된 한 독립변수가 다른 독립변수들에 의해서 설명되지 않는 정도로 $1-R_i^2$로 계산된다. R_i^2은 i번째 독립변수를 종속변수로 할 경우 나머지 독립변수들에 의해 설명되어지는 결정계수이다. R_i^2 값이 클수록 다른 독립변수에 의해 설명되는 정도는 커지고, 공차한계($1-R_i^2$)는 작아지며, 따라서 다중공선성은 높아진다. 공차한계의 최댓값은 1이며, .1 이하일 경우 다중공선성에 문제가 있다고 본다. 셋째, 분산팽창지수가 10보다 큰 독립변수는 다중공선성의 문제가 있다. 분산팽창지수(variance inflation factor: VIF)는 공차한계의 역수로, 공차한계($1-R_i^2$)가 작아질수록 분산팽창지수는 커진다. 분산팽창지수를 구하는 공식은 다음과 같다.

$$VIF_i = \frac{1}{1-R_i^2}$$

일반적으로 분산팽창지수가 10보다 클 때 다중공선성에 문제가 있다고 보며, 반대로 10 이하인 경우 다중공선성에 문제가 없는 것으로 본다. 한편, 다중공선성을 낮추기 위해서는 상관관계가 높은 독립변수들을 합쳐 한 독립변수로 만들어 분석을 할 수 있다. 하지만 지능과 창의성이 학업성취도에 미치는 영향에서와 같이 지능과 창의성의 상관이 높다고 해서 이론적으로 두 변수를 한 변수로 합칠 수 없는 경우가 많다. 이러한 경우 다중공선성 문제를 해결하기 위해서는 연구 주제를 고려하여 두 독립변수 중 더 중요한 하나의 변수를 선택하여 분석할 필요가 있다.

SPSS 프로그램에서는 분석(A) → 회귀분석(R) → 선형(L) → 통계량(S) → 공선성 진단(L) 과정을 통해 공차한계와 분산팽창지수(VIF)를 산출할 수 있다. SPSS 프로그램을 활용하여 〈표 6-3〉의 자료에 대한 다중공선성 진단을 위해 공차한계와 분산팽창지수(VIF)를 산출한 결과는 [그림 6-8]과 같다. 여기서 공차한계는 .149로 .1보다 크고, 분산팽창지수(VIF)는 6.698로 10보다 작아 다중공선성의 문제는 없는 것으로 나타났다.

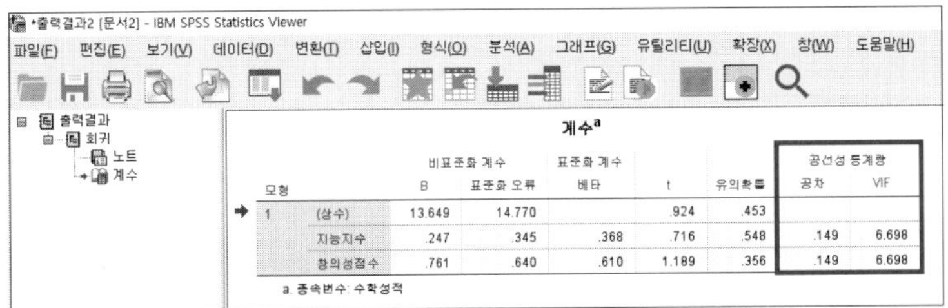

계수[a]

모형		비표준화 계수 B	비표준화 계수 표준화 오류	표준화 계수 베타	t	유의확률	공선성 통계량 공차	공선성 통계량 VIF
1	(상수)	13.649	14.770		.924	.453		
	지능지수	.247	.345	.368	.716	.548	.149	6.698
	창의성점수	.761	.640	.610	1.189	.356	.149	6.698

a. 종속변수: 수학성적

[그림 6-8] 중다회귀분석에서 다중공선성 분석 결과

4) 중다회귀분석의 통계 처리 과정 및 보고서 양식

중학생의 부애착, 모애착, 또래애착, 교사애착이 학교생활적응에 미치는 영향을 알아보기 위해 160명의 중학생에게 설문을 실시하여 데이터를 입력한 파일은 【제6장 중다회귀분석자료】이다. 이 자료를 사용하여 중학생의 부애착, 모애착, 또래애착, 교사애착이 학교생활적응에 미치는 영향에 대한 통계 처리 과정 및 보고서 양식을 살펴보자.

연구문제

중학생의 부애착, 모애착, 또래애착, 교사애착이 학교생활적응에 미치는 상대적 영향력은 어떠한가?

SPSS 통계 처리 과정

① SPSS 데이터 편집기에서 해당 파일을 불러온 후 분석(A) → 회귀분석(R) → 선형(L) 버튼을 클릭한다.

[그림 6-9] 중다회귀분석의 통계 처리 과정 1

② 독립변수를 독립변수(I) 창으로 종속변수를 종속변수(D) 창으로 이동시킨 후 방법(M)에서 단계 선택을 선택하고 통계량(S)을 버튼을 클릭하여 공선성 진단(L)에 체크한 후 계속(C) 버튼을 클릭한다.

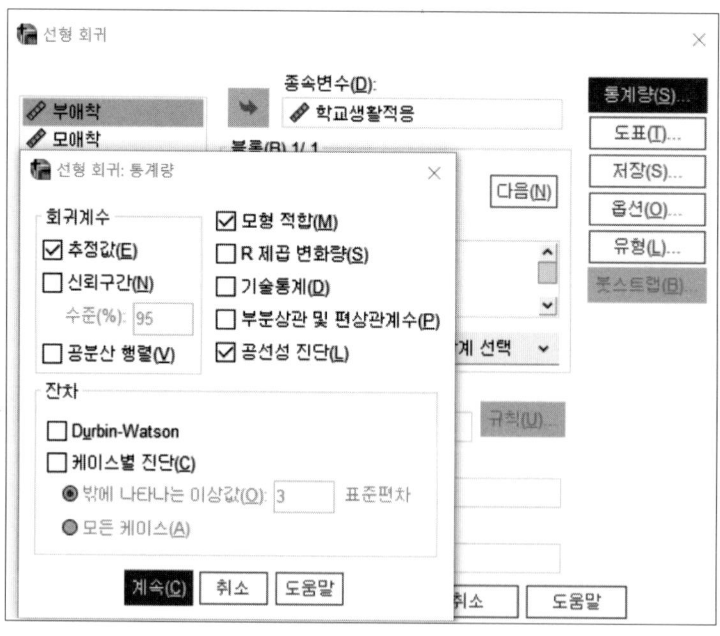

[그림 6-10] 중다회귀분석의 통계 처리 과정 2

③ 확인 버튼을 클릭하면 다음과 같은 결과 창이 나타난다.

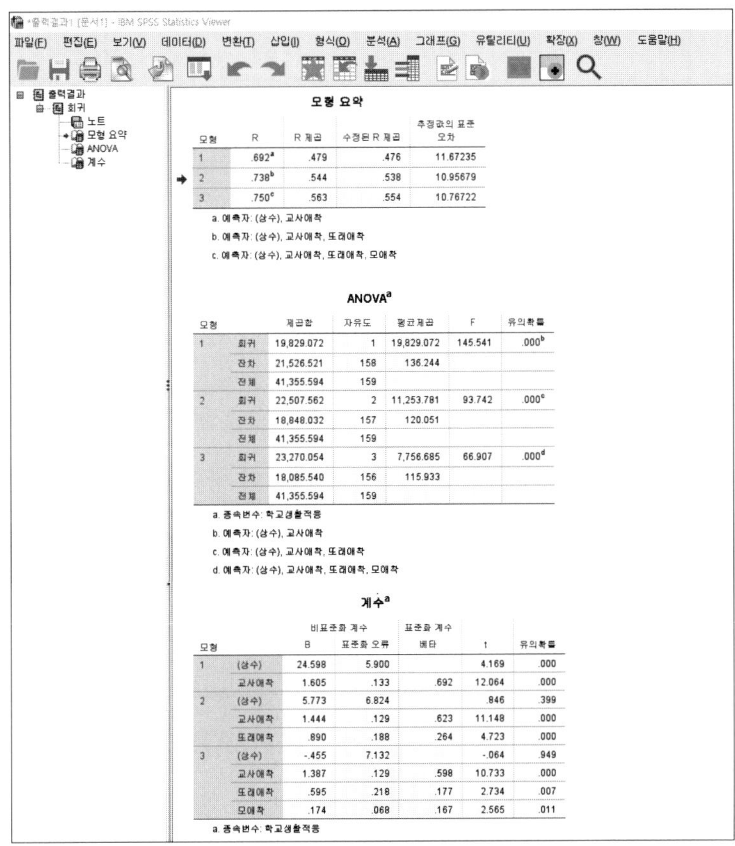

모형 요약

모형	R	R 제곱	수정된 R 제곱	추정값의 표준오차
1	.692[a]	.479	.476	11.67235
2	.738[b]	.544	.538	10.95679
3	.750[c]	.563	.554	10.76722

a. 예측자: (상수), 교사애착
b. 예측자: (상수), 교사애착, 또래애착
c. 예측자: (상수), 교사애착, 또래애착, 모애착

ANOVA[a]

모형		제곱합	자유도	평균제곱	F	유의확률
1	회귀	19,829.072	1	19,829.072	145.541	.000[b]
	잔차	21,526.521	158	136.244		
	전체	41,355.594	159			
2	회귀	22,507.562	2	11,253.781	93.742	.000[c]
	잔차	18,848.032	157	120.051		
	전체	41,355.594	159			
3	회귀	23,270.054	3	7,756.685	66.907	.000[d]
	잔차	18,085.540	156	115.933		
	전체	41,355.594	159			

a. 종속변수: 학교생활적응
b. 예측자: (상수), 교사애착
c. 예측자: (상수), 교사애착, 또래애착
d. 예측자: (상수), 교사애착, 또래애착, 모애착

계수[a]

모형		비표준화 계수		표준화 계수		
		B	표준화 오류	베타	t	유의확률
1	(상수)	24.598	5.900		4.169	.000
	교사애착	1.605	.133	.692	12.064	.000
2	(상수)	5.773	6.824		.846	.399
	교사애착	1.444	.129	.623	11.148	.000
	또래애착	.890	.188	.264	4.723	.000
3	(상수)	-.455	7.132		-.064	.949
	교사애착	1.387	.129	.598	10.733	.000
	또래애착	.595	.218	.177	2.734	.007
	모애착	.174	.068	.167	2.565	.011

a. 종속변수: 학교생활적응

[그림 6-11] 중다회귀분석 통계 처리 결과

보고서 양식

중학생의 부애착, 모애착, 또래애착, 교사애착이 학교생활적응에 미치는 영향을 알아보기 위해 부애착, 모애착, 또래애착, 교사애착을 독립변수로 하고 학교생활적응을 종속변수로 하여 단계 선택 방법을 통해 중다회귀분석을 실시한 결과는 〈표 6-4〉와 같다.

〈표 6-4〉 중학생의 부애착, 모애착, 또래애착, 교사애착이 학교생활적응에 미치는 영향

모형		B	β	F	R	R^2	ΔR^2	다중공선성	
								공차	VIF
1	교사애착	1.605	.692**	145.541**	.692	.479	–	1.000	1.000
2	교사애착	1.444	.623**	93.742**	.738	.544	.065	.930	1.075
	또래애착	.890	.264**					.930	1.075
3	교사애착	1.387	.598**	66.907**	.750	.563	.019	.903	1.108
	또래애착	.595	.177**					.672	1.488
	모애착	.174	.167*					.663	1.508

$^*p < .05$, $^{**}p < .01$

〈표 6-4〉에서와 같이 교사애착, 또래애착, 모애착이 학교생활적응에 유의미한 영향을 미치는 것으로 나타났다(F=66.907, $p < .01$). 이들 세 변수는 학교생활적응에 대해 56.3%(R^2=.563)의 설명력을 보이며, 그중 교사애착이 47.9%(R^2=.479)로 가장 많은 설명력을 보였다. 또래애착을 첨가할 경우 6.5%(ΔR^2=.065)의 설명력이 증가하고, 모애착을 첨가할 경우 1.9%(ΔR^2=.019)의 설명력이 증가하였다. 하지만 부애착은 학교생활적응에 유의미한 영향을 미치지 못하는 것으로 나타났다. 변수들 간의 다중공선성 유무를 검정하기 위해 공차한계와 분산팽창지수(VIF)를 산출한 결과, 공차한계는 .1보다 크며 VIF가 10 이하로 나타나 다중공선성은 없는 것으로 나타났다.

5) 범주형 독립변수의 중다회귀분석

(1) 더미변수

단순회귀분석은 하나의 독립변수와 하나의 종속변수 간의 관계, 즉 두 변수 간의 인과관계를 분석하는 통계방법이며, 중다회귀분석은 두 개 이상의 독립변수들과 하나의 종속변수 간의 관계를 분석하는 것으로 독립변수 중 어느 변수가 얼마만큼 종속변수를 예측하고 설명하는지를 분석하는 통계방법이다. 일반적으로 회귀분석은 독립변수와 종속변수 모두 등간척도나 비율척도로 측정된 변수일 때 사용되는 통계적 방법이다. 하지만 독립변수가 성별 등과 같은 명명척도나 등급이나 수준 등과 같은 서열척도로 측정된 변

수인 범주변수(categorical variable)의 경우에도 회귀분석을 해야 할 상황이 있다.

이와 같이 독립변수가 범주변수일 때 각 범주의 값을 0과 1로 코딩하여 연속변수로 변환한 변수를 더미변수(dummy variable) 또는 가변수라고 한다. 이렇게 생성된 더미변수는 실제적으로는 범주변수이지만 연속변수처럼 다른 연속변수와 함께 회귀분석에서 독립변수로 사용할 수 있게 된다. 더미변수는 0과 1의 값을 가지는데, 일반적으로 기준이 되는 범주의 값을 0으로 하며 이를 참조항목(reference group) 또는 준거집단이라고 한다. 즉, 더미변수는 기준이 되는 1개의 범주를 제외하고 만들어지므로 범주변수의 범주 수에 비해 1개 적게 만들어진다.

예를 들어, 명명척도인 성별을 더미변수로 변환하여 회귀분석을 실시할 경우, 남자를 참조항목으로 하여 더미변수를 만들 때 남자 범주를 제외하고 더미변수를 만든다. 그리고 더미변수의 의미에 해당되면 1, 해당되지 않으면 0으로 코딩한다.

성별
남자
여자
여자
남자
남자
여자

⇨

성별_여자
0
1
1
0
0
1

[그림 6-12] 성별의 더미변수 생성 과정

만약에 초등학생, 중학생, 고등학생으로 구분된 범주변수를 더미변수로 변환하여 회귀분석을 실시할 경우, 초등학생을 기준으로 더미변수를 만들 때 초등학생 범주를 제외하고 더미변수를 만든다. 그리고 더미변수의 의미에 해당되면 1, 해당되지 않으면 0으로 코딩한다.

학교급
초등학생
중학생
중학생
고등학생
초등학생
고등학생

⇨

학교급_중학생	학교급_고등학생
0	0
1	0
1	0
0	1
0	0
0	1

[그림 6-13] 학교급의 더미변수 생성 과정

(2) 더미변수를 활용한 중다회귀분석의 통계 처리 과정 및 보고서 양식

【제6장 중다회귀분석자료(범주형 독립변수)】를 활용하여 학년이 학교생활적응에 미치는 영향에 대한 통계 처리 과정 및 보고서 양식을 살펴보자.

연구문제

학년이 학교생활적응에 미치는 상대적 영향력은 어떠한가?

SPSS 통계 처리 과정

더미변수를 활용한 중다회귀분석을 하기 위해서는 우선 명명척도 또는 범주형 변수를 바탕으로 더미변수를 생성하여야 한다. 더미변수를 생성하는 방법에는 '다른 변수로 코딩변경'을 하거나 '더미변수 작성'을 통하여 더미변수를 생성하는 두 가지 방법이 있다.

【제6장 중다회귀분석자료(범주형 독립변수)】를 활용하여 학년이 학교생활적응에 미치는 영향을 알아보기 위해 학년에 대한 더미변수를 '다른 변수로 코딩변경' 방법을 사용하여 생성하는 과정을 살펴보자.

① SPSS 데이터 편집기에서 해당 파일을 불러온 후 변환(T) → 다른 변수로 코딩변경(R) 버튼을 클릭한다.

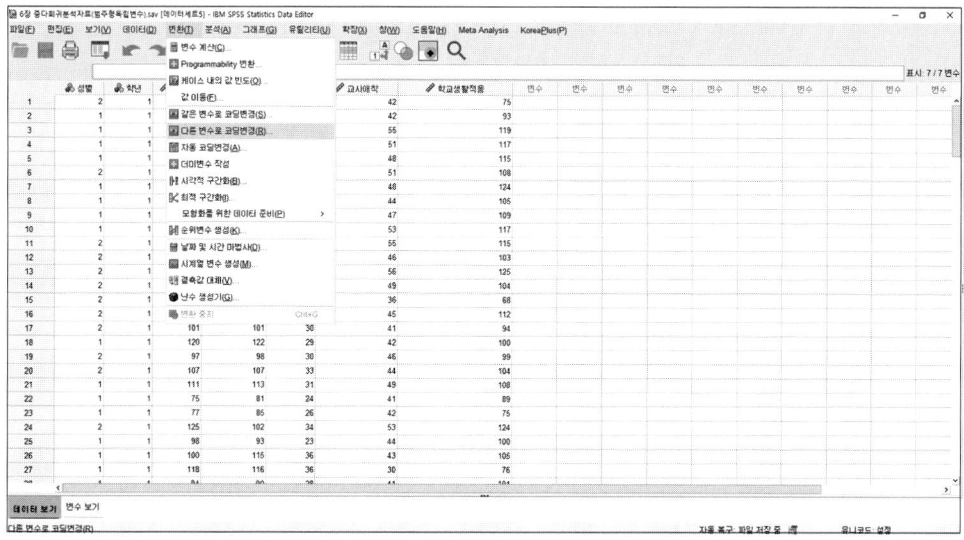

[그림 6-14] 다른 변수로 코딩변경 방법을 활용한 더미변수 생성 과정 1

② 더미변수로 변환할 변수를 입력변수→출력변수(V) 창으로 이동시키고 출력변수에 생성하는 더미변수의 이름을 입력한 뒤 변경(H) 버튼을 클릭한다. 여기서는 1학년을 참조항목으로 하였으므로 2학년과 3학년 더미변수만 만든다.

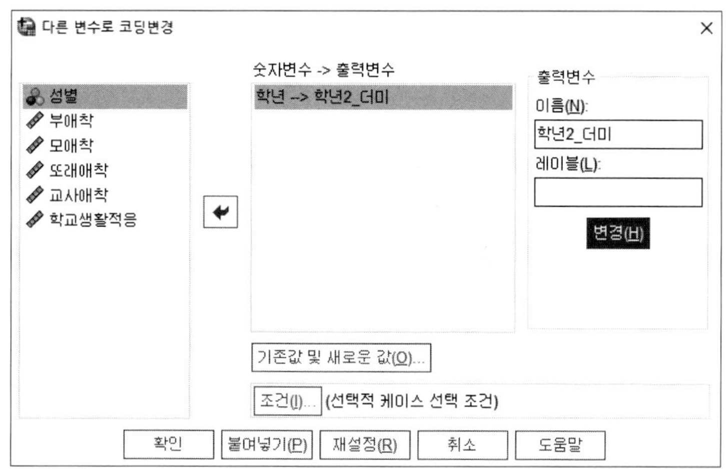

[그림 6-15] 다른 변수로 코딩변경 방법을 활용한 더미변수 생성 과정 2

③ 기존값 및 새로운 값(O) 버튼을 클릭하여 기존값과 새로운 값 창에 각각 해당값을 넣어 추가(A) 버튼을 클릭한다. 여기서는 2학년을 1로, 나머지 학년은 0으로 한다. 즉, 기존

값 창의 값(V)에 2를 입력하고 새로운 값 창의 값(L)에 1을 입력하고 추가(A) 버튼을 클릭한다. 이어서 기존값 창의 기타 모든 값(O)을 클릭하고 새로운 값 창의 값(V)에 0을 입력한 후, 추가(A) 버튼을 클릭하고 계속(C) 버튼을 클릭한다.

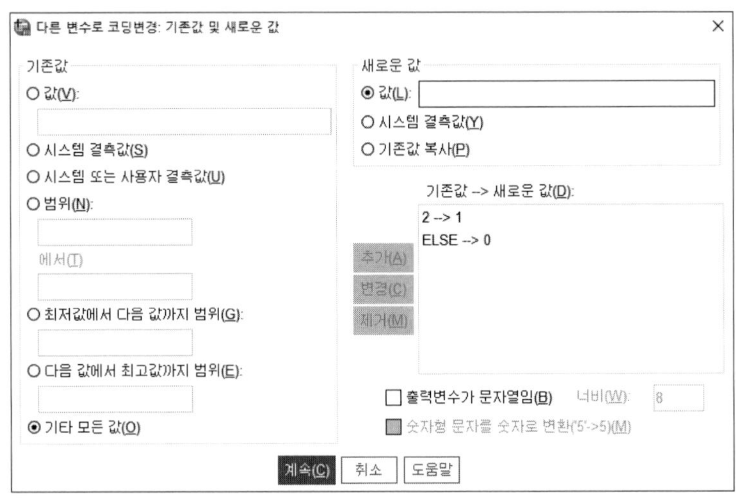

[그림 6-16] 다른 변수로 코딩변경 방법을 활용한 더미변수 생성 과정 3

④ 확인 버튼을 클릭하면 다음과 같이 데이터 편집기에 더미변수가 생성된다.

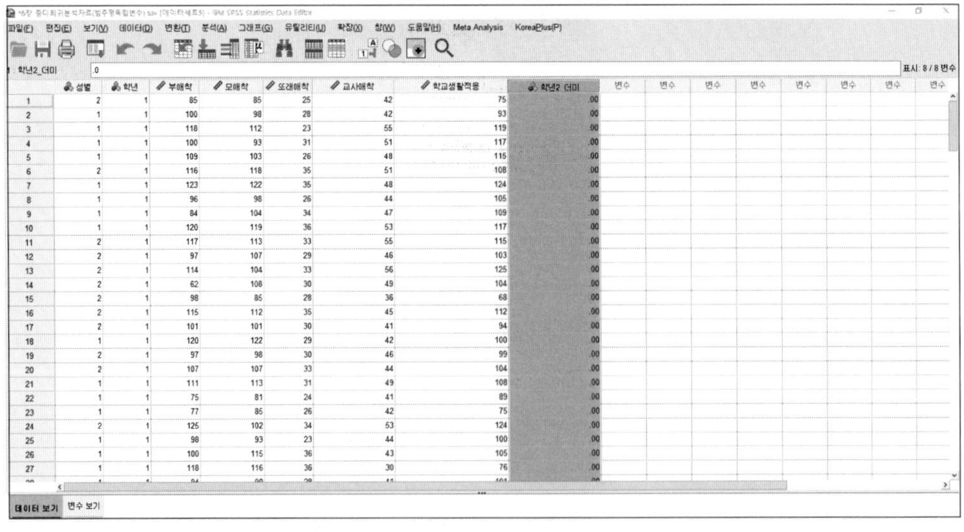

[그림 6-17] 다른 변수로 코딩변경 방법을 활용한 더미변수 생성 후의 데이터 편집기 1

⑤ 이와 같은 방법으로 3학년에 대한 더미변수 생성이 필요하다. 3학년을 1로, 나머지 학년은 0으로 하여 더미변수까지 생성한 결과 데이터 편집기는 다음과 같다.

	성별	학년	부애착	모애착	또래애착	교사애착	학교생활적응	학년2_더미	학년3_더미
1	2	1	85	85	25	42	75	.00	.00
2	1	1	100	98	28	42	93	.00	.00
3	1	1	118	112	23	55	119	.00	.00
4	1	1	100	93	31	51	117	.00	.00
5	1	1	109	103	26	48	115	.00	.00
6	2	1	116	118	35	51	108	.00	.00
7	1	1	123	122	35	48	124	.00	.00
8	1	1	96	98	26	44	105	.00	.00
9	1	1	84	104	34	47	109	.00	.00
10	1	1	120	119	36	53	117	.00	.00
11	2	1	117	113	33	55	115	.00	.00
12	2	1	97	107	29	46	103	.00	.00
13	2	1	114	104	33	56	125	.00	.00
14	2	1	62	108	30	49	104	.00	.00
15	2	1	98	85	28	36	68	.00	.00
16	2	1	115	112	35	45	112	.00	.00
17	2	1	101	101	30	41	94	.00	.00
18	1	1	120	122	29	42	100	.00	.00
19	2	1	97	98	30	46	99	.00	.00
20	2	1	107	107	33	44	104	.00	.00
21	1	1	111	113	31	49	108	.00	.00
22	1	1	75	81	24	41	89	.00	.00
23	1	1	77	85	26	42	75	.00	.00
24	2	1	125	102	34	53	124	.00	.00
25	1	1	98	93	23	44	100	.00	.00
26	1	1	100	115	36	43	105	.00	.00
27	1	1	118	116	36	30	76	.00	.00

[그림 6-18] 다른 변수로 코딩변경 방법을 활용한 더미변수 생성 후의 데이터 편집기 2

지금까지 다른 변수로 코딩변경 방법을 활용하여 더미변수를 생성하는 과정을 살펴보았다. 더미변수 생성 시 범주가 많으면 많을수록 다른 변수로 코딩변경 방법을 활용하면 반복되는 절차가 늘어나 시간이 많이 소요된다. 지금부터는 다른 변수로 코딩변경 방법 이외에 SPSS 프로그램의 더미변수 작성 기능을 활용해서 더미변수를 생성하는 과정을 살펴보기로 한다.

① SPSS 데이터 편집기에서 해당 파일을 불러온 후 변환(T) → 더미변수 작성 버튼을 클릭한다.

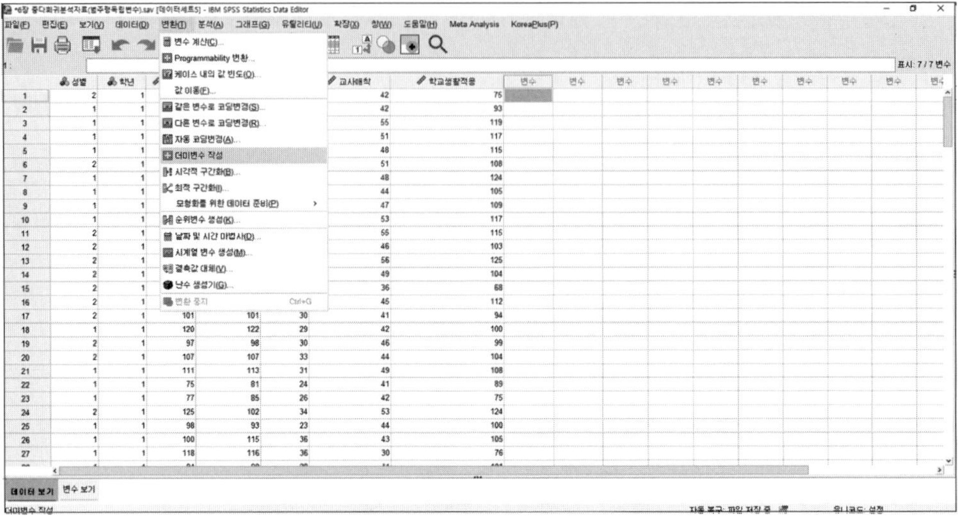

[그림 6-19] 더미변수 작성 방법으로 더미변수 생성 과정 1

② 변수(I) 창에서 더미변수로 변환할 변수를 다음에 대한 더미변수 작성(C) 창으로 이동시킨 후 주효과 더미변수에 루트 이름을 입력하고 확인 버튼을 클릭한다.

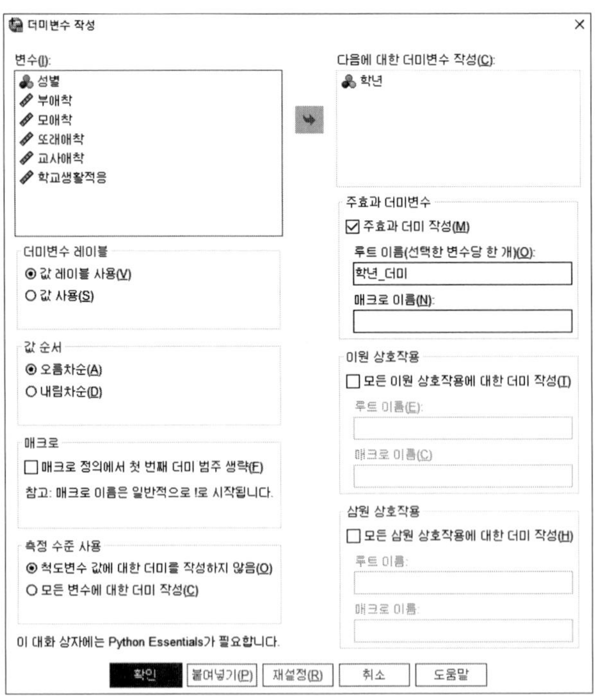

[그림 6-20] 더미변수 작성 방법으로 더미변수 생성 과정 2

③ 확인 버튼을 클릭한 후 더미변수가 생성된 데이터 편집기는 다음과 같다.

	성별	학년	부애착	모애착	또래애착	교사애착	학교생활적응	학년_더미_1	학년_더미_2	학년_더미_3
1	2	1	85	85	25	42	75	1.00	.00	.00
2	1	1	100	98	28	42	93	1.00	.00	.00
3	1	1	118	112	23	55	119	1.00	.00	.00
4	1	1	100	93	31	51	117	1.00	.00	.00
5	1	1	109	103	26	48	115	1.00	.00	.00
6	2	1	116	118	35	51	108	1.00	.00	.00
7	1	1	123	122	35	48	124	1.00	.00	.00
8	1	1	96	98	26	44	105	1.00	.00	.00
9	1	1	84	104	34	47	109	1.00	.00	.00
10	1	1	120	119	36	53	117	1.00	.00	.00
11	2	1	117	113	33	55	115	1.00	.00	.00
12	2	1	97	107	29	46	103	1.00	.00	.00
13	2	1	114	104	33	56	125	1.00	.00	.00
14	2	1	62	108	30	49	104	1.00	.00	.00
15	2	1	98	85	28	36	68	1.00	.00	.00
16	2	1	115	112	35	45	112	1.00	.00	.00
17	2	1	101	101	30	41	94	1.00	.00	.00
18	1	1	120	122	29	42	100	1.00	.00	.00
19	2	1	97	98	30	46	99	1.00	.00	.00
20	2	1	107	107	33	44	104	1.00	.00	.00
21	1	1	111	113	31	49	108	1.00	.00	.00
22	1	1	75	81	24	41	89	1.00	.00	.00
23	1	1	77	85	26	42	75	1.00	.00	.00
24	2	1	125	102	34	53	124	1.00	.00	.00
25	1	1	98	93	23	44	100	1.00	.00	.00
26	1	1	100	115	36	43	105	1.00	.00	.00
27	1	1	118	116	36	30	76	1.00	.00	.00

[그림 6-21] 더미변수 작성 방법을 활용한 더미변수 생성 후의 데이터 편집기

④ SPSS 프로그램에서는 더미변수를 범주의 수만큼 생성한다. 더미변수의 수는 범주 수보다 한 개가 적은 K-1의 법칙을 따르므로, 범주 수만큼 생성된 더미변수 중 연구자가 참조항목으로 지정한 변수를 제거한다. 1학년을 참조항목으로 할 경우, 범주 수만큼 더미변수가 생성된 앞의 데이터 편집기에서 학년_더미_1이라는 변수는 삭제한다.

앞에서 두 가지 방법으로 더미변수가 생성되었다면, 지금부터는 더미변수를 활용한 중다회귀분석 과정을 살펴보자. 더미변수를 활용한 중다회귀분석 과정은 일반적인 중다회귀분석과 동일하다.

① SPSS 데이터 편집기에서 해당 파일을 불러온 후 분석(A) → 회귀분석(R) → 선형(L) 버튼을 클릭한다.

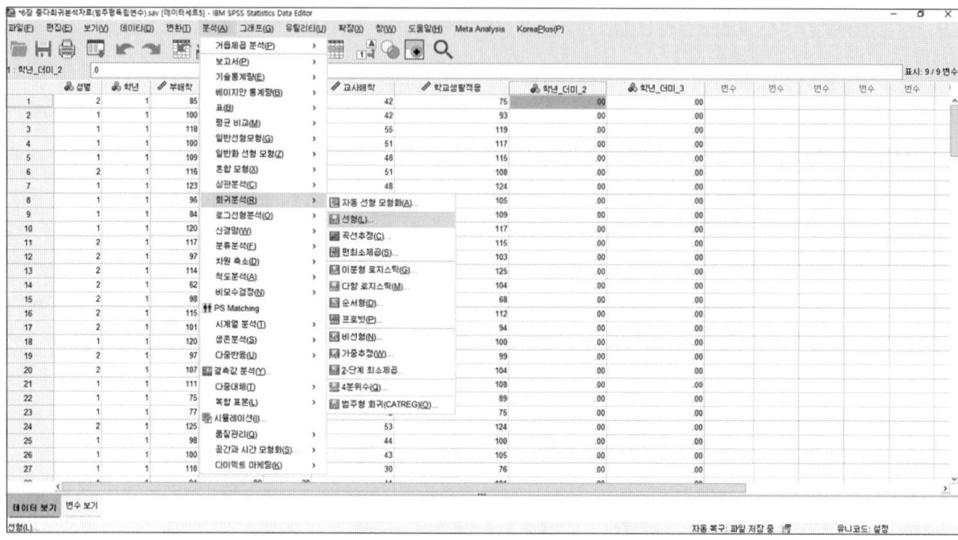

[그림 6-22] 더미변수에 대한 중다회귀분석의 통계 처리 과정 1

② 더미변수를 독립변수(I) 창으로 종속변수를 종속변수(D) 창으로 이동시킨 후 방법(M)에서 입력을 선택한다.

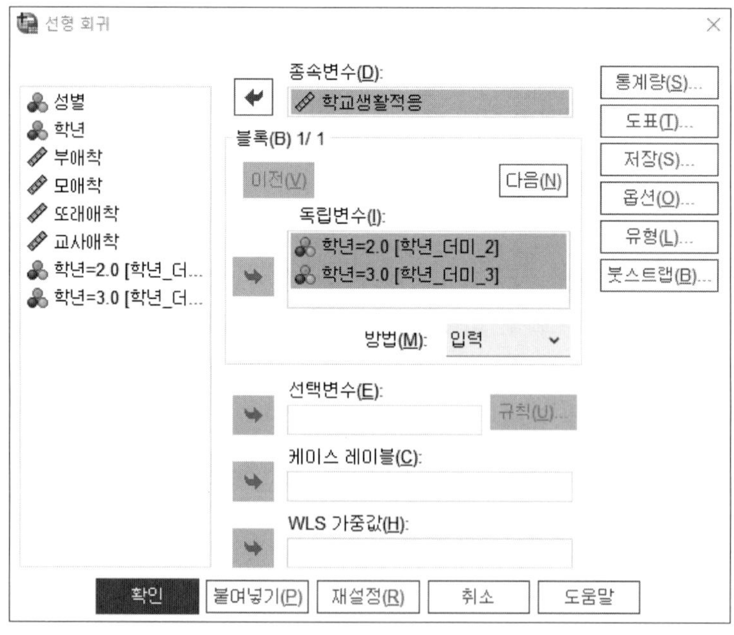

[그림 6-23] 더미변수에 대한 중다회귀분석의 통계 처리 과정 2

③ 확인 버튼을 클릭하면 다음과 같은 결과 창이 나타난다.

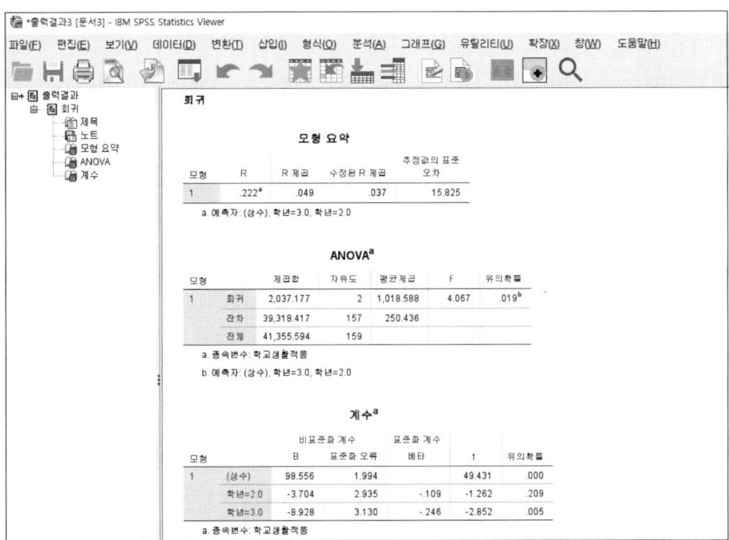

모형 요약

모형	R	R 제곱	수정된 R 제곱	추정값의 표준오차
1	.222[a]	.049	.037	15.825

a. 예측자: (상수), 학년=3.0, 학년=2.0

ANOVA[a]

모형		제곱합	자유도	평균제곱	F	유의확률
1	회귀	2,037.177	2	1,018.588	4.067	.019[b]
	잔차	39,318.417	157	250.436		
	전체	41,355.594	159			

a. 종속변수: 학교생활적응
b. 예측자: (상수), 학년=3.0, 학년=2.0

계수[a]

모형		비표준화 계수 B	비표준화 계수 표준화 오류	표준화 계수 베타	t	유의확률
1	(상수)	98.556	1.994		49.431	.000
	학년=2.0	-3.704	2.935	-.109	-1.262	.209
	학년=3.0	-8.928	3.130	-.246	-2.852	.005

a. 종속변수: 학교생활적응

[그림 6-24] 더미변수에 대한 중다회귀분석 통계 처리 결과

보고서 양식

학년이 학교생활적응에 미치는 영향을 알아보기 위해 학년을 더미변수로 변환하여 독립변수로 하고 학교생활적응을 종속변수로 하여, 입력 방법을 이용하여 중다회귀분석을 실시한 결과는 〈표 6-5〉와 같다.

〈표 6-5〉 학년이 학교생활적응에 미치는 영향

모형		B	β	t	F	R	R^2
1	학년=2	−3.704	−.109	−1.262	4.067*	.222	.049
	학년=3	−8.928	−.246	−2.852**			

$^*p < .05$, $^{**}p < .01$

Reference Group: 학년=1

〈표 6-5〉에서와 같이 학년이 학교생활적응에 영향을 미치는지 알아보기 위해 입력

방법을 이용하여 중다회귀분석을 실시한 결과 회귀모형이 적합한 것으로 나타났으며, ($F=4.607$, $p<.05$) 학교생활적응에 대해 4.9%($R^2=.049$)의 설명력을 나타냈다. 분석 결과 3학년만이 학교생활적응에 유의미한 영향을 미치는 것으로 나타났으며($t=-2.852$, $p<.01$), 2, 3학년 모두 1학년보다 상대적으로 높은 영향력을 미치지 않는 것으로 나타났다.

더미변수로 변환된 범주별로 어느 범주가 종속변수에 영향을 미치는지는 앞에서 살펴보았다. 〈표 6-5〉에서는 2학년과 3학년만 모형에 포함되어 있고 준거집단인 1학년의 결과는 없다. 모형에 포함된 2학년과 3학년의 결과들과 준거집단으로 사용된 1학년과의 비교 과정을 살펴보자. 〈표 6-5〉에서 3학년이 학교생활적응에 통계적으로 유의미한 영향을 미치는지는 t 통계값의 유의성 검정으로 쉽게 알 수 있다. 하지만 1학년이 2, 3학년보다 상대적으로 높은 영향력을 미치는지는 어떻게 알 수 있을까? [그림 6-24]를 보면 비표준화계수인 B값은 상수가 98.556, 2학년은 −3.704, 3학년은 −8.928이다. 앞에서 설명했듯이 상수의 B값은 절편이며, 각 변수의 B값은 기울기가 된다. 따라서 이 값들을 중다회귀등식에 대입하면 다음과 같다.

$$Y' = a_1X_1 + a_2X_2 + b = (-3.704)X_1 + (-8.928)X_2 + 98.556$$

이 회귀등식의 X_1과 X_2에 다음의 값들을 각각 대입해 보자.

학교급
1학년
2학년
3학년

⇨

학년_2학년(X_1)	학년_3학년(X_2)
0	0
1	0
0	1

1학년: $Y' = (-3.704)(0) + (-8.928)(0) + 98.556 = 98.556$

2학년: $Y' = (-3.704)(1) + (-8.928)(0) + 98.556 = 94.852$

3학년: $Y' = (-3.704)(0) + (-8.928)(1) + 98.556 = 89.628$

여기서 2학년은 통계적으로 유의미한 영향을 미치지 않으므로 제외하고, 준거집단인

1학년과 3학년을 비교했을 때 1학년의 Y' 값이 98.556으로 3학년의 Y' 값 89.628보다 크므로 1학년이 3학년보다 학교생활적응에 상대적으로 높은 영향을 미치고 있다고 해석할 수 있다.

6) 중다회귀분석을 이용한 매개효과 검정

(1) 매개효과 검정의 개요

매개효과(mediation effect)란 예측변수(predictor variable, 혹은 독립변수)가 준거변수(criterion variable, 혹은 종속변수)에 미치는 효과를 매개변수(mediator variable)가 매개하는 효과를 말한다. 분석에 사용하는 자료가 종단자료인지 횡단자료인지에 따라 종단자료일 경우 매개효과, 횡단자료일 경우 간접효과라는 용어로 구분하기도 하지만 일반적으로 자료의 종류에 관계없이 매개효과라는 용어를 사용한다. 매개효과 검정이란 독립변수와 종속변수 간의 관계에서 매개변수가 영향을 미치는지 여부를 검정하는 것을 의미한다.

중다회귀분석을 통한 매개효과 검정을 위해 Baron과 Kenny(1986)가 주장한 3단계 위계적 중다회귀분석이 많이 활용되며, 매개효과 모형을 그림으로 나타내면 [그림 6-25]와 같다. 매개효과 모형에서 독립변수가 종속변수에 미치는 효과에는 직접효과, 간접효과, 총효과가 있다. 직접효과(direct effect)는 매개효과 모형에서 매개변수가 있지만 매개변수를 거치지 않고 독립변수가 종속변수에 영향을 미치는 정도이며, 간접효과(indirect effect)는 독립변수가 매개변수를 통해 종속변수에 영향을 미치는 정도를 의미한다. 직접효과와 간접효과를 더한 값이 총효과(total effect)이며, 이것은 매개효과 모형에서 매개변수를 제외하였을 때 독립변수가 종속변수에 미치는 영향과 같다. [그림 6-25]의 매개효과 모형에서 직접효과는 c'이고, 간접효과는 $a \times b$이며, 총효과 c는 $c' + ab$로 계산할 수 있다. 즉, $c = c' + ab$이다.

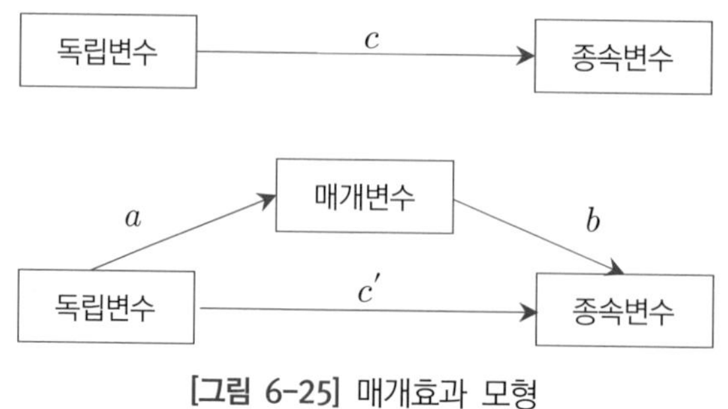

[그림 6-25] 매개효과 모형

매개효과를 검정하기 위해서는 1단계에서 독립변수가 매개변수에 유의미한 영향이 있어야 한다. 즉, [그림 6-25]에서 독립변수와 매개변수 간의 표준화회귀계수(β) a가 통계적으로 유의미해야 한다. 2단계는 독립변수가 종속변수에 유의미한 영향을 미쳐야 한다. 즉, 독립변수와 종속변수 간의 표준화회귀계수(β) c가 통계적으로 유의미해야 한다. 3단계는 독립변수와 매개변수를 모두 독립변수로 설정한 후 종속변수에 미치는 영향력을 알아보기 위해 중다회귀분석을 실시하여 매개변수와 종속변수 간의 표준화회귀계수(β) b가 통계적으로 유의미해야 한다.

위계적 중다회귀분석 결과 3단계에서 독립변수와 종속변수 간의 표준화회귀계수(β) c'가 통계적으로 유의미하지만, 2단계에서의 표준화회귀계수(β) c보다 감소하면 독립변수와 종속변수 사이에서 매개변수가 부분매개를 한다 또는 부분매개효과(partial mediation effect)가 있다고 말한다. 만약 3단계에서 독립변수와 종속변수 간의 표준화회귀계수(β) c'가 통계적으로 유의미하지 않을 경우, 독립변수와 종속변수 사이에서 매개변수가 완전매개를 한다 또는 완전매개효과(full mediation effect)가 있다고 말한다.

부분매개효과가 있는 경우, 매개효과의 통계적 유의성을 검정하기 위해 종종 Sobel test를 실시한다. Sobel test는 1982년 Michael E. Sobel이 개발한 것으로 매개효과(또는 간접효과)인 ab가 정규분포를 이루고 있을 때, 즉 정규성을 가정할 때 사용 가능한 매개효과 유의성 검정방법이다. 만약 정규분포의 가정이 만족되지 않을 때 Sobel Test를 실시하면 2종 오류를 범할 확률이 증가하여 검정력이 떨어지는 문제가 나타날 수 있으므로 유의하여 활용해야 한다. 다시 말해, 매개효과인 ab가 정규분포의 가정을 위배했을 때 Sobel test를 실시하면 영가설이 거짓인데 영가설을 채택하는 오류를 범할 가능성이 높아져 연구자가 원하는 대립가설로 채택될 가능성이 줄어든다. 실제로 매개효과가 통계적으로 유의함에도 불구하고 매개효과가 유의하지 않은 것으로 나타날 가능성이 높다.

이 경우, 경험적 분포를 활용한 방법인 Bootstrapping을 활용하여 매개효과를 검정할 수 있다. Bootstrapping은 Sobel test에 비해 통계적 검정력이 높아, 영가설을 기각하고 대립가설을 채택할 확률이 높아 연구자가 원하는 결과가 나올 가능성이 높다. Bootstrapping은 SPSS 프로그램의 회귀분석에서 실행할 수 있으며, 실행 결과 독립변수와 매개변수, 매개변수와 종속변수 간의 신뢰구간 하한(lower limit)과 상한(upper limit) 사이에 0이 없으면 매개효과가 통계적으로 유의하다고 해석한다.

Sobel test는 1단계에서의 독립변수와 매개변수, 3단계에서의 매개변수와 종속변수 간의 비표준회귀계수(B)와 표준오차(Standard Error: SE)의 값을 사용하여 통계적 유의성을 검정한다. Sobel Test 결과 Sobel Test 값인 Z값이 절대값 기준으로 2.58보다 크면 1%의 유의수준에서, 1.96보다 크면 5%의 유의수준에서 매개효과가 유의하다고 판정한다. Sobel test의 검정통계량인 Z값의 계산식은 다음과 같다.

$$Z = \frac{ab}{\sqrt{(a^2 SE_b^2) + (b^2 SE_a^2)}}$$

Sobel test Z값 위의 공식을 사용해도 되지만 Sobel test Z값 계산기 프로그램을 통해서 쉽게 계산을 할 수 있다. 인터넷의 Free Sobel Test Calculator for the Significance of Mediation에 접속하면 [그림 6-26]과 같은 창이 뜬다. A 칸에는 독립변수 → 매개변수의 비표준화계수 B값을, B 칸에는 매개변수 → 종속변수의 비표준화계수 B값을 입력한다. 그리고 SE_A에는 독립변수 → 매개변수의 표준오차, SE_B에는 매개변수 → 종속변수의 표준오차를 입력한 후 Calculate!를 클릭하면 Sobel test Z값과 함께 유의확률이 제시된다.

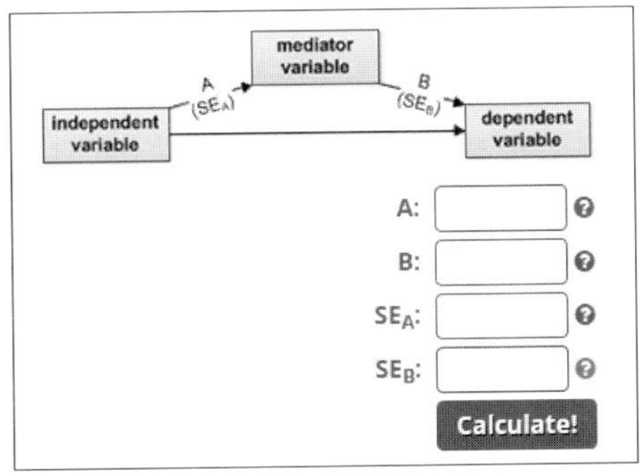

[그림 6-26] Sobel test Z 값 계산기

Sobel test Z값 계산기를 활용하여 다음 〈표 6-6〉 전공만족도와 대학생활적응 간의 관계에서 진로성숙도의 매개효과 검정 자료의 Sobel test Z값을 계산하면 다음과 같다.

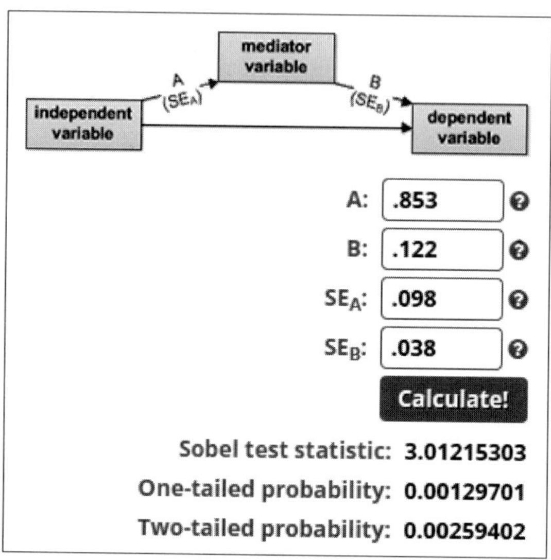

[그림 6-27] Sobel test Z 값 계산 과정

[그림 6-27]에서와 같이 전공만족도와 대학생활적응 간의 관계에서 진로성숙도의 매개6효과에 대한 Sobel test Z값을 검정한 결과 Sobel test Z값은 3.012($p < .01$)로 나타났으므로 매개효과는 통계적으로 유의미한 것으로 해석한다.

이와 함께 변수들 간 다중공선성 진단을 위해 공차한계(tolerance)와 분산팽창계수(VIF)를 제시할 필요가 있다. 공차한계가 0.1보다 작거나 VIF가 10 이상이면 변수들 간에 다중공선성이 있다고 판단한다.

(2) 매개효과 검정의 통계 처리 과정 및 보고서 양식

【제6장 중다회귀분석자료(매개효과)】 자료를 사용하여 대학생의 전공만족도와 대학생활적응 간의 관계에서 진로성숙도의 매개효과에 대한 통계 처리 과정 및 보고서 양식을 살펴보자.

연구문제

대학생의 전공만족도와 대학생활적응 간의 관계에서 진로성숙도의 매개효과는 어떠한가?

SPSS 통계 처리 과정

1단계: 매개효과 검정의 1단계 분석

① SPSS 데이터 편집기에서 해당 파일을 불러온 후 분석(A) → 회귀분석(R) → 선형(L) 버튼을 클릭한다.

[그림 6-28] 매개효과 검정 1단계 분석을 위한 중다회귀분석의 통계 처리 과정 1

② 매개변수를 종속변수(D) 창으로 독립변수를 독립변수(I) 창으로 이동시킨 후 방법(M)에서 입력을 선택한다. 통계량(S) 버튼을 클릭하여 공선성 진단(L)에 체크한 후 계속(C) 버튼을 클릭하고, 붓스트랩(B) 버튼을 클릭하여 붓스트랩 수행(P)에 체크하고 계속(C) 버튼을 클릭한다.

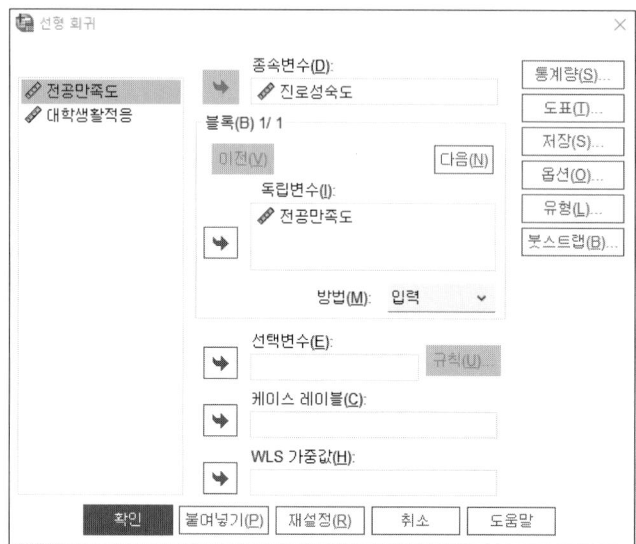

[그림 6-29] 매개효과 검정 1단계 분석을 위한 중다회귀분석의 통계 처리 과정 2

③ 확인 버튼을 클릭하면 다음과 같은 결과 창이 나타난다.

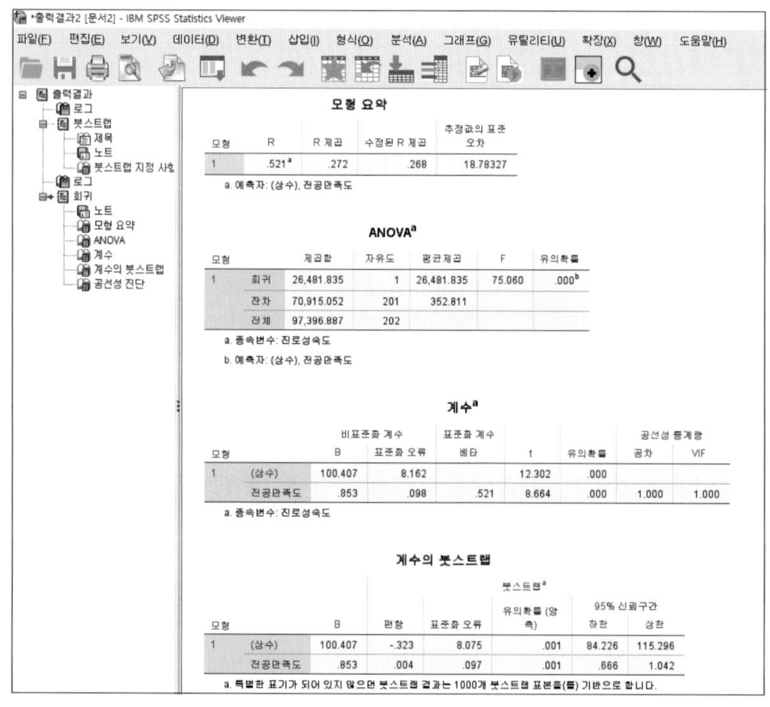

모형 요약

모형	R	R 제곱	수정된 R 제곱	추정값의 표준오차
1	.521[a]	.272	.268	18.78327

a. 예측자: (상수), 전공만족도

ANOVA[a]

모형		제곱합	자유도	평균제곱	F	유의확률
1	회귀	26,481.835	1	26,481.835	75.060	.000[b]
	잔차	70,915.052	201	352.811		
	전체	97,396.887	202			

a. 종속변수: 진로성숙도

b. 예측자: (상수), 전공만족도

계수[a]

모형		비표준화 계수 B	비표준화 계수 표준화 오류	표준화 계수 베타	t	유의확률	공선성 통계량 공차	공선성 통계량 VIF
1	(상수)	100.407	8.162		12.302	.000		
	전공만족도	.853	.098	.521	8.664	.000	1.000	1.000

a. 종속변수: 진로성숙도

계수의 붓스트랩

모형		B	붓스트랩[a] 편향	붓스트랩[a] 표준화 오류	붓스트랩[a] 유의확률 (양측)	95% 신뢰구간 하한	95% 신뢰구간 상한
1	(상수)	100.407	-.323	8.075	.001	84.226	115.296
	전공만족도	.853	.004	.097	.001	.666	1.042

a. 특별한 표기가 되어 있지 않으면 붓스트랩 결과는 1000개 붓스트랩 표본을(를) 기반으로 합니다.

[그림 6-30] 매개효과 검정 1단계 분석을 위한 중다회귀분석의 통계 처리 결과

2단계: 매개효과 검정의 2단계 분석

① SPSS 데이터 편집기에서 해당 파일을 불러온 후 분석(A) → 회귀분석(R) → 선형(L) 버튼을 클릭한다.

[그림 6-31] 매개효과 검정 2단계 분석을 위한 중다회귀분석의 통계 처리 과정 1

② 종속변수를 종속변수(D) 창으로 독립변수를 독립변수(I) 창으로 이동시킨 후 방법(M)에서 입력을 선택한다. 통계량(S) 버튼을 클릭하여 공선성 진단(L)에 체크한 후 계속(C) 버튼을 클릭하고, 붓스트랩(B) 버튼을 클릭하여 붓스트랩 수행(P)에 체크하고 계속(C) 버튼을 클릭한다.

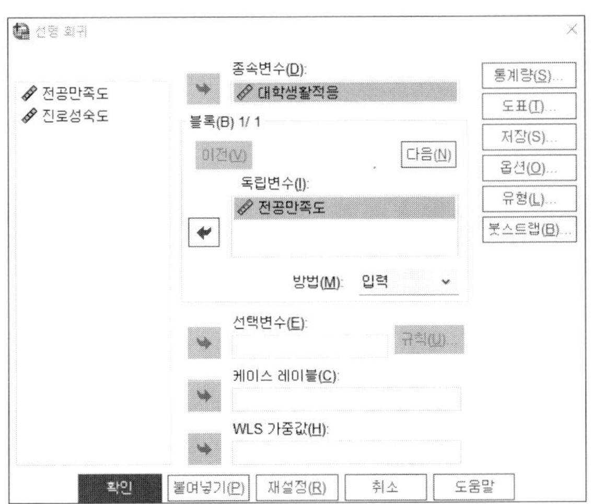

[그림 6-32] 매개효과 검정 2단계 분석을 위한 중다회귀분석의 통계 처리 과정 2

③ 확인 버튼을 클릭하면 다음과 같은 결과 창이 나타난다.

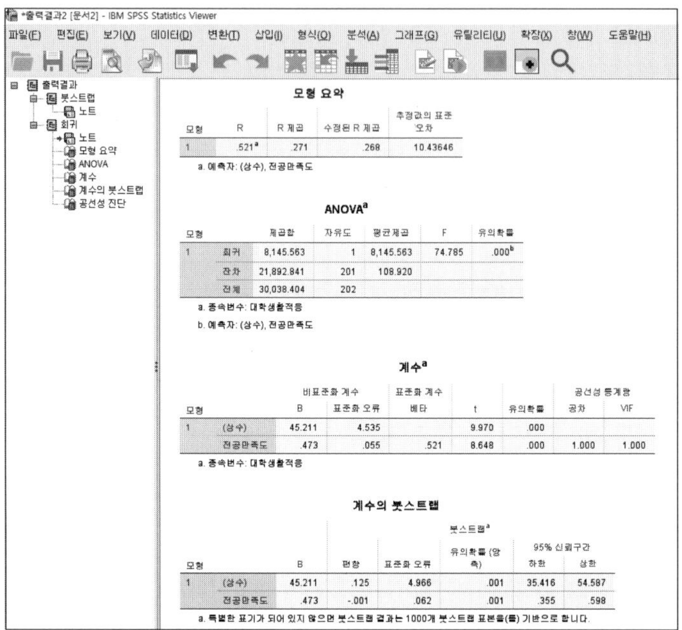

모형 요약

모형	R	R 제곱	수정된 R 제곱	추정값의 표준오차
1	.521[a]	.271	.268	10.43646

a. 예측자: (상수), 전공만족도

ANOVA[a]

모형		제곱합	자유도	평균제곱	F	유의확률
1	회귀	8,145.563	1	8,145.563	74.785	.000[b]
	잔차	21,892.841	201	108.920		
	전체	30,038.404	202			

a. 종속변수: 대학생활적응

b. 예측자: (상수), 전공만족도

계수[a]

모형		비표준화 계수 B	비표준화 계수 표준화 오류	표준화 계수 베타	t	유의확률	공선성 통계량 공차	공선성 통계량 VIF
1	(상수)	45.211	4.535		9.970	.000		
	전공만족도	.473	.055	.521	8.648	.000	1.000	1.000

a. 종속변수: 대학생활적응

계수의 붓스트랩

모형		B	붓스트랩[a] 편향	붓스트랩[a] 표준화 오류	붓스트랩[a] 유의확률 (양측)	95% 신뢰구간 하한	95% 신뢰구간 상한
1	(상수)	45.211	.125	4.966	.001	35.416	54.587
	전공만족도	.473	-.001	.062	.001	.355	.598

a. 특별한 표기가 되어 있지 않으면 붓스트랩 결과는 1000개 붓스트랩 표본을(를) 기반으로 합니다.

[그림 6-33] 매개효과 검정 2단계 분석을 위한 중다회귀분석의 통계 처리 결과

3단계: 매개효과 검정의 3단계 분석

① SPSS 데이터 편집기에서 해당 파일을 불러온 후 분석(A) → 회귀분석(R) → 선형(L) 버튼을 클릭한다.

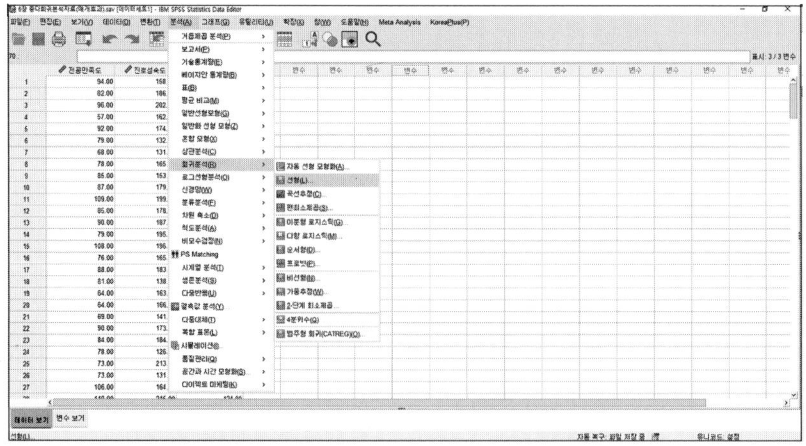

[그림 6-34] 매개효과 검정 3단계 분석을 위한 중다회귀분석의 통계 처리 과정 1

② 종속변수를 종속변수(D) 창으로 독립변수와 매개변수를 독립변수(I) 창으로 이동시킨 후 방법(M)에서 입력을 선택한다. 통계량(S) 버튼을 클릭하여 공선성 진단(L)에 체크한 후 계속(C) 버튼을 클릭하고, 붓스트랩(B) 버튼을 클릭하여 붓스트랩 수행(P)에 체크하고 계속(C) 버튼을 클릭한다.

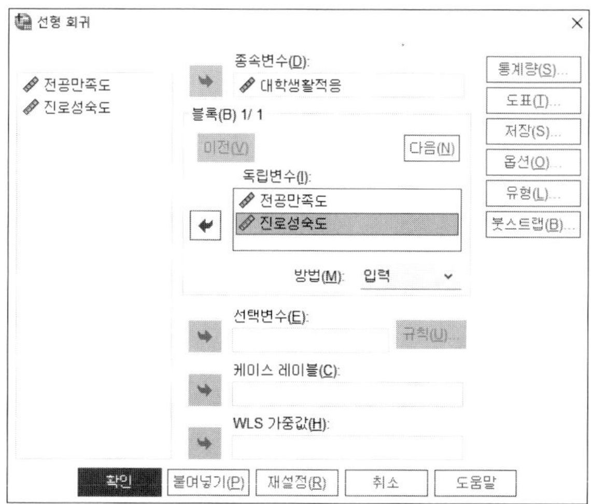

[그림 6-35] 매개효과 검정 3단계 분석을 위한 중다회귀분석의 통계 처리 과정 2

③ 확인 버튼을 클릭하면 다음과 같은 결과 창이 나타난다.

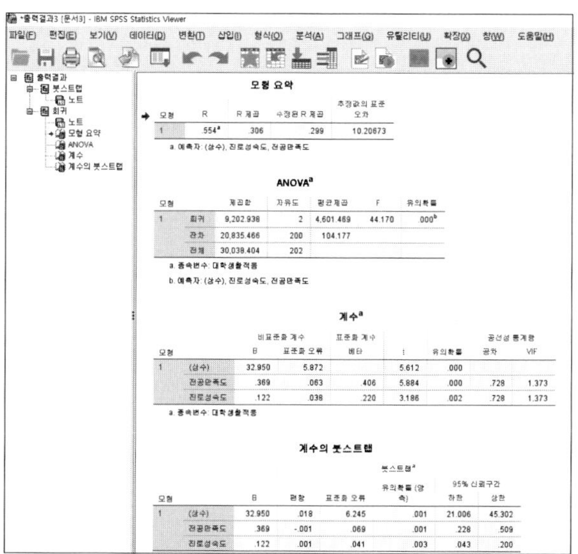

모형 요약

모형	R	R 제곱	수정된 R 제곱	추정값의 표준오차
1	.554[a]	.306	.299	10.20673

a. 예측자: (상수), 진로성숙도, 전공만족도

ANOVA[a]

모형		제곱합	자유도	평균제곱	F	유의확률
1	회귀	9,202.938	2	4,601.469	44.170	.000[b]
	잔차	20,835.466	200	104.177		
	전체	30,038.404	202			

a. 종속변수: 대학생활적응
b. 예측자: (상수), 진로성숙도, 전공만족도

계수[a]

모형		비표준화 계수 B	비표준화 계수 표준화 오류	표준화 계수 베타	t	유의확률	공선성 통계량 공차	공선성 통계량 VIF
1	(상수)	32.950	5.872		5.612	.000		
	전공만족도	.369	.063	.406	5.884	.000	.728	1.373
	진로성숙도	.122	.038	.220	3.186	.002	.728	1.373

a. 종속변수: 대학생활적응

계수의 붓스트랩

모형		B	붓스트랩[a] 편향	붓스트랩[a] 표준화 오류	붓스트랩[a] 유의확률 (양측)	95% 신뢰구간 하한	95% 신뢰구간 상한
1	(상수)	32.950	.018	6.245	.001	21.006	45.302
	전공만족도	.369	-.001	.069	.001	.228	.509
	진로성숙도	.122	.001	.041	.003	.043	.200

[그림 6-36] 매개효과 검정 3단계 분석을 위한 중다회귀분석의 통계 처리 결과

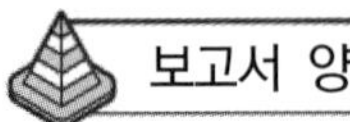

보고서 양식

전공만족도와 대학생활적응 간의 관계에서 진로성숙도의 매개효과 모형은 [그림 6-37]과 같다.

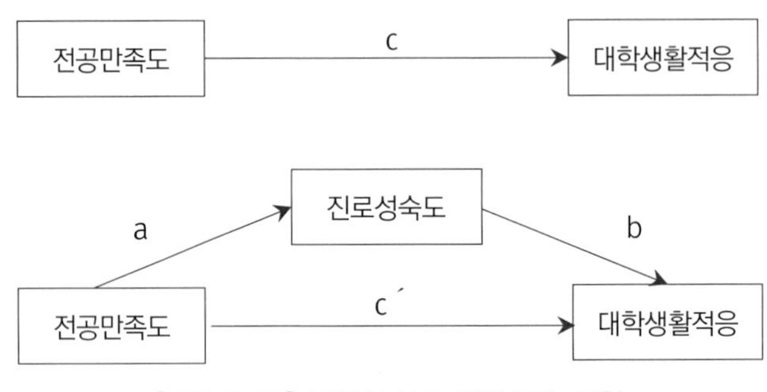

[그림 6-37] 진로성숙도 매개효과 모형

전공만족도와 대학생활적응 간의 관계에서 진로성숙도의 매개효과를 검정하기 위해 Baron과 Kenny(1986)가 주장한 3단계의 위계적 회귀분석을 실시한 결과는 〈표 6-6〉과 같고, 이를 도식화한 것은 [그림 6-38]과 같다.

〈표 6-6〉 전공만족도와 대학생활적응 간의 관계에서 진로성숙도의 매개효과 검정

단계	변수	B	SE	β	F	R^2	다중공선성		붓스트랩	
							공차	VIF	하한	상한
1단계 (독립 → 매개)	전공만족도 →진로성숙도	.853	.098	.521**	75.060**	.272	1.000	1.000	.670	1.034
2단계 (독립 → 종속)	전공만족도 →대학생활적응	.473	.055	.521**	74.785**	.271	1.000	1.000	.353	.590
3단계 (독립 · 매개 → 종속)	전공만족도 →대학생활적응	.369	.063	.406**	44.170**	.306	.728	1.373	.231	.496
	진로성숙도 →대학생활적응	.122	.038	.220**			.728	1.373	.046	.204

$^{**}p < .01$

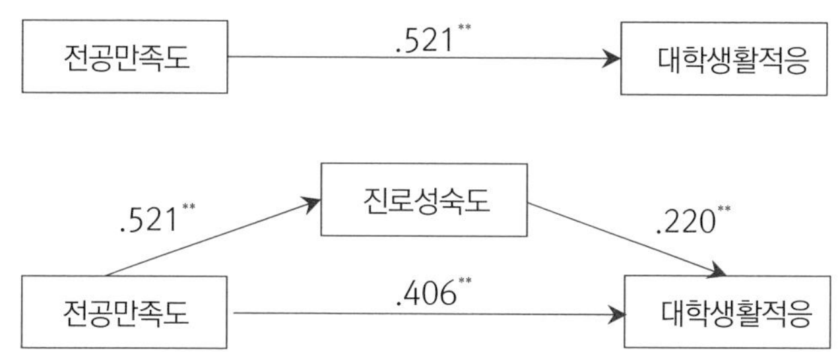

[그림 6-38] 전공만족도와 대학생활적응 간의 관계에서 진로성숙도의 매개효과

전공만족도와 대학생활적응 간의 관계에서 진로성숙도의 매개효과를 검정하기 위해 Baron과 Kenny(1986)가 제안한 3단계 회귀분석을 실시한 결과, 1단계에서 전공만족도가 진로성숙도에 통계적으로 유의한 영향을 미치며($\beta=.521$, $p<.01$), 2단계에서 전공만족도가 대학생활적응에 통계적으로 유의미하게 영향을 미치는 것으로 나타났다($\beta=.521$, $p<.01$). 3단계에서 전공만족도가 대학생활적응에 미치는 영향을 통제한 상태에서 진로성숙도가 대학생활적응에 유의미한 영향을 미치는 것으로 나타났다($\beta=.220$, $p<.01$). 진로성숙도를 투입하였을 때 전공만족도가 대학생활적응에 미치는 영향이 다소 감소하였지만 여전히 유의하였다($\beta=.521 \rightarrow \beta=.406$). 따라서 전공만족도와 대학생활적응 간의 관계에서 진로성숙도는 부분매개효과가 있다.

매개효과의 통계적 유의성 검정을 위해 Sobel test를 실시한 결과, Sobel test Z값은 3.01($p<.01$)로 전공만족도와 대학생활적응 간의 관계에서 진로성숙도의 부분매개효과는 통계적으로 유의한 것으로 나타났다. 매개효과의 통계적 유의성 검정을 위해 Bootstrapping을 실시한 결과, 독립변수 → 매개변수, 매개변수 → 종속변수 간의 하한과 상한 간의 신뢰구간에 0이 포함되지 않아 매개효과는 유의한 것으로 나타났다.

변수들 간의 다중공선성 존재 유무를 검정하기 위해 공차한계와 분산팽창지수(VIF)를 산출한 결과 공차한계는 0.1보다 크며, VIF는 10 이하로 나타나 다중공선성은 없는 것으로 나타났다.

7) 중다회귀분석을 이용한 조절효과 검정

(1) 조절효과 검정의 개요

조절효과(moderation effect)란 독립변수와 종속변수 간의 관계에서 독립변수가 종속변수에 미치는 영향의 크기나 방향이 조절변수의 값에 따라 달라지는 정도를 의미한다. 만약 독립변수가 종속변수에 미치는 영향의 크기나 방향이 조절변수에 의해 달라진다면 독립변수의 종속변수에 대한 영향이 조절변수에 의해 조절된다고 한다. 조절변수(moderating variable)란 독립변수가 종속변수에 미치는 영향을 조절하는 변수를 의미한다. 즉, 조절변수는 독립변수와 종속변수 간의 관계에서 영향의 크기 또는 강도(strength)나 방향(direction)을 변화시키는 변수이다. 여기서 영향의 크기가 변화된다는 것은 회귀계수가 더 커지거나 작아지는 것을 의미하며, 방향이 변화된다는 것은 회귀계수가 양수(+)에서 음수(−)로 바뀌거나 반대로 음수(−)에서 양수(+)로 바뀌는 것을 의미한다.

매개효과를 검정하기 위해서는 독립변수가 매개변수에 유의미한 영향이 있어야 하지만, 조절효과 검정에서 조절변수는 독립변수와 반드시 관련이 있을 필요는 없다. 더미변수를 이용한 회귀분석처럼 일부 회귀분석에서는 독립변수가 범주형 변수인 경우가 있지만, 대부분의 회귀분석에서 독립변수와 매개변수는 연속변수이다. 이에 비해 조절변수는 성별 등과 같은 질적 변수, 지능 수준을 상, 중, 하로 구분한 범주형 변수 그리고 연속변수 모두를 사용하여 분석할 수 있다.

독립변수와 종속변수 간의 관계에서 조절변수의 영향을 조절효과라고 한다. 조절효과에는 강화효과, 완화효과, 대립효과가 있다. 독립변수와 조절변수 둘 다 종속변수에 같은 방향으로 영향을 미치고 조절변수의 크기가 클수록 독립변수가 종속변수에 미치는 효과가 더 커지게 되는 것을 강화효과(reinforcement effect)라고 한다. 예를 들어, 교수의 수업전문성이 학생의 학업성취도에 미치는 영향에서 지능의 조절효과 연구에서 독립변수인 수업전문성과 조절변수인 지능은 둘 다 종속변수인 학업성취도에 영향을 미치고 지능이 높을수록 수업전문성이 학업성취도에 미치는 효과가 더 커지게 되는 경우가 바로 강화효과이다. 이와는 반대로 조절변수가 독립변수와 종속변수 간의 관계를 약화시키는 경우도 있다. 예를 들어, 스트레스가 자살 생각에 미치는 영향은 자아탄력성에 의해 감소될 수 있는데, 이를 완충효과(buffering effect)라고 한다. 대립효과(antagonistic effect)는 강화효과와 같이 독립변수와 조절변수 둘 다 종속변수에 같은 방향으로 영향을 미치지만 조절변수의 크기가 클수록 독립변수가 종속변수에 미치는 효과가 더 줄어드는 것을 말한다. 예를 들어, 지능과 학업성취도 간의 관계에서 창의성의 조절효과 연구에서 조절변수인 창의성의 효과가 클수록 지능이 학업성취도에 미치는 영향이 줄어든다면 조절효과 중 대립효과가 있다는 것을 의미한다.

중다회귀분석을 통한 조절효과 검정을 위해 Baron과 Kenny(1986)가 주장한 3단계의 위계적 회귀분석이 많이 활용되며, 조절효과의 개념적 모형을 그림으로 나타내면 [그림 6-39]와 같다.

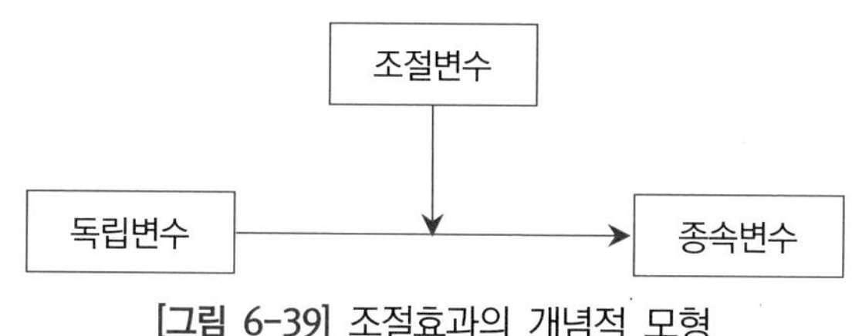

[그림 6-39] 조절효과의 개념적 모형

Baron과 Kenny(1986)가 주장한 3단계의 위계적 회귀분석을 통해 조절효과를 검정하는 방법은 다음과 같다. 먼저, 1단계는 독립변수가 종속변수에 미치는 영향이 유의미한지 확인한다. 2단계는 독립변수와 조절변수가 종속변수에 미치는 영향이 유의미한지 확인한다. 3단계는 독립변수와 조절변수, 그리고 상호작용변수(독립변수×조절변수)를 모두 독립변수로 설정하여 종속변수에 미치는 영향이 유의미한지 확인한다. 이때 상호작용변수(interaction variable)가 종속변수에 유의미한 영향을 미치면 독립변수와 종속변수 간에 조절변수의 조절효과가 있다고 한다. 이와 같은 내용을 기반으로 조절효과에 대한 통계적 모형을 그림으로 제시하면 [그림 6-40]과 같다.

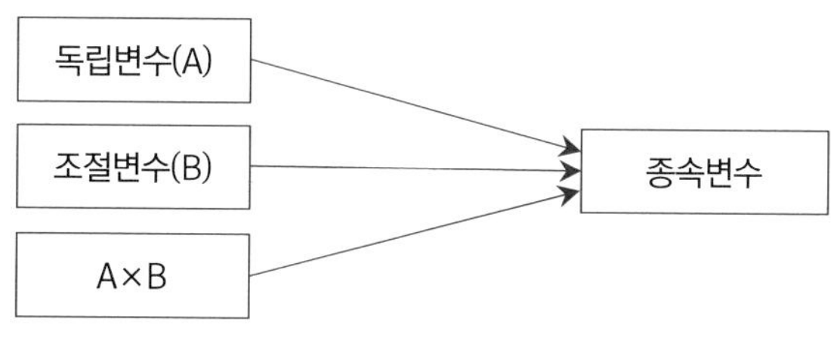

[그림 6-40] 조절효과의 통계적 모형

조절효과를 검정하기 위해 독립변수와 조절변수를 곱한 값으로 상호작용변수를 생성한다. 하지만 독립변수와 조절변수의 유사성으로 인해 독립변수와 조절변수를 곱한 값은 편향될 가능성이 높다. Aiken과 West(1991)가 독립변수와 조절변수 간에 존재하는 상관관계로 인하여 다중공선성의 문제가 발생할 수 있으며, 그 결과 상호작용변수에 대한 통계적 검정력의 저하를 가져올 가능성이 높기 때문에 조절변수가 연속변수일 경우 평균중심화의 필요성을 제기하였다. 평균중심화(centering)란 각 변수에서 해당 변수의 평균을 뺀 편차 점수를 구하는 것을 의미한다. 즉, 상호작용변수를 생성할 때 독립변수의 편차 점수와 조절변수의 편차 점수의 곱으로 계산하는 것이다. 일부 학자는 조절효과를 검정하는 과정에서 평균중심화가 필요 없다는 연구결과도 제시하고 있다. 조절효과 검정에서 평균중심화와 함께 독립변수와 조절변수를 표준 점수로 변환하여 그 곱을 상호작용변수로 사용하는 경우도 있다. 표준 점수(Z)는 각 변수에서 해당 변수의 평균을 뺀 편차 점수를 그 변수의 표준편차로 나눈 값을 의미한다. 평균중심화를 통한 편차 점수나 표준 점수를 사용하여 상호작용변수를 생성하면, 다중공선성 문제도 해결할 수 있으며 통계적 검정력도 높일 수 있다.

조절효과분석을 이해하기 위해 단순회귀등식, 중다회귀등식, 그리고 조절효과 회귀등식을 하나씩 살펴보자. 먼저 단순회귀분석은 하나의 독립변수와 하나의 종속변수 간의 관계이므로 단순회귀등식은 다음과 같다. 여기서 a는 독립변수의 회귀계수이며, b는 절편이다.

$$\text{단순회귀등식:}\ Y' = aX_i + b$$

중다회귀분석은 두 개 이상의 독립변수가 하나의 종속변수에 미치는 영향을 분석하는 것이다. 만약 독립변수가 두 개일 경우, 중다회귀등식은 다음과 같다. 여기서 a_1은 첫 번째 독립변수의 회귀계수이며, a_2는 두 번째 독립변수의 회귀계수이고, b는 절편이다.

$$\text{중다회귀등식:}\ Y' = a_1X_1 + a_2X_2 + b$$

조절효과분석은 독립변수가 두 개 이상이라는 점에서 중다회귀분석과 같다. 하지만 여기에 상호작용변수가 추가되므로 독립변수를 X, 조절변수를 M이라고 할 때 조절효과 회귀등식은 다음과 같다. 여기서 a_1은 독립변수의 회귀계수이며, a_2는 조절변수의 회귀계수이고, a_3는 독립변수와 조절변수의 상호작용에 대한 회귀계수이다. b는 절편이다. 여기서 독립변수와 조절변수의 상호작용에 대한 회귀계수인 a_3가 유의미하면 조절효과가 통계적으로 유의미하다고 할 수 있다.

$$조절효과\ 회귀등식:\ Y' = a_1X_i + a_2M_i + a_3X_i \times M_i + b$$

만약 조절변수가 성별과 같은 질적 변수 또는 범주변수일 경우, 더미변수를 활용한 중다회귀분석 과정을 거쳐야 한다. 독립변수를 X, 더미변수로 된 조절변수를 D라고 할 때, 조절효과회귀등식은 다음과 같다.

$$더미변수의\ 조절효과\ 회귀등식:\ Y' = a_1X_i + a_2D_i + a_3X_i \times D_i + b$$

여기서 성별에 대한 더미변수에서 남자는 0, 여자는 1이라고 할 때, 남자에 대한 조절효과 회귀등식은 D_i에 0을 대입하면 $Y' = aX_i + b$가 된다. 여자에 대한 조절효과 회귀등식은 D_i에 1을 대입하면 $Y' = (a_1 + a_3)X_i + (b + a_2)$가 된다. 여기서 a_2가 유의하다는 것은 더미변수 1로 코딩한 여자가 남자보다 종속변수의 특성에 대한 값이 높다는 것을 의미하며, a_3는 상호작용변수에 대한 회귀계수로 a_3가 유의하다는 것은 독립변수의 변화에 따른 종속변수의 변화율이 남자보다 여자가 더 높다는 것을 의미한다. 즉, 독립변수가 1만큼 증가할 때 여자가 남자보다 종속변수가 더 많이 증가된다는 것을 의미한다. 이와 같은 경우, 독립변수와 종속변수 간의 관계에서 조절변수인 성별은 유의미한 조절효과가 있다고 해석한다.

(2) 조절효과 검정의 통계 처리 과정 및 보고서 양식

【제6장 중다회귀분석자료(조절효과)】 자료를 사용하여 고등학생의 학습동기와 학습몰입 간의 관계에서 창의적 인성의 조절효과 검정의 통계 처리 과정 및 보고서 양식을 살펴보자.

 **연구문제**

고등학생의 학습동기와 학습몰입 간의 관계에서 창의적 인성의 조절효과는 어떠한가?

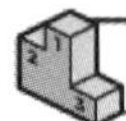

SPSS 통계 처리 과정

1단계: 조절효과 검정의 1단계 분석

① SPSS 데이터 편집기에서 해당 파일을 불러온 후 분석(A) → 회귀분석(R) → 선형(L) 버튼을 클릭한다.

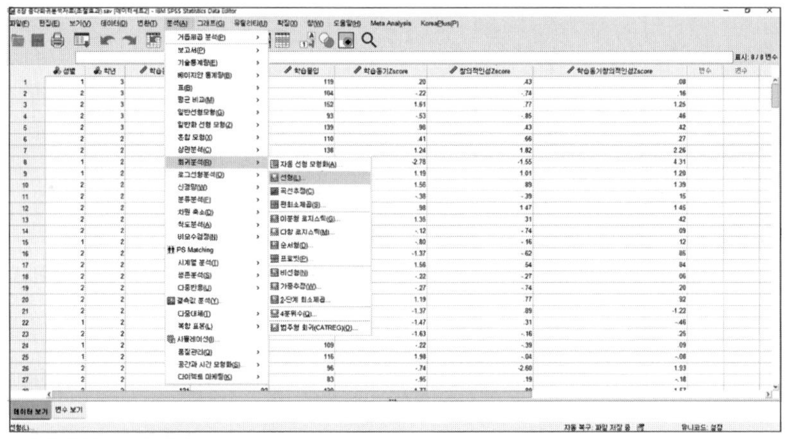

[그림 6-41] 조절효과 검정 1단계 분석을 위한 중다회귀분석의 통계 처리 과정 1

② 종속변수를 종속변수(D) 창으로 독립변수를 독립변수(I) 창으로 이동시킨 후 방법(M)에서 입력을 선택한다. 통계량(S) 버튼을 클릭하여 공선성 진단(L)에 체크한 후 계속(C) 버튼을 클릭한다.

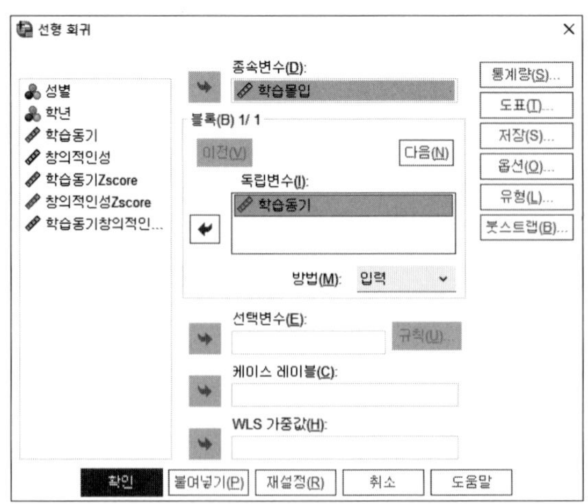

[그림 6-42] 조절효과 검정 1단계 분석을 위한 중다회귀분석의 통계 처리 과정 2

③ 확인 버튼을 클릭하면 다음과 같은 결과 창이 나타난다.

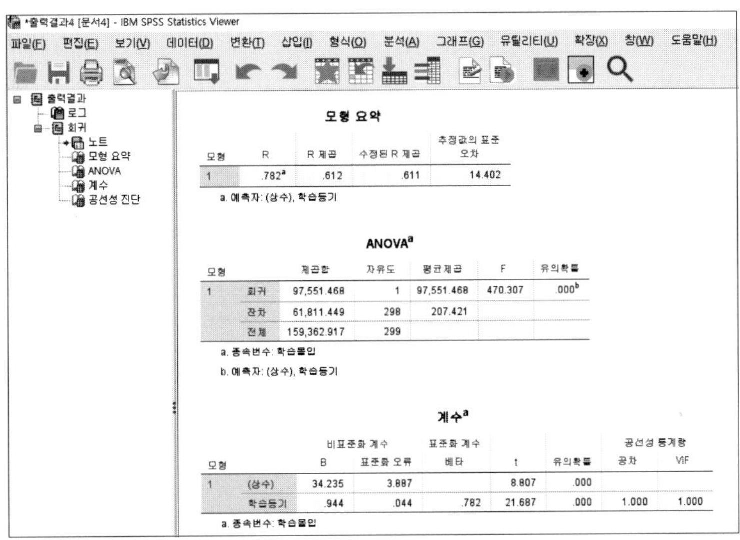

모형 요약

모형	R	R 제곱	수정된 R 제곱	추정값의 표준오차
1	.782[a]	.612	.611	14.402

a. 예측자: (상수), 학습동기

ANOVA[a]

모형		제곱합	자유도	평균제곱	F	유의확률
1	회귀	97,551.468	1	97,551.468	470.307	.000[b]
	잔차	61,811.449	298	207.421		
	전체	159,362.917	299			

a. 종속변수: 학습몰입

b. 예측자: (상수), 학습동기

계수[a]

모형		비표준화 계수 B	비표준화 계수 표준화 오류	표준화 계수 베타	t	유의확률	공선성 통계량 공차	공선성 통계량 VIF
1	(상수)	34.235	3.887		8.807	.000		
	학습동기	.944	.044	.782	21.687	.000	1.000	1.000

a. 종속변수: 학습몰입

[그림 6-43] 조절효과 검정 1단계 분석을 위한 중다회귀분석의 통계 처리 결과

2단계: 조절효과 검정의 2단계 분석

① SPSS 데이터 편집기에서 해당 파일을 불러온 후 분석(A) → 회귀분석(R) → 선형(L) 버튼을 클릭한다.

[그림 6-44] 조절효과 검정 2단계 분석을 위한 중다회귀분석의 통계 처리 과정 1

② 종속변수를 종속변수(D) 창으로 독립변수와 조절변수를 독립변수(I) 창으로 이동시킨 후 방법(M)에서 입력을 선택한다. 통계량(S) 버튼을 클릭하여 공선성 진단(L)에 체크한 후 계속(C) 버튼을 클릭한다.

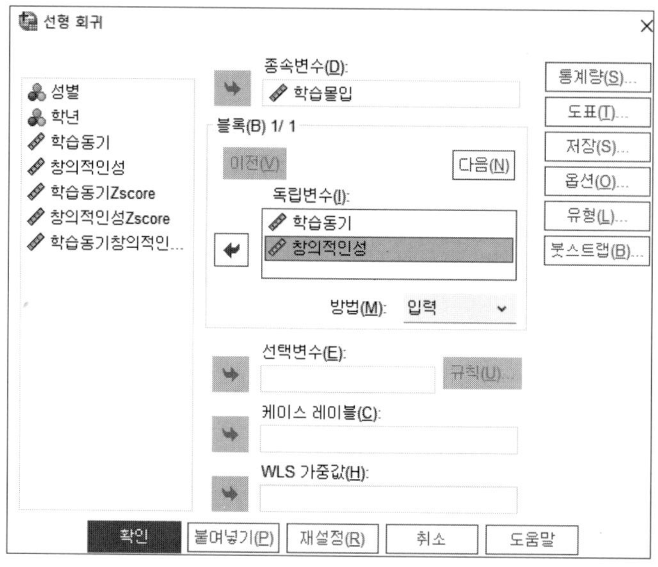

[그림 6-45] 조절효과 검정 2단계 분석을 위한 중다회귀분석의 통계 처리 과정 2

③ 확인 버튼을 클릭하면 다음과 같은 결과 창이 나타난다.

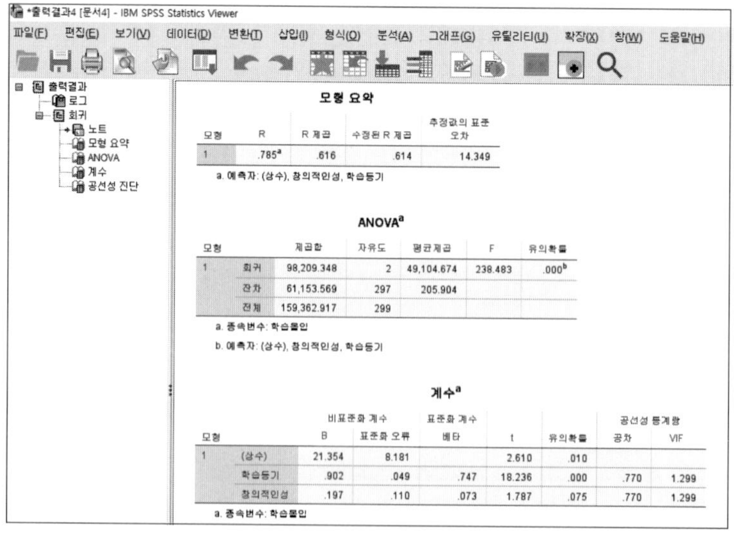

모형 요약

모형	R	R 제곱	수정된 R 제곱	추정값의 표준오차
1	.785[a]	.616	.614	14.349

a. 예측자: (상수), 창의적인성, 학습동기

ANOVA[a]

모형		제곱합	자유도	평균제곱	F	유의확률
1	회귀	98,209.348	2	49,104.674	238.483	.000[b]
	잔차	61,153.569	297	205.904		
	전체	159,362.917	299			

a. 종속변수: 학습몰입
b. 예측자: (상수), 창의적인성, 학습동기

계수[a]

모형		비표준화 계수 B	비표준화 계수 표준화 오류	표준화 계수 베타	t	유의확률	공선성 통계량 공차	공선성 통계량 VIF
1	(상수)	21.354	8.181		2.610	.010		
	학습동기	.902	.049	.747	18.236	.000	.770	1.299
	창의적인성	.197	.110	.073	1.787	.075	.770	1.299

a. 종속변수: 학습몰입

[그림 6-46] 조절효과 검정 2단계 분석을 위한 중다회귀분석의 통계 처리 결과

3단계: 조절효과 검정의 3단계 분석

① SPSS 데이터 편집기에서 해당 파일을 불러온 후 분석(A) → 회귀분석(R) → 선형(L) 버튼을 클릭한다.

[그림 6-47] 조절효과 검정 3단계 분석을 위한 중다회귀분석의 통계 처리 과정 1

② 종속변수를 종속변수(D) 창으로 독립변수(A)와 조절변수(B), 상호작용변수(A×B)를 독립변수(I) 창으로 이동시킨 후 방법(M)에서 입력을 선택한다. 통계량(S) 버튼을 클릭하여 공선성 진단(L)에 체크한 후 계속(C) 버튼을 클릭한다.

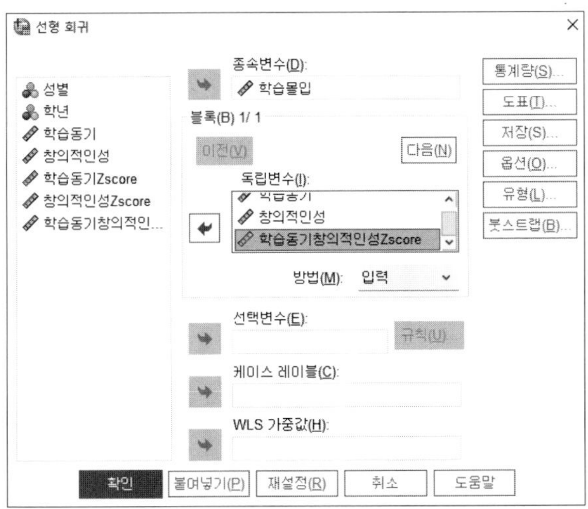

[그림 6-48] 조절효과 검정 3단계 분석을 위한 중다회귀분석의 통계 처리 과정 2

③ 확인 버튼을 클릭하면 다음과 같은 결과 창이 나타난다.

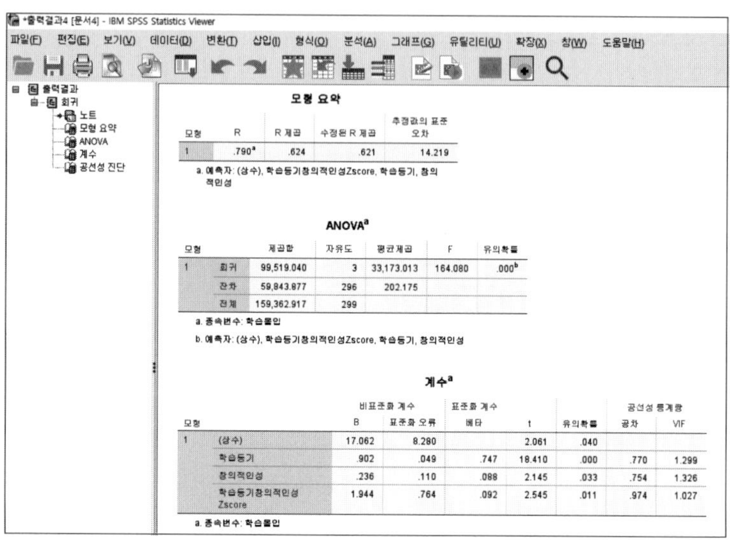

모형 요약

모형	R	R 제곱	수정된 R 제곱	추정값의 표준오차
1	.790[a]	.624	.621	14.219

a. 예측자: (상수), 학습동기창의적인성Zscore, 학습동기, 창의적인성

ANOVA[a]

모형		제곱합	자유도	평균제곱	F	유의확률
1	회귀	99,519.040	3	33,173.013	164.080	.000[b]
	잔차	59,843.877	296	202.175		
	전체	159,362.917	299			

a. 종속변수: 학습몰입

b. 예측자: (상수), 학습동기창의적인성Zscore, 학습동기, 창의적인성

계수[a]

모형		비표준화 계수		표준화 계수	t	유의확률	공선성 통계량	
		B	표준화 오류	베타			공차	VIF
1	(상수)	17.062	8.280		2.061	.040		
	학습동기	.902	.049	.747	18.410	.000	.770	1.299
	창의적인성	.236	.110	.088	2.145	.033	.754	1.326
	학습동기창의적인성 Zscore	1.944	.764	.092	2.545	.011	.974	1.027

a. 종속변수: 학습몰입

[그림 6-49] 조절효과 검정 3단계 분석을 위한 중다회귀분석의 통계 처리 결과

보고서 양식

고등학생의 학습동기와 학습몰입 간의 관계에서 창의적 인성의 조절효과를 분석하기 위하여 위계적 회귀분석을 실시한 결과는 〈표 6-7〉과 같고, 이를 도식화한 것은 [그림 6-50]과 같다.

〈표 6-7〉 학습동기와 학습몰입 간의 관계에서 창의적 인성의 조절효과

단계	변수	B	β	F	R^2	ΔR^2
1	학습동기(A)	.944	.782**	470.307**	.612	–
2	학습동기(A)	.902	.747**	238.483**	.616	.004
	창의적 인성(B)	.197	.073			
3	학습동기(A)	.902	.747**	164.080**	.624	.008
	창의적 인성(B)	.236	.088*			
	A×B	1.944	.092*			

$^*p < .05$, $^{**}p < .01$

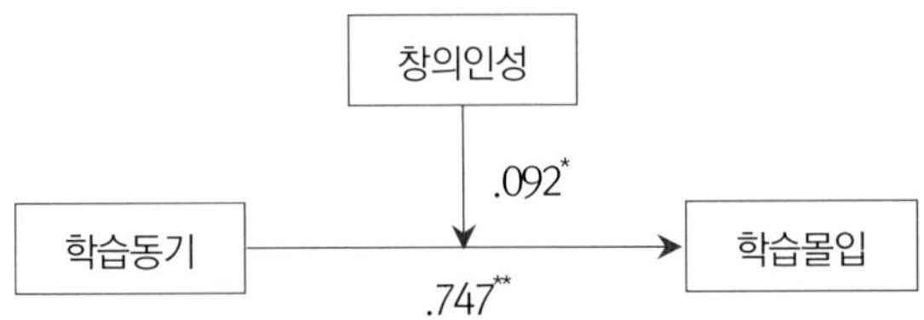

[그림 6-50] 학습동기와 학습몰입 간의 관계에서 창의적 인성의 조절효과

1단계에서 학습동기, 2단계에서 학습동기와 창의적 인성을 투입하고, 3단계에서 학습동기와 창의적 인성 및 이들 두 변수의 표준화값으로 만들어진 상호작용 항을 각각 독립변수로 투입하여 위계적 회귀분석을 실시하였다. 1단계에서 학습동기는 학습몰입에 유의미한 영향을 미치는 것으로 나타났다($\beta = .782$, $p < .01$). 학습동기와 창의적 인성을 독립변수로 투입한 2단계에서 학습동기는 학습몰입에 유의미한 영향을 미치는 것으로 나타났으나($\beta = .747$, $p < .01$), 창의적 인성은 학습몰입에 유의미한 영향을 미치지 않는 것으로 나타났다($\beta = .073$, $p > .05$). 학습동기와 창의적 인성, 그리고 두 변수의 상호작용 항을 독립변수로 투입한 3단계에서 상호작용 항이 학습몰입에 유의미한 영향을 미치며($\beta = .092$, $p < .05$) 설명력이 0.8%($\Delta R^2 = .008$) 증가하여 조절효과가 있는 것으로 나타났다.

연습문제

1. 다음 용어들의 개념을 설명하라.

1) 회귀분석
2) 예측변수
3) 준거변수
4) 단순회귀분석
5) 중다회귀분석
6) 선형성
7) 등분산성
8) 정규성
9) 잔차
10) 회귀선
11) 회귀등식
12) 설명된 편차
13) 상관비
14) 다중공선성
15) 공차한계
16) 분산팽창지수
17) 범주변수
18) 더미변수
19) 참조항목
20) 매개효과
21) 직접효과
22) 간접효과
23) 부분매개효과
24) 완전매개효과
25) Sobel test
26) 조절효과
27) 조절변수
28) 강화효과
29) 완충효과
30) 대립효과
31) 평균중심화
32) 표준점수

2. 다음은 5명의 수학과 통계의 시험성적이다. 수학 성적(X)으로 통계 성적(Y)을 예측할 수 있는 회귀방정식을 구하라.

학생	수학 성적(X)	통계 성적(Y)
1	60	60
2	80	70
3	90	80
4	50	60
5	70	60

3. 다음은 어휘력과 수리력 간의 관계를 알아보기 위하여 10명에게 자료를 수집한 결과이다. 어휘력(X)으로 수리력(Y)을 예측할 수 있는 회귀방정식을 구하라.

학생	어휘력(X)	수리력(Y)
1	26	36
2	28	35
3	25	34
4	21	32
5	25	33
6	26	32
7	26	34
8	31	37
9	27	34
10	20	30

4. 다음 자료를 사용하여 수학 성적이 과학 성적에 미치는 영향에 대한 연구문제를 작성하고, SPSS 프로그램으로 통계 처리를 한 후 보고서 양식에 맞게 결과를 제시하라.

학생	수학 성적(X)	과학 성적(Y)
1	30	50
2	60	50
3	80	80
4	90	90
5	90	80

5. 다음은 중학생의 지능지수, 창의성 점수, 수학 성적이다. 이 자료를 사용하여 지능지수와 창의성 점수가 수학 성적에 미치는 영향에 대한 연구문제를 작성하고, SPSS 프로그램으로 통계 처리를 한 후 보고서 양식에 맞게 결과를 제시하라.

학생	지능지수(X_1)	창의성 점수(X_2)	수학 성적(Y)
1	97	50	78
2	105	55	85
3	118	67	93
4	132	65	95
5	93	48	69

제7장

t 검정

1. t 검정의 개요
2. 단일표본 t 검정
3. 대응표본 t 검정
4. 독립표본 t 검정

1. t 검정의 개요

1) t 검정의 개념

종속변수가 등간척도나 비율척도로 측정된 양적 변수일 때 집단 간 평균의 차이를 검정하기 위한 통계방법으로는 Z 검정, t 검정, 분산분석(ANOVA) 등이 있다. 이 중 Z 검정과 t 검정은 두 표본 이하의 집단 간 평균의 차이를 분석할 때 사용되며, 세 표본 이상의 평균의 차이를 검정할 때는 분산분석(ANOVA)을 사용한다. Z 검정은 모집단의 표준편차 σ를 알고 있으며 표본 수 n이 30 이상일 때 사용하는 반면, t 검정은 모집단의 표준편차 σ를 모르고 표본 수 n이 30 이하일 때 사용한다. 그러나 모집단의 표준편차를 알지 못하는 경우가 많아 Z 검정에서의 Z 통계치 계산이 불가능하므로 n이 30 이상일 때도 t 검정을 주로 사용한다.

t 검정(t-test)은 모집단의 표준편차 σ를 알지 못할 때 표본의 표준편차인 S를 사용하여 두 집단 이하의 평균을 비교하는 분석방법이다. t 검정은 자료의 특성에 따라 표본의 평균과 모집단의 평균의 차이를 검정하는 단일표본 t 검정, 두 모집단에서 종속적으로 추출된 두 표본의 평균의 차이를 검정하는 대응표본 t 검정, 두 모집단에서 독립적으로 추출된 두 표본의 평균의 차이를 검정하는 독립표본 t 검정으로 구분된다.

2) t 검정의 기본 가정

t 검정은 모집단의 분산이나 표준편차를 알지 못할 때, 표본으로부터 추정된 분산이나 표준편차를 이용하여 두 집단의 평균의 차이를 분석하는 통계방법이다. t 검정을 실

시하기 위해서는 다음과 같은 가정을 충족하여야 한다.

첫째, 독립변수는 범주변수이어야 하며, 종속변수는 등간척도 또는 비율척도로 측정된 양적 변수이어야 한다. 종속변수가 명명척도이거나 서열척도일 경우 비모수통계를 적용해야 한다. 예를 들어, 성별에 따라 수학 성적의 평균에 차이가 있는지를 분석할 때 독립변수인 성별은 질적 변수 또는 범주변수이며, 종속변수인 수학 성적은 양적 변수이므로 t 검정을 통해 평균의 차이를 검정할 수 있다.

둘째, 모집단의 분산이나 표준편차를 알지 못하여야 한다. 모집단의 분산이나 표준편차를 알고 있을 경우 Z 검정을 실시하여야 한다. 표준화된 지능검사는 평균이 100이고 표준편차가 15이다. 지능과 같이 모집단의 표준편차를 알고 있는 변수도 있지만 대부분 모집단의 표준편차인 σ를 모르는 경우가 많다. 모집단의 표준편차인 σ를 모르면 Z 검정에서 Z 통계치를 계산할 수 없어 검정이 불가능하므로 일반적으로 Z 검정 대신 t 검정을 사용하다.

셋째, 모집단이 정규분포를 이루고 있어야 한다. 모집단이 정규분포를 이루고 있지 않을 경우, 비모수통계를 적용해야 한다. t 검정에서는 정규분포에 근거하여 만들어진 t 분포표에서 자유도와 유의수준을 고려하여 찾은 임계치와 t 통계값 간의 비교에 의해 평균의 차이에 대한 통계적 유의성 검정을 한다. 따라서 모집단이 정규분포를 이루고 있지 않으면, t 분포표에 근거하여 통계적 유의성 검정을 할 수 없다.

넷째, 대응표본 t 검정과 독립표본 t 검정의 경우 두 모집단의 분산이 같은 등분산성(homogeneity of variances)을 가져야 한다. 두 집단의 표본의 크기가 비슷하면 등분산성 가정을 중요하게 다루지 않는 경우도 있다. 만약 표본의 크기가 매우 다르고 모집단의 분산이 다를 때에는 t 검정 결과에 좋지 않은 영향을 미치므로 등분산 여부를 반드시 확인해야 한다. 즉, 독립표본 t 검정의 영가설인 $H_0 : \mu_1 = \mu_2$를 검정하기 전에 $\sigma_1^2 = \sigma_2^2$을 먼저 확인하여야 한다.

이상에서와 같이 t 검정의 기본 가정을 충족하지 못했을 경우 t 검정 대신에 비모수통계를 사용하여야 한다. t 검정 대신에 사용하는 비모수통계방법으로는 대응표본 t 검정 대신에 사용하는 Wilcoxon 검정과 독립표본 t 검정 대신에 사용하는 Mann-Whitney 검정 등이 있다.

2. 단일표본 t 검정

1) 단일표본 t 검정의 개요

대부분의 표준화된 지능검사의 평균은 100이다. 여기서 100은 지능검사의 모집단 평균이다. 어느 집단에서 지능검사를 실시하여 평균을 산출한 결과 107이었다고 할 때 이 집단은 모집단에 비해 지능의 평균이 높다고 할 수 있는가? 단일표본 t 검정(one-sample t-test)은 모집단의 표준편차 σ를 알지 못할 때 모집단에서 추출된 표본의 평균 $\overline{X}$와 모집단의 평균 μ 간의 차이를 분석하기 위하여 사용하는 통계방법이다. 예를 들어, 수학 평균이 83점인 모집단에서 추출된 표본의 수학 평균이 85점이었다라고 가정해 보자. 표본의 수학 평균($\overline{X}$) 85점이 모집단의 수학 평균(μ) 83점과 통계적으로 유의미한 차이가 있는지를 분석할 때 단일표본 t 검정을 실시해야 한다. 따라서 단일표본 t 검정을 실시하기 위해서는 반드시 모집단의 평균을 알고 있어야 한다.

단일표본 t 검정을 적용하기 위해서는, 첫째, 종속변수가 등간척도 또는 비율척도이어야 한다. 둘째, 표본은 모집단에서 단순무선표집방법으로 표집되어야 한다. 셋째, 모집단이 정규분포를 이루고 있어야 한다. 단 t 검정은 모집단이 정규분포 가정에 일부 위반되는 경우에도 검정 결과에 많은 영향을 받지는 않는다. 넷째, 모집단의 표준편차를 알지 못해야 한다. 이러한 요건을 충족하였을 때 표본과 모집단의 평균의 차이를 검정할 수 있다.

2) 단일표본 t 검정의 절차

단일표본 t 검정은 다음과 같은 다섯 단계의 과정을 거쳐 통계적 유의성을 검정한다.

단계 1 가설 설정

$H_0 : \mu = \mu_0$ (영가설: 표본의 평균과 모집단의 평균은 차이가 없다.)

$H_A : \mu \neq \mu_0$ (대립가설: 표본의 평균과 모집단의 평균은 차이가 있다.)

단계 2 t 분포표에서 유의수준과 자유도를 고려하여 임계치 찾기

유의수준(α): 가설 설정 시 연구자가 설정(주로 .05 또는 .01을 사용)

자유도(df): $n-1$

단계 3 t 통계값 계산

$$t = \frac{\overline{X} - \mu_0}{s/\sqrt{n}}$$

단계 4 영가설 채택 여부 결정

단계 2의 임계치와 단계 3의 t 통계값을 비교하여 영가설 채택 여부를 결정

단계 5 결과의 해석

3) 단일표본 t 검정의 예

20명의 중학교 3학년 학생을 표집하여 새로운 교수법으로 수업을 한 후 수학 시험을 치른 결과는 〈표 7-1〉과 같다. 20명의 수학 점수의 평균은 81점이고 표준편차는 10이다. 모집단의 평균이 77점이라고 할 때, 새로운 교수법을 실시한 20명의 수학 성적 평균과 모집단 평균 간의 차이를 유의수준 .01에서 검정하라.

〈표 7-1〉 새로운 교수법을 활용한 수업 후의 수학 성적

85, 77, 68, 80, 93, 81, 91, 88, 77, 82, 95, 91, 83, 63, 76, 58, 90, 89, 73, 80

단계 1 가설 설정

$H_0 : \mu = 77$

$H_A : \mu \neq 77$

단계 2 t 분포표에서 유의수준과 자유도를 고려하여 임계치 찾기

$\alpha = .01$

$df = n-1 = 20-1 = 19$

${}_{.01}t_{19} = \pm 2.861$ (양측검정이므로 유의수준 .005(.01/2)의 값)

단계 3 t 통계값 계산

$$t = \frac{\overline{X} - \mu_0}{\frac{s}{\sqrt{n}}} = \frac{81-77}{\frac{10}{\sqrt{20}}} = 1.79$$

단계 4 영가설 채택 여부 결정

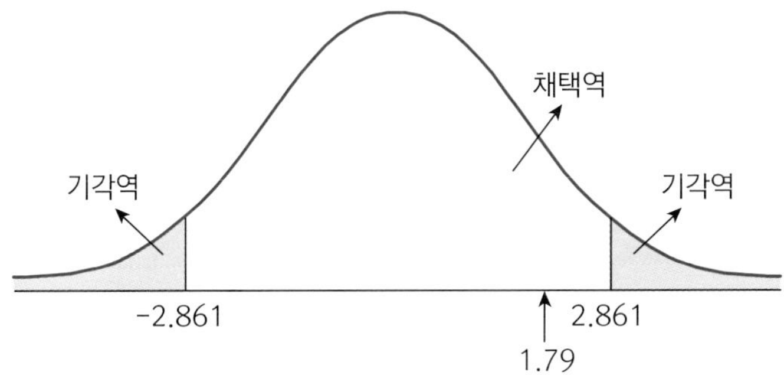

t 통계값($t = 1.79$)이 기각역에 해당하지 않으므로 영가설을 기각하는 데 실패

단계 5 결과의 해석

유의수준 .01에서 새로운 교수법에 의한 중학교 3학년 학생 20명의 수학 성적의 평균 81점은 모집단 평균 77점과 유의미한 차이가 없다.

4) 단일표본 t 검정의 통계 처리 과정 및 보고서 양식

【제7장 t검정자료1(단일표본)】 자료를 사용하여 새로운 교수법에 의하여 수업을 한 후 수학 시험을 치른 중학교 3학년 학생 20명의 수학 성적 평균과 모집단 평균 77점 간에 차이가 있는지 단일표본 t 검정의 통계 처리 과정 및 보고서 양식을 살펴보자.

연구문제

새로운 교수법으로 수강한 학생의 수학 성적 평균은 모집단 평균과 차이가 있는가?

SPSS 통계 처리 과정

① SPSS 데이터 편집기에서 해당 파일을 불러온 후 분석(A) → 평균 비교(M) → 일표본 T 검정(S) 버튼을 클릭한다.

[그림 7-1] 단일표본 t 검정의 통계 처리 과정 1

② 단일표본 t 검정을 실시한 변수를 검정 변수(T) 창으로 이동시키고, 검정값(V)에 모집단의 평균을 입력한다.

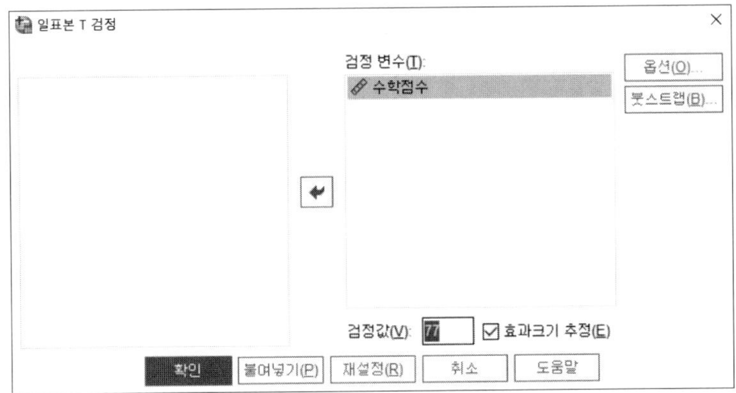

[그림 7-2] 단일표본 t 검정의 통계 처리 과정 2

③ 확인 버튼을 클릭하면 다음과 같은 결과 창이 나타난다.

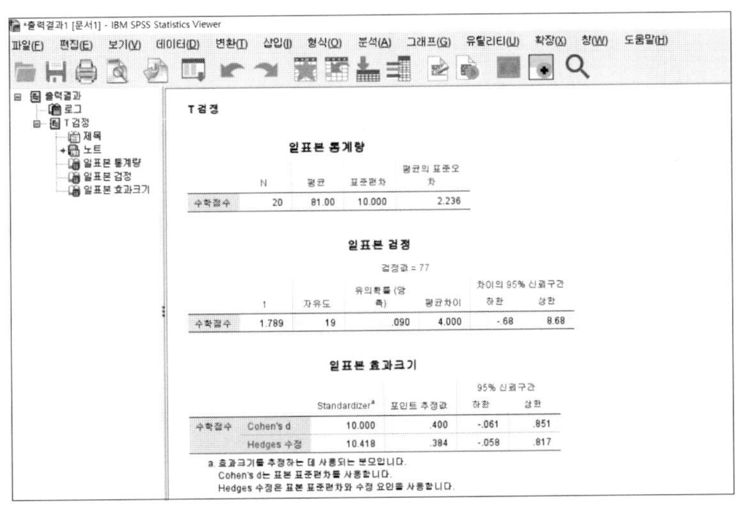

[그림 7-3] 단일표본 t 검정 통계 처리 결과

보고서 양식

20명의 중학교 3학년 학생에게 새로운 교수법으로 수학 수업을 실시한 후 수학시험을 실시하였다. 새로운 교수법을 수강한 20명의 수학 성적 평균과 모집단의 수학 성적 평균 간의 차이를 알아보기 위해 단일표본 t 검정을 실시한 결과는 〈표 7-2〉와 같다.

〈표 7-2〉 새로운 교수법 학생들의 수학 성적에 대한 단일표본 t 검정 결과

n	M	SD	t	p
20	81.00	10.00	1.79	.090

〈표 7-2〉와 같이 20명의 중학교 3학년 학생에게 새로운 교수법으로 수학 수업을 실시한 후 수학시험을 치른 결과 수학 성적의 평균은 81.00, 표준편차는 10.00이었다. 단일표본 t 검정 결과, t 통계값은 1.79($p > .05$)로 모집단의 평균과 유의미한 차이가 없는 것으로 나타났다. 즉, 수학 수업에서 새로운 교수법은 효과가 없는 것으로 나타났다.

 3. 대응표본 t 검정

1) 대응표본 t 검정의 개요

두 집단의 평균의 차이를 검정하는 t 검정은 두 표본이 서로 독립적인지 아니면 종속적인지에 따라 독립표본 t 검정과 대응표본 t 검정으로 구분한다. 두 표본집단이 독립적이라는 것은 각 표본이 모집단으로부터 추출될 때 서로의 표집에 영향을 미치지 않는 것을 의미한다. 반대로, 두 표본이 종속적이라는 것은 한 모집단에서 하나의 표본을 표집하는 것이 다른 모집단에서 다른 하나의 표본을 선택하는 것에 영향을 주는 것을 의미한다. 대응표본 t 검정(paired samples t-test)은 종속변수가 양적 변수이고, 두 표본이 종속적일 경우 두 표본의 종속변수에 대한 평균의 차이를 분석하기 위하여 사용하는 통계방법으로 종속표본 t 검정(dependent samples t-test)이라고도 한다.

대응표본 t 검정은 반복측정된 두 자료 간 평균의 차이검정과 짝지어진 두 집단 간 평균의 차이검정에 주로 사용된다. 반복측정은 같은 집단의 어떤 특성을 두 번 측정하는 것으로, 첫 번째 측정치와 두 번째 측정치는 서로 종속적이므로 이 두 집단 간 평균의 차이를 검정할 때는 대응표본 t 검정을 하여야 한다. 예를 들어, 특정 프로그램의 효과 여부를 검정하기 위하여 사전검사를 실시한 후 프로그램을 시행하고 사후검사를 실시하였을 때 사전검사와 사후검사 점수는 같은 연구대상에게 검사를 두 번 실시하여 얻은 자료이기 때문에 서로 독립적이지 않다. 즉, 사전검사에서 높은 점수를 받은 사람은 사후

검사에서도 높은 점수를 받을 가능성이 크다. 이러한 경우, 대응표본 t 검정을 하여야 한다.

짝지어진 두 집단이란 개인 내외적 특성이 비슷한 사람들을 표집하여 짝지어진 집단으로 대응표본(matched sample 또는 paired sample)이라고 한다. 예를 들어, 일란성 쌍생아 200쌍을 표집하여 쌍생아들 간의 지능을 비교하거나, 대학수학능력 시험 성적이 상위 5% 이내에 해당하는 학생 중 남녀 300쌍을 짝지어서 표집한 후 성별 간 국어 성적의 평균을 비교하는 경우 대응표본 t 검정을 실시하여야 한다. 만약에 대학수학능력 시험 응시자 전체에서 남녀 각각 300명씩 무선 표집을 하여 성별 간 국어 성적의 평균을 비교할 경우에는 독립표본 t 검정을 시행하여야 한다.

대응표본 t 검정을 위한 기본 가정은 단일표본 t 검정과 비슷하다. 첫째, 종속변수가 등간척도 또는 비율척도로 측정된 양적 변수이어야 한다. 둘째, 모집단이 정규분포를 이루고 있어야 하며, 셋째, 모집단의 분산이나 표준편차를 알지 못하여야 한다. 마지막으로, 두 모집단의 분산이 같은 등분산성을 가져야 검정할 수 있다.

2) 대응표본 t 검정의 절차

대응표본 t 검정은 다음과 같은 다섯 단계의 과정을 거쳐 통계적 유의성을 검정한다.

단계 1 가설 설정

$H_0 : \mu_D = 0$ (영가설: 종속된 두 집단의 평균은 차이가 없다.)

$H_A : \mu_D \neq 0$ (대립가설: 종속된 두 집단의 평균은 차이가 있다.)

단계 2 t 분포표에서 유의수준과 자유도를 고려하여 임계치 찾기

유의수준(α): 가설 설정 시 연구자가 설정(주로 .05 또는 .01을 사용)

자유도(df): $n-1$

단계 3 t 통계값 계산

① 짝지어진 두 점수 간 차이(D)의 평균인 $\overline{D}$를 계산

$$\overline{D} = \frac{\Sigma D}{n}$$

② t 통계값 계산

$$t = \frac{\overline{D}}{\sqrt{\frac{\Sigma D^2 - (\Sigma D)^2/n}{n(n-1)}}}$$

단계 4 영가설 채택 여부 결정

단계 2의 임계치와 단계 3의 t 통계값을 비교하여 영가설 채택 여부를 결정

단계 5 결과의 해석

3) 대응표본 t 검정의 예

교육통계 수업에서 컴퓨터 보조학습의 효과 유무를 알아보기 위하여 5명에게 사전검사를 실시한 후 컴퓨터 보조학습을 실시하고 사후검사를 실시한 결과는 〈표 7-3〉과 같다. 사전검사와 사후검사 점수의 평균에 차이가 있는지, 즉 컴퓨터 보조학습이 교육통계 수업에 효과가 있는지 유의수준 .01에서 검정하라.

〈표 7-3〉 교육통계의 사전 및 사후 검사 점수

학생	사전검사	사후검사
A	4	6
B	3	5
C	5	5
D	4	6
E	4	6

단계 1 가설 설정

$H_o : \mu_D = 0$

$H_a : \mu_D \neq 0$

단계 2 t 분포표에서 유의수준과 자유도를 고려하여 임계치 찾기

$\alpha = .01$

$df = n-1 = 5-1 = 4$

${}_{.01}t_4 = \pm 4.604$ (양측검정이므로 유의수준 .005(.01/2)의 값)

단계 3 t 통계값 계산

① 짝지어진 두 점수 차이(D)의 평균인 $\overline{D}$를 계산

학생	사전검사(X_1)	사후검사(X_2)	$D = X_1 - X_2$	D^2
A	4	6	−2	4
B	3	5	−2	4
C	5	5	0	0
D	4	6	−2	4
E	4	6	−2	4
			$\Sigma D = -8$	$\Sigma D^2 = 16$

$$\overline{D} = \frac{\Sigma D}{n} = \frac{-8}{5} = -1.6$$

② t 통계값 계산

$$t = \frac{\overline{D}}{\sqrt{\dfrac{\Sigma D^2 - (\Sigma D)^2/n}{n(n-1)}}} = \frac{-1.6}{\sqrt{\dfrac{16-(-8)^2/5}{5(5-1)}}} = -4.0$$

단계 4 영가설 채택 여부 결정

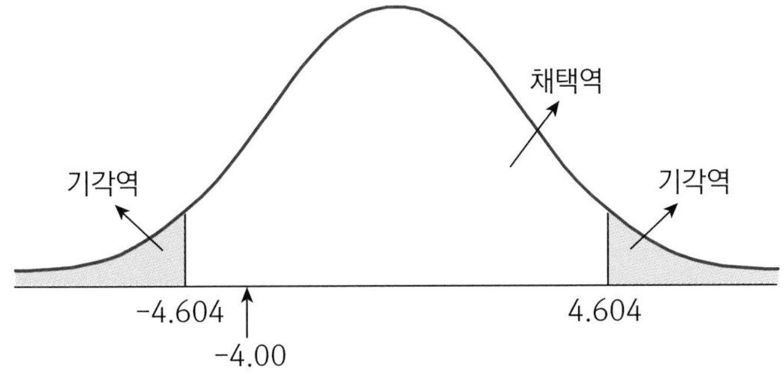

t 통계값($t = -4.00$)이 기각역에 해당하지 않으므로 영가설을 기각하는 데 실패

단계 5 결과의 해석

유의수준 .01에서 사전검사와 사후검사의 평균에는 차이가 없다. 즉, 교육통계 수업에서 컴퓨터 보조학습은 효과가 없다.

4) 대응표본 t 검정의 통계 처리 과정 및 보고서 양식

【제7장 t검정자료2(대응표본)】 자료를 사용하여 컴퓨터 보조학습이 교육통계 수업에 미치는 효과를 검정하기 위한 대응표본 t 검정의 통계 처리 과정 및 보고서 양식을 살펴보자.

연구문제

컴퓨터 보조학습은 교육통계 수업에 효과가 있는가?

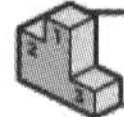

SPSS 통계 처리 과정

① SPSS 데이터 편집기에서 해당 파일을 불러온 후 분석(A) → 평균 비교(M) → 대응표본 T 검정(P) 버튼을 클릭한다.

[그림 7-4] 대응표본 t 검정의 통계 처리 과정 1

② 두 대응변수를 대응 변수(V) 창의 변수1과 변수2 창으로 이동시킨다.

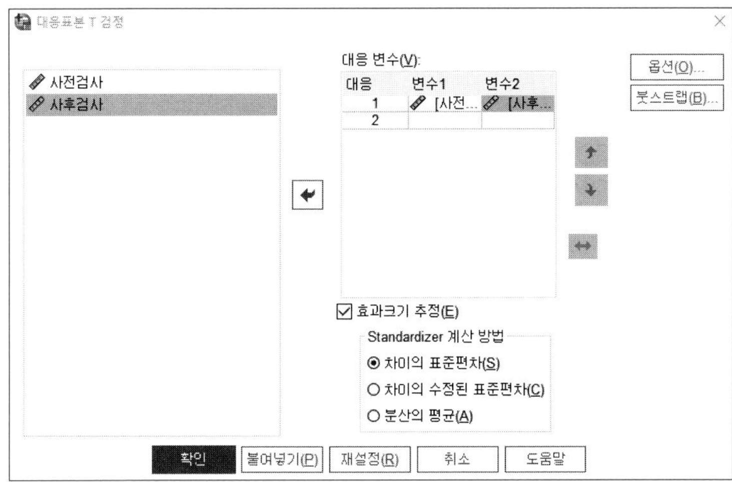

[그림 7-5] 대응표본 t 검정의 통계 처리 과정 2

③ 확인 버튼을 클릭하면 다음과 같은 결과 창이 나타난다.

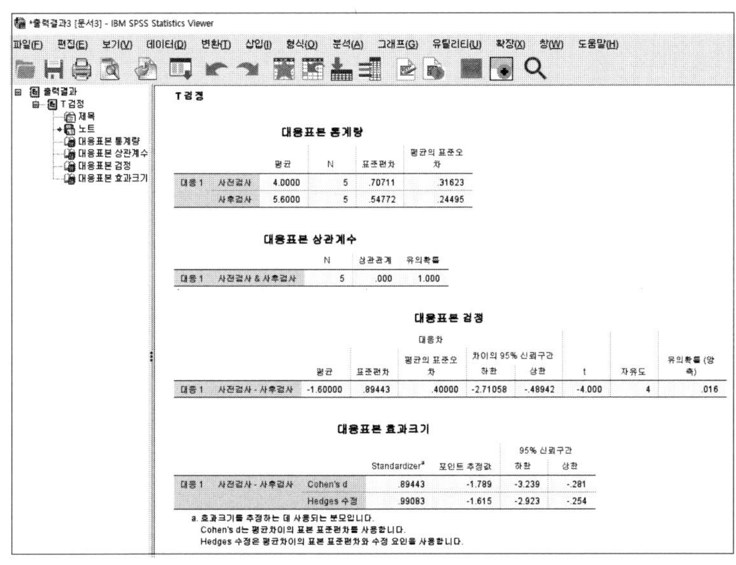

T 검정

대응표본 통계량

		평균	N	표준편차	평균의 표준오차
대응 1	사전검사	4.0000	5	.70711	.31623
	사후검사	5.6000	5	.54772	.24495

대응표본 상관계수

		N	상관관계	유의확률
대응 1	사전검사 & 사후검사	5	.000	1.000

대응표본 검정

		대응차					t	자유도	유의확률 (양측)
		평균	표준편차	평균의 표준오차	차이의 95% 신뢰구간 하한	상한			
대응 1	사전검사 - 사후검사	-1.60000	.89443	.40000	-2.71058	-.48942	-4.000	4	.016

대응표본 효과크기

			Standardizer[a]	포인트 추정값	95% 신뢰구간 하한	상한
대응 1	사전검사 - 사후검사	Cohen's d	.89443	-1.789	-3.239	-.281
		Hedges 수정	.99083	-1.615	-2.923	-.254

a. 효과크기를 추정하는 데 사용되는 분모입니다.
Cohen's d는 평균차이의 표본 표준편차를 사용합니다.
Hedges 수정은 평균차이의 표본 표준편차와 수정 요인을 사용합니다.

[그림 7-6] 대응표본 t 검정 통계 처리 결과

보고서 양식

교육통계 수업에서 컴퓨터 보조학습의 효과 유무를 알기 위하여 5명에게 사전검사를 실시한 후 컴퓨터 보조학습을 실시하고 사후검사를 실시하였다. 사전과 사후 검사의 평균에 차이가 있는지를 알아보기 위해 대응표본 t 검정을 실시한 결과는 〈표 7-4〉와 같다.

〈표 7-4〉 교육통계 수업에서 컴퓨터 보조학습 효과에 대한 대응표본 t 검정 결과

	M	SD	t	p
사전검사	4.00	.71	−4.00	.016
사후검사	5.60	.55		

〈표 7-4〉와 같이 사전검사의 평균은 4.00, 표준편차는 .71이며, 사후검사의 평균은 5.60, 표준편차는 .55이다. 사전검사와 사후검사의 평균의 차이에 대한 통계적 유의성을 검정한 결과, t 통계값은 −4.00($p < .05$)으로 유의수준 .05에서 사후검사 평균이 사전검사 평균보다 높은 것으로 나타났다. 즉, 컴퓨터 보조학습은 교육통계 수업에 효과가 있는 것으로 나타났다.

4. 독립표본 t 검정

1) 독립표본 t 검정의 개요

독립표본 t 검정(independent samples t-test)은 두 모집단에서 독립적으로 추출된 표본 평균의 차이를 이용하여 두 모집단 평균의 차이를 분석하기 위하여 사용하는 통계방법이다. 여기서 독립적이라는 것은 한 모집단에서 한 표본을 추출하는 것이 다른 모집단에서 다른 표본을 추출하는 것에 영향을 미치지 않는다는 것을 의미한다. 예를 들어, 중학생의 성별에 따른 수학 지능 평균의 차이를 검정하기 위해 남자 중학생 전체 중 일부와

여자 중학생 전체 중 일부를 무선표집하여 두 집단의 수학 지능 평균의 차이를 검정할 경우 독립표본 t 검정을 시행해야 한다. 이때 남자 중학생을 추출하는 것이 여자 중학생을 추출하는 데 영향을 미치지 않기 때문에 성별에 따른 수학 지능의 차이를 분석할 때 독립표본 t 검정을 시행한다.

독립표본 t 검정의 기본 가정은 단일표본 t 검정이나 대응표본 t 검정과 비슷하다. 첫째, 종속변수가 등간척도 또는 비율척도로 측정된 양적 변수이어야 한다. 둘째, 두 집단의 점수가 독립적이어야 한다. 즉, 한 집단의 점수가 다른 집단의 점수와 관련이 없어야 한다. 셋째, 두 모집단 모두 평균을 중심으로 정규분포를 이루고 있어야 한다. 모집단이 정규분포에 가까울수록 t 검정의 정확성은 높아진다. 넷째, 두 모집단의 분산이나 표준편차를 알지 못하여야 한다. 마지막으로, 두 모집단의 분산이 같은 등분산성을 가져야 한다. 두 집단의 크기가 같으면 분산이 다르더라도 t 검정에 영향을 많이 주지 않으며, 집단의 크기가 다를 때 집단의 크기가 큰 집단이 작은 집단에 비해 분산이 크면 t 검정에 미치는 부정적인 영향이 적다. 하지만 크기가 작은 집단이 큰 집단에 비해 분산이 크면 t 검정 결과에 심각한 영향을 줄 수 있다.

[그림 7-7]은 【제7장 t검정자료3(독립표본)】 자료를 사용하여 SPSS 프로그램에서 독립표본 t 검정을 실시한 결과이다. SPSS 프로그램에서 독립표본 t 검정을 실시하면 [그림 7-7]과 같이 Levene의 등분산에 대한 F 검정 결과가 나타난다. Levene의 F 검정은 등분산성 가정을 검정하는 것으로 영가설은 '집단 간 분산이 같다.'이며, 대립가설은 '집단 간 분산이 다르다.'이다. Levene의 등분산 검정에서 F 값에 대한 유의확률 p 값이 .05보다 작으면 영가설을 기각하고 대립가설을 채택하는 것이며, .05보다 크면 영가설을 채택하는 것이다. 따라서 p 값이 .05보다 클 때 '집단 간 분산이 같다.'라는 영가설이 채택되어 등분산 가정을 충족하게 된다. [그림 7-7]에서 F 값은 .001이고, p 값은 .982로 .05보다 크므로 영가설을 채택하게 되어 등분산 가정이 충족됨을 알 수 있다.

독립표본 검정[a]

		Levene의 등분산 검정		평균의 동일성에 대한 T 검정						
									차이의 95% 신뢰구간	
		F	유의확률	t	자유도	유의확률 (양측)	평균차이	표준오차 차이	하한	상한
교육통계성적	등분산을 가정함	.001	.982	-3.190	9	.011	-22.333	7.002	-38.172	-6.494
	등분산을 가정하지 않음			-3.198	8.723	.011	-22.333	6.984	-38.209	-6.457

[그림 7-7] SPSS 프로그램에서 Levene의 등분산 검정 결과

2) 독립표본 t 검정의 절차

독립표본 t 검정은 다음과 같은 다섯 단계의 과정을 거쳐 통계적 유의성을 검정한다.

단계 1 가설 설정

$H_0 : \mu_1 = \mu_2$ 또는 $\mu_1 - \mu_2 = 0$ (영가설: 두 집단의 평균은 차이가 없다.)

$H_A : \mu_1 \neq \mu_2$ 또는 $\mu_1 - \mu_2 \neq 0$ (대립가설: 두 집단의 평균은 차이가 있다.)

단계 2 t 분포표에서 유의수준과 자유도를 고려하여 임계치 찾기

유의수준(α): 가설 설정 시 연구자가 설정(주로 .05 또는 .01을 사용)

자유도(df): $(n_1 - 1) + (n_2 - 1)$

단계 3 t 통계값 계산

$$t = \frac{\overline{X_1} - \overline{X_2}}{\sqrt{\left(\frac{(n_1-1)S_1^2 + (n_2-1)S_2^2}{n_1+n_2-2}\right)\left(\frac{1}{n_1} + \frac{1}{n_2}\right)}}$$

단계 4 영가설 채택 여부 결정

단계 2의 임계치와 단계 3의 t 통계값을 비교하여 영가설 채택 여부를 결정

단계 5 결과의 해석

3) 독립표본 t 검정의 예

모집단에서 무선표집으로 추출된 5명의 학생에게 전통적 교수법으로 교육통계 수업을 하였으며, 다른 모집단에서 무선 추출된 6명의 학생에게 새로운 교수법으로 교육통계 수업을 하였다. 수업 후 11명 학생 모두에게 교육통계 시험을 치렀으며, 시험 결과 교육통계 성적은 〈표 7-5〉와 같다. 유의수준 .05에서 집단 간 교육통계 성적의 평균에 차이가 있는지 검정하라.

〈표 7-5〉 교수방법에 따른 교육통계 성적

전통적 교수법(X_1)	30, 40, 60, 50, 50
새로운 교수법(X_2)	70, 60, 80, 70, 50, 80

전통적 교수법: $n_1 = 5,\ \overline{X_1} = 46.00,\ S_1^2 = 130.00$

새로운 교수법: $n_2 = 6,\ \overline{X_2} = 68.33,\ S_2^2 = 136.67$

단계 1 가설 설정

$H_0 : \mu_1 = \mu_2$ 또는 $\mu_1 - \mu_2 = 0$

$H_A : \mu_1 \neq \mu_2$ 또는 $\mu_1 - \mu_2 \neq 0$

단계 2 t 분포표에서 유의수준과 자유도를 고려하여 임계치 찾기

$\alpha = .05$

$df = (n_1 - 1) + (n_2 - 1) = (5-1) + (6-1) = 9$

${}_{.05}t_9 = \pm 2.262$ (양측검정이므로 유의수준 .025(.05/2)의 값)

단계 3 t 통계값 계산

$$t = \frac{\overline{X_1} - \overline{X_2}}{\sqrt{\left(\frac{(n_1-1)S_1^2 + (n_2-1)S_2^2}{n_1+n_2-2}\right)\left(\frac{1}{n_1}+\frac{1}{n_2}\right)}}$$

$$= \frac{46.00 - 68.33}{\sqrt{\left(\frac{(5-1)130.00+(6-1)136.67}{5+6-2}\right)\left(\frac{1}{5}+\frac{1}{6}\right)}} = -3.19$$

단계 4 영가설 채택 여부 결정

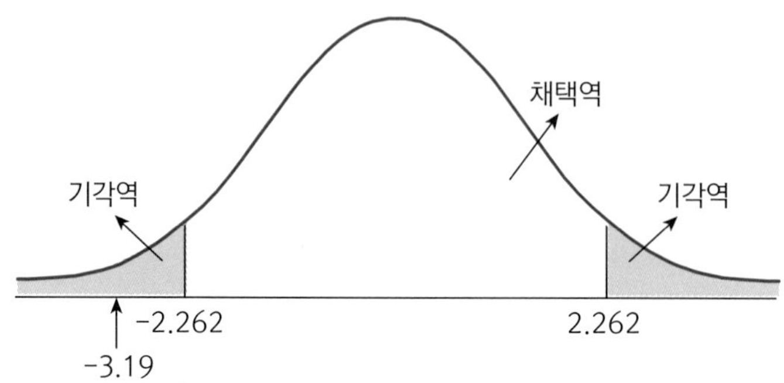

t 통계값($t = -3.19$)이 기각역에 해당하므로 영가설을 기각

단계 5 결과의 해석

유의수준 .05에서 교수방법에 따라 교육통계 성적의 평균에 차이가 있다. 즉, 새로운 교수법으로 수업을 한 집단이 전통적 교수법으로 수업을 한 집단보다 교육통계 성적의 평균이 높다.

4) 독립표본 t 검정의 통계 처리 과정 및 보고서 양식

【제7장 t검정자료3(독립표본)】 자료를 사용하여 전통적 교수법과 새로운 교수법에 의한 교육통계 성적의 평균에 차이가 있는지를 알아보기 위해 독립표본 t 검정의 통계 처리 과정 및 보고서 양식을 살펴보자.

 **연구문제**

전통적 교수법과 새로운 교수법에 의한 교육통계 성적의 평균에는 차이가 있는가?

 **SPSS 통계 처리 과정**

① SPSS 데이터 편집기에서 해당 파일을 불러온 후 분석(A) → 평균 비교(M) → 독립표본 T 검정 버튼을 클릭한다.

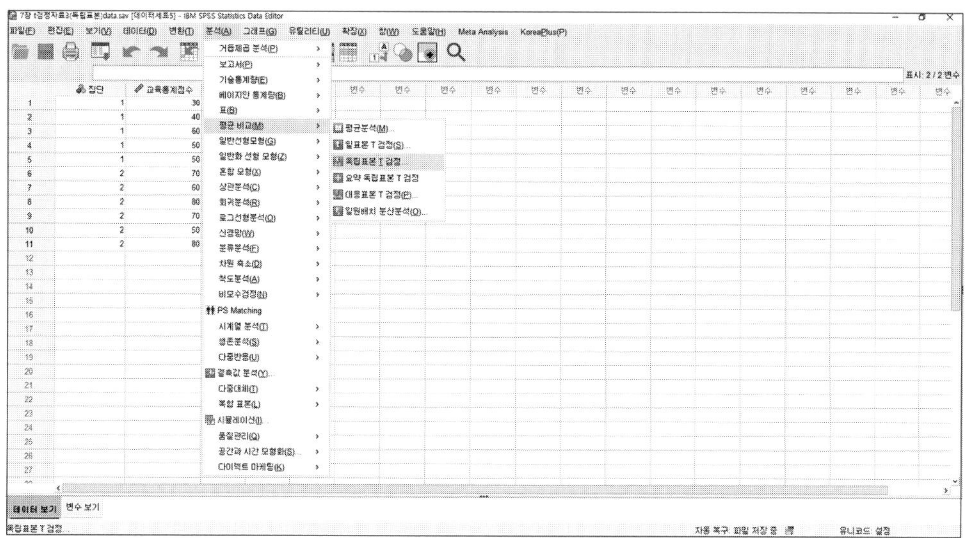

[그림 7-8] 독립표본 t 검정의 통계 처리 과정 1

② 집단을 집단변수(G) 창에, 종속변수를 검정 변수(T) 창으로 이동시킨다.

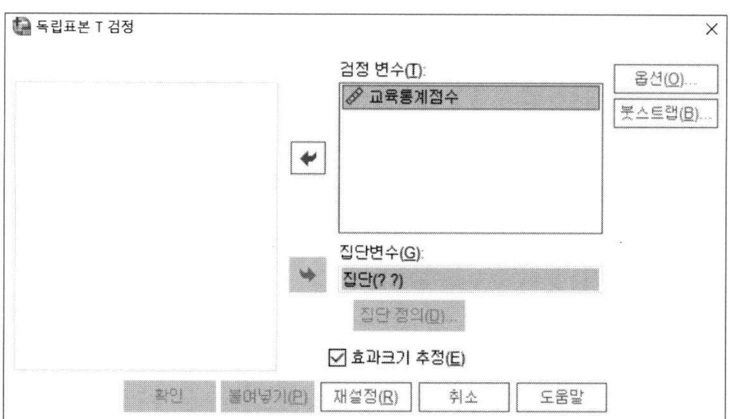

[그림 7-9] 독립표본 t 검정의 통계 처리 과정 2

③ 집단변수(G) 창의 집단을 클릭한 후 집단 정의(D) 버튼을 클릭하여 하여 집단1에는 1, 집단2에는 2를 입력하고, 계속(C) 버튼을 클릭한다.

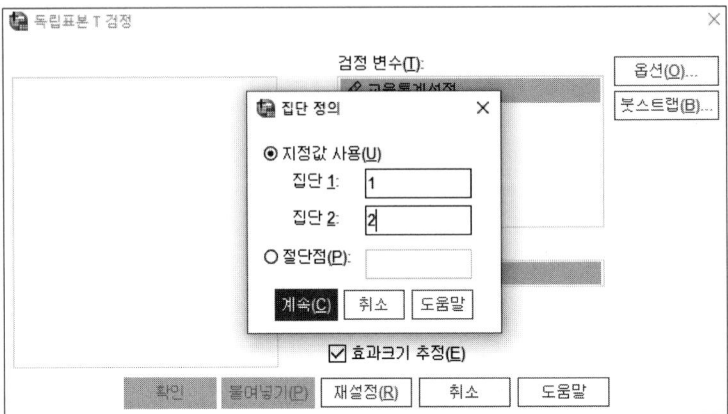

[그림 7-10] 독립표본 t 검정의 통계 처리 과정 3

④ 확인 버튼을 클릭하면 다음과 같은 결과 창이 나타난다.

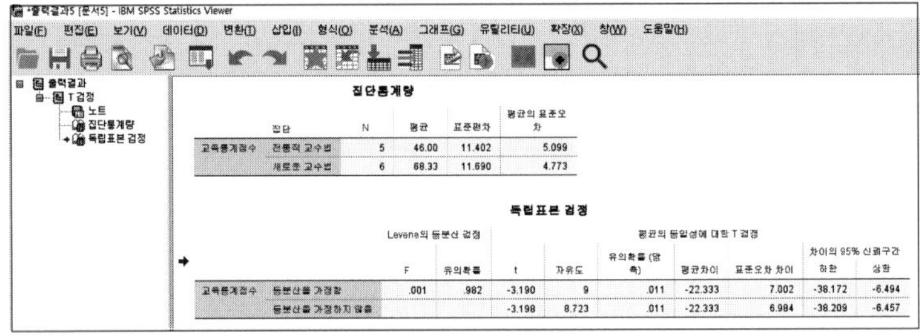

[그림 7-11] 독립표본 t 검정 통계 처리 결과

보고서 양식

전통적 교수법과 새로운 교수법에 따라 교육통계 성적에 차이가 있는지를 알아보기 위하여 독립표본 t 검정을 실시한 결과는 〈표 7-6〉과 같다.

〈표 7-6〉 교수방법에 따른 교육통계 성적의 차이에 대한 독립표본 t 검정 결과

	M	SD	t	p
전통적 교수법	46.00	11.40	−3.19	.011
새로운 교수법	68.33	11.69		

〈표 7-6〉과 같이 전통적 교수법으로 수강한 학생들의 교육통계 성적의 평균은 46.00, 표준편차는 11.40이며, 새로운 교수법으로 수강한 학생들의 교육통계 성적의 평균은 68.33, 표준편차는 11.69이다. 이들 평균의 차이에 대한 통계적 유의성을 검정한 결과 t 통계값은 $-3.19(p < .05)$로 유의수준 .05에서 새로운 교수법으로 수강한 학생들의 교육통계 성적 평균이 전통적 교수법으로 수강한 학생들의 교육통계 성적 평균보다 높은 것으로 나타났다.

연습문제

1. 다음 용어들의 개념을 설명하라.

1) t 검정

2) 단일표본 t 검정

3) 대응표본 t 검정

4) 독립표본 t 검정

2. 다음은 A 회사에서 무선으로 표집한 직원 40명의 1년 중 질병으로 인한 병가 일수이다. 그 나라의 전체 회사원들의 1년 중 병가 일수 평균이 10일이라고 할 때, A 회사 직원의 병가 일수 평균과 그 나라 전체 회사원들의 병가 일수 평균의 차이를 유의수준 .05에서 검정하라.

0, 6, 12, 3, 3, 5, 4, 1, 3, 9, 6, 0, 7, 6, 3, 4, 7, 4, 7, 1,
0, 8, 12, 3, 2, 5, 10, 5, 15, 3, 2, 5, 3, 11, 8, 2, 2, 4, 1, 9

3. 다음은 무선으로 표집한 A 중학교 20명의 지능지수이다. 유의수준 .01에서 우리나라 중학생 지능지수 평균 100과 같은지 여부를 검정하라.

112, 107, 93, 130, 105, 139, 103, 116, 137, 95,
91, 101, 100, 105, 96, 109, 107, 95, 106, 100

4. 글쓰기 수업이 학생들의 문법 오류 감소에 미치는 효과를 알아보기 위하여 6명의 학생을 무선표집하여 학기 초와 학기 말에 각각 1페이지의 에세이를 작성하게 한 후 문법 오류 수를 조사한 결과는 다음과 같다. 유의수준 .05에서 글쓰기 수업이 학생들의 문법 오류 감소에 효과가 있는지, 즉 학기 초와 학기 말에 작성한 에세이의 문법 오류 수에 차이가 있는지 검정하라.

학생	학기 초	학기 말
1	12	9
2	9	6
3	0	1
4	5	3
5	4	2
6	3	3

5. 다음은 학업적 자기효능감 프로그램의 효과를 알아보기 위해서 무선으로 10명의 학생을 표집하여 학업적 자기효능감에 대한 사전검사를 실시하고 프로그램을 시행한 후 사후검사를 실시한 결과이다. 유의수준 .05에서 학업적 자기효능감 프로그램의 효과 유무를 검정하라.

학생	사전검사	사후검사
1	3	6
2	2	3
3	3	4
4	2	1
5	4	4
6	2	5
7	3	3
8	5	5
9	4	5
10	3	4

6. 다음은 무선으로 표집한 어느 학교의 남학생 10명과 여학생 10명의 국어 성적이다. 유의수준 .05에서 평균의 차이를 검정하라.

남학생	여학생
10	30
20	40
40	40
40	50
50	40
50	60
50	80
60	80
60	70
90	80

7. 다음은 여섯 마리의 흰쥐와 갈색쥐가 미로를 통과하는 훈련에 걸리는 시간(분)을 측정한 결과이다. 유의수준 .05에서 쥐의 색깔에 따라 미로 통과 훈련에 걸리는 시간 평균의 차이를 검정하라.

흰쥐	갈색쥐
18	25
24	16
20	19
13	14
15	16
12	10

제8장

분산분석

1. 분산분석의 개요
2. 일원분산분석
3. 이원분산분석
4. 반복측정 분산분석

1. 분산분석의 개요

1) 분산분석의 개념 및 특성

분산분석(Analysis of Variance: ANOVA)은 세 집단 이상의 평균의 차이를 검정하기 위해 Ronald A. Fisher에 의해 개발된 통계적 방법이다. 집단 간 평균이 통계적으로 유의미한 차이가 있는지를 분석하기 위해 평균을 사용하지 않고 분산을 사용하기 때문에 분산분석이라고 한다. t 검정은 두 집단 간 평균의 차이를 검정하기 위해 평균을 사용하지만, 분산분석은 집단 내 분산에 대한 집단 간 분산의 비율로 집단 간 평균의 차이를 검정한다.

분산분석의 원리를 이해하기 위해 다음의 예를 살펴보자. 어떤 연구자가 A, B, C 세 가지 교수방법 중 어느 것이 교육통계 수업에 더 효과적인지에 관해 관심을 가지고 연구를 하려고 한다. 이 연구를 위해서는 일정 인원의 학생들을 세 개 반에 무선배치한 다음, 각각 A, B, C 교수방법으로 수업을 한 후 그 효과에 대한 차이를 검정하면 된다. 〈표 8-1〉은 세 반에 각각 10명의 학생을 무선배치한 다음 다른 세 가지 교수방법으로 수업을 한 후 교육통계 시험을 치른 결과이다.

〈표 8-1〉 교수방법에 따른 교육통계 성적

교수방법		
A	B	C
60	80	70
75	95	65
95	90	80
80	90	60
85	80	70
90	85	85
95	90	90
70	95	60
80	90	80
80	75	70

〈표 8-1〉에서와 같이 각 집단 내에서는 같은 교수방법으로 수업을 하였음에도 집단 내 학생들의 교육통계 성적에 차이가 있음을 알 수 있다. 즉, A 교수방법으로 교육통계 수업을 받은 10명 학생의 교육통계 성적이 60, 75, 95, 80 등으로 차이가 있음을 알 수 있다. 같은 교수방법으로 수업을 받은 같은 반 학생들 간에 성적이 서로 다른 이유는 무엇일까? 그 이유는 학생들 간에 선수학습 정도, 지능, 학습동기 등과 같은 개인차가 존재하거나, 측정도구의 신뢰도 등에 의한 측정오차의 문제가 있기 때문이다. 이처럼 같은 처치집단 내에 존재하는 오차분산을 집단 내 분산(within group variance)이라고 한다.

그렇다면 집단 간에 학생들의 교육통계 성적이 다른 이유는 무엇일까? 수업 전에 학생들을 각 집단에 무선배치하였기 때문에 적어도 확률적으로는 개인차를 유발할 수 있는 모든 특성이 비슷한 정도로 분포되어 있다고 볼 수 있다. 그러나 똑같은 사람은 없으므로 집단 간에도 개인차 특성에 따른 학생들 간의 차이가 그대로 존재할 것이다. 집단 간에 교육통계 성적이 차이가 있는 또 다른 이유는 서로 다른 교수방법을 사용했기 때문일 수도 있다. 이처럼 집단 간에 존재하는 분산을 집단 간 분산(between group variance)이라고 한다. 앞의 예에서 집단 간 분산은 개인차 특성에 따른 개인차 분산과 교수방법에 따른 집단차 분산으로 이루어져 있다.

집단 내 분산에 대한 집단 간 분산의 비율을 F통계값이라고 하는데, 이는 분산분석을 개발한 Ronald A. Fisher의 머리글자에서 따온 것이다. F통계값은 다음과 같은 공식으로 계산한다.

$$F = \frac{\text{집단 간 분산}}{\text{집단 내 분산}} = \frac{MS_{between}}{MS_{within}}$$

집단 간 분산이 집단 내 분산에 비해 크면 클수록 F 통계값은 커지고, F 통계값이 크면 클수록 집단 간 평균의 차이가 있다고 결론을 내릴 가능성은 커진다. 앞의 예로 설명을 하자면 F 통계값이 클수록 교수방법에 따라 교육통계 성적의 평균에는 차이가 있다고 결론을 도출할 가능성은 커진다.

t 검정과 분산분석은 집단 간 평균의 차이를 검정하는 통계적 방법이라는 점에서 공통적인 특성이 있으나, t 검정은 평균을 사용하여 집단 간 평균의 차이를 검정하지만 분산분석은 분산을 사용하여 집단 간 평균의 차이를 검정한다는 차이가 있다. 또한 t 검정은 두 집단 간 평균의 차이를 검정할 때, 분산분석은 세 집단 이상의 집단 간 평균의 차이를 검정할 때 주로 사용하는 통계적 방법이다. 분산분석은 두 집단 간 평균의 차이를 검정할 때도 사용이 가능하나, 세 집단 이상의 집단 간 평균의 차이를 검정할 때 분산분석 대신에 t 검정을 사용하면 두 번 이상의 반복 t 검정을 하는 데 따른 통계적 오류가 발생한다. 앞의 예와 같이 세 개 집단의 평균 차이를 검정하기 위해서 만약 t 검정을 시행한다면 A와 B, A와 C, B와 C 세 번에 걸쳐 t 검정을 시행하여야 하며, 비교집단의 수가 늘어나면 늘어날수록 t 검정의 횟수는 늘어나게 된다. 비교집단이 a개일 경우 $a(a-1)/2$번의 반복적 t 검정을 시행해야 해야 한다. 만약 비교집단이 4개라면 $4(4-1)/2=6$이므로 6번의 t 검정을 시행해야 한다. 이처럼 반복적 t 검정을 시행하면 다음과 같은 문제점이 있다.

첫째, 연구자가 설정해 놓은 유의수준보다 훨씬 높은 수준에서 통계적 유의성을 검정하게 된다는 것이다. 앞의 예처럼 비교집단이 세 개일 경우 세 번의 t 검정을 시행하게 되고, 각각의 t 검정을 유의수준 $\alpha=.05$에서 실시하게 될 경우 제1종 오류를 범할 확률을 .05로 설정하였기 때문에 제1종 오류를 범하지 않을 확률은 .95가 된다. 독립적인 t 검정을 세 번 반복하게 될 때 반복적 t 검정을 통해 제1종 오류를 범하지 않을 확률(p)은 $p^3=(.95)^3=.8574$로 약 86%가 된다. 따라서 세 번의 반복 t 검정에서 제1종 오류를 범할 확률은 약 14%가 된다. 비교집단의 수가 증가할수록 t 검정을 시행해야 할 횟수가 급격히 증가하므로 제1종 오류의 확률 또한 급격히 증가하게 된다.

둘째, t 검정은 평균이 같고 분산이 같으며 정규분포를 이루는 두 모집단으로부터 표집된 두 표집평균치들 간의 차이가 통계적으로 유의한 지를 검정하기 위해 개발된 통계적 기법이다. 이 t 검정은 세 가지 기본 가정인 정규분포의 가정, 동분산의 가정, 표집의 독립성 가정을 하고 있는데, 만약 같은 집단을 한 번 이상 사용하여 t검정을 시행하게 되면 t 검정의 독립성 가정을 위배하게 된다.

반복적인 t 검정이 지닌 이러한 통계적 오류를 피할 수 있고, 세 개 이상의 처치집단 간의 평균을 동시에 비교할 수 있는 통계적 기법이 바로 Fisher에 의해 개발된 분산분석이다.

분산분석에서 사용되는 독립변수는 질적 변수(qualitative variable) 또는 범주변수(categorical variable)이고, 종속변수는 양적 변수(quantitative variable)이다. 독립변수와 종속변수가 각각 1개이면 일원분산분석(one-way ANOVA), 독립변수가 2개이고 종속변수가 1개이면 이원분산분석(two-way ANOVA), 독립변수가 3개이고 종속변수가 1개이면 삼원분산분석(three-way ANOVA)이라고 한다. 일원분산분석, 이원분산분석 그리고 삼원분산분석의 차이는 독립변수의 수이며, 공통점은 종속변수의 수가 1개라는 것이다. 학교급에 따라 도덕성에 차이가 있는지를 검정하기 위해 초등학교, 중학교, 고등학교에서 각각 200명씩 무선표집하여 도덕성을 측정한 후 학교급별 도덕성 평균의 차이를 검정하기 위해서는 일원분산분석을 실시하여야 한다. 중학생의 학년 및 성별에 따른 학습동기의 차이를 검정하기 위해서는 이원분산분석을, 대학생의 학년, 성별, 전공에 따른 취업준비 행동의 차이를 검정하기 위해서는 삼원분산분석을 실시하여야 한다.

제7장의 t 검정에서 독립표본 t 검정과 대응표본 t 검정에 대해 살펴보았다. 독립표본 t 검정은 두 모집단에서 독립적으로 추출된 표본의 평균 차이를 이용하여 두 모집단의 평균 차이를 검정하는 방법이고, 대응표본 t 검정은 두 집단이 독립적이지 않고 종속적일 경우 두 집단의 종속변수에 대한 평균의 차이를 검정하기 위하여 사용하는 통계방법으로, 주로 반복측정된 두 자료의 평균의 차이검정과 짝지어진 두 집단의 평균의 차이검정에 사용된다. 이처럼 비교하려는 집단이 독립적인지 종속적인지에 따라 평균의 차이에 대한 분석방법은 무선배치 분산분석과 반복측정 분산분석으로 구분된다. 무선배치 분산분석(ANOVA with random assignments)은 실험연구에서 각 피험자가 처치조건에 무선

으로 배치되고 피험자들이 한 가지 실험처치만을 받고 실험처치가 다른 집단 간 평균의 차이를 검정할 때 사용되거나, 조사연구에서 독립표본 t 검정처럼 서로 다른 집단 간의 평균 차이를 비교할 때 사용된다. 앞의 예처럼 실험연구에서 일정 인원의 학생들을 세 개 반에 무선배치한 다음 각각 A, B, C 교수방법으로 수업을 한 후 그 효과에 대한 차이는 무선배치 분산분석으로 검정할 수 있다. 또한 조사연구에서 중학교 1, 2, 3학년의 진로탐색행동의 평균의 차이도 무선배치 분산분석을 활용하여 검정한다.

반복측정 분산분석(ANOVA with repeated measurements)은 대응표본 t 검정처럼 실험연구에서 동일한 피험자들이 여러 실험처치에 반복적으로 노출되어 반복측정된 자료들의 평균 차이를 비교할 때 사용하거나, 종단연구 자료와 같이 조사연구에서 동일한 표본들의 특성이 시간의 변화에 따라 어떻게 변화되는지 그 추이를 분석할 때 사용한다. 예를 들어, 실험연구에서 실험처치의 효과를 검정하기 위해 실험집단의 사전검사, 사후검사, 추후검사의 평균의 차이를 검정하거나, 조사연구에서 시간의 변화에 따라 도덕성이 어떻게 변하는지를 알아보기 위해 초등학생 200명을 무선표집하여 도덕성을 측정하고, 이들이 중학교에 진학했을 때와 고등학교에 진학했을 때 각각 도덕성을 측정한 후 학교급별로 도덕성 평균의 차이를 검정할 경우 반복측정 분산분석을 실시하여야 한다.

2) F 분포

분산분석은 집단 내 분산에 대한 집단 간 분산의 비율인 F 통계값을 F 분포와 비교하여 평균의 차이를 검정하기 때문에 F 검정(F-test)이라고 한다. 그러므로 분산분석을 정확하게 이해하기 위해서는 F 분포의 특성에 대한 이해가 선행되어야 한다. F 분포의 특성은 다음과 같다.

첫째, F 분포는 자유도($df = v_1, v_2$) v_1과 v_2에 의하여 결정된다. 첫 번째 자유도 v_1은 F 통계값 계산 공식에서 분자의 자유도, 즉 집단 간 자유도를 의미하며, v_2는 F 통계값 계산 공식에서 분모의 자유도, 즉 집단 내 자유도를 의미한다. F 분포의 평균은 집단 내 자유도인 v_2에 의해서만 결정되고, F 분포의 분산은 집단 간 자유도인 v_1과 집단 내 자유도인 v_2에 의해 결정되며, 두 값이 커질수록 분포의 분산의 작아진다. F 분포는 집단 간 자유도와 집단 내 자유도에 따라 다양한 형태를 보인다. [그림 8-1]은 자유도에 따른 F 분포의 형태이다.

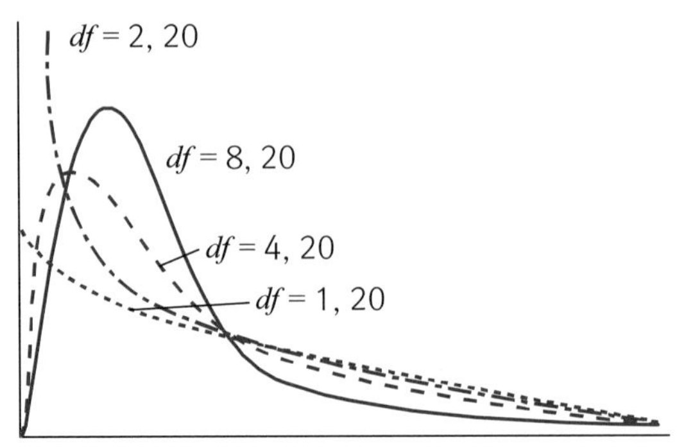

[그림 8-1] v_1과 v_2에 따른 F 분포

둘째, F분포는 최빈값이 하나인 단봉분포(unimodal distribution)이다. 표본 수가 증가하면 집단 내 자유도인 v_2가 커지고 v_2가 커지면 커질수록 F분포의 평균은 1에 가까워진다.

셋째, F분포는 정적편포(positively skewed distribution)이다. 그 이유는 집단 내 분산에 대한 집단 간 분산의 비율인 F통계값이 항상 양수이기 때문이다.

넷째, F검정에서 임계치는 유의수준 α, 자유도 v_1, v_2에 의해 결정된다. F검정은 단측검정이므로 F분포표에서 임계치를 찾을 때 양측검정에서처럼 유의수준 α를 2로 나누어서는 안 된다. 다시 말해, 유의수준 α가 .05라면 .025에서 확인하는 것이 아니라 .05에 해당되는 임계치를 찾으면 된다.

3) 분산분석의 기본 가정

분산분석은 분산을 활용하여 세 집단 이상의 평균 차이를 검정하는 통계방법으로, 두 집단의 평균을 비교하는 t 검정의 기본 가정과 거의 동일하다.

첫째, 독립변수는 질적 변수이고, 종속변수는 양적 변수이여야 한다. 즉, 독립변수는 집단을 구분하기 위해 측정치가 명명척도 또는 서열척도로 된 질적 변수이거나 범주변수이어야 하며, 종속변수는 측정치가 등간척도 또는 비율척도의 양적 변수이어야 한다. 예를 들어, 학업성취도 수준에 따라 학교생활적응에 차이가 있는지를 알아보기 위해서는 먼저 양적 변수인 학업성취도를 성적에 따라 상, 중, 하의 세 수준으로 구분한 다음 분산분석을 실시할 수 있다. 여기서 학업성취도는 양적 변수이지만 학업성취도 수준은 범주변수이다.

둘째, 각 집단에 해당하는 모집단의 분포가 정규분포이어야 한다. 정규분포의 가정은 표본의 모집단에 해당하는 것이며, 표본에 해당하는 것은 아니다. 만약 모집단이 정규분포의 가정을 위배하면 비모수통계를 사용하여야 한다.

셋째, 각 집단에 해당하는 모집단의 분산이 같아야 한다. 모집단의 정규분포 가정과 마찬가지로 모집단이 등분산 가정을 충족시키지 못하면 비모수통계를 사용해야 하므로, 등분산 검정을 통해 집단 간 분산이 같은지 여부를 확인하여야 한다. 등분산 검정은 표본의 분산 비율로 F 통계값을 산출하며, 산출된 F 통계값이 유의수준과 자유도를 고려한 임계치의 절대값보다 작으면 등분산으로 가정한다. 집단 간의 사례 수 n이 같으면 등분산 가정을 충족시키지 못해도 결론에 심각한 영향을 미치지 않으므로, 등분산 가정의 충족을 위해서는 각 집단의 표본 크기를 동일하게 할 필요가 있다.

등분산 검정은 Levene(1960)이 개발한 등분산성 검정이 가장 일반적으로 사용된다. Levene의 등분산성 검정은 분산분석의 원리를 일부 수정한 F 검정이다. Levene의 등분산 검정은 t 검정에서와 마찬가지로 F 값에 대한 유의확률 p 값이 .05보다 작으면 영가설을 기각하고 대립가설을 채택하는 것이며, .05보다 크면 영가설을 채택하는 것이다. 따라서 p 값이 .05보다 클 때 '집단 간 분산이 같다'는 영가설이 채택되어 등분산 가정을 충족하게 된다. 이 책에서는 Levene의 등분산성 검정에 대해서는 따로 설명하지 않으며, SPSS 프로그램에서 Levene의 등분산성을 검정하는 방법을 제시하기로 한다. 〈표 8-1〉은 교수방법에 따른 교육통계 성적이다. SPSS 프로그램에서 이 자료의 등분산성을 검정하기 위해서는 데이터 편집기 창에서 분석(A) → 평균 비교(M) → 일원배치 분산분석(O) 버튼을 클릭한 후 독립변수를 요인(F) 창으로 종속변수를 종속변수(E) 창으로 이동시키고, 옵션(O) 버튼을 클릭하여 분산 동질성 검정(H)을 선택하고 계속(C) 버튼을 클릭한 후, 확인 버튼을 클릭하면 [그림 8-2]와 같이 결과 창이 나타난다. [그림 8-2]에서 평균 기준 Levene의 통계량 F 값은 .975이고, p 값은 .390로 .05보다 크므로 영가설을 채택하게 되어 등분산 가정이 충족됨을 알 수 있다.

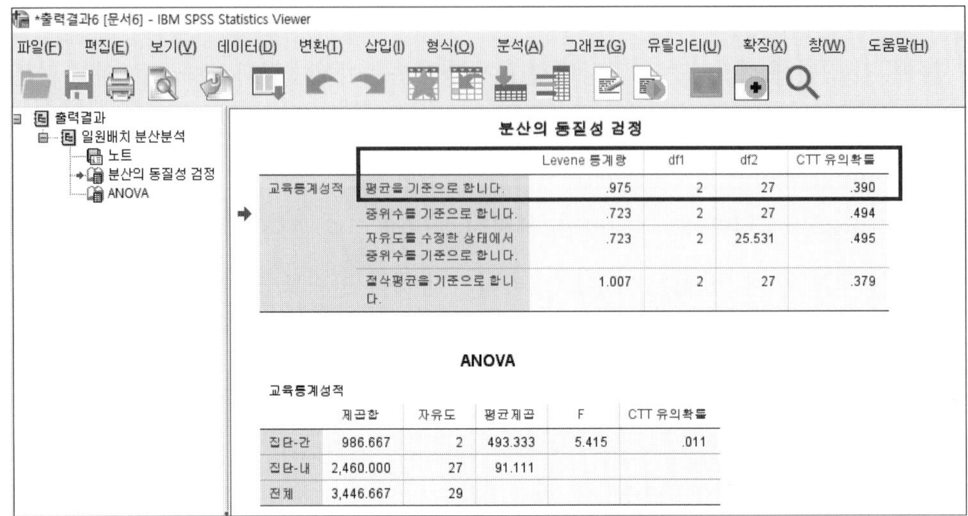

분산의 동질성 검정

		Levene 통계량	df1	df2	CTT 유의확률
교육통계성적	평균을 기준으로 합니다.	.975	2	27	.390
	중위수를 기준으로 합니다.	.723	2	27	.494
	자유도를 수정한 상태에서 중위수를 기준으로 합니다.	.723	2	25.531	.495
	절삭평균을 기준으로 합니다.	1.007	2	27	.379

ANOVA

교육통계성적

	제곱합	자유도	평균제곱	F	CTT 유의확률
집단-간	986.667	2	493.333	5.415	.011
집단-내	2,460.000	27	91.111		
전체	3,446.667	29			

[그림 8-2] SPSS 프로그램에서 Levene의 등분산 검정 결과

넷째, 표본들은 모집단으로부터 무선적이고 독립적으로 표집되어야 한다. 집단 내 오차와 집단 간 오차는 서로 독립적이어야 한다. 독립성의 가정이 위배되면 정규분포와 등분산에 대한 가정이 충족되지 않으므로 단순무선표집과 같은 확률적 표집으로 표본을 추출해야 한다.

 2. 일원분산분석

1) 일원분산분석의 개요

일원분산분석(one-way analysis of variance: one-way ANOVA)은 하나의 독립변수가 세 가지 이상의 처치조건을 가질 때, 이들에 의한 종속변수의 평균이 집단 간에 통계적으로 유의미한 차이가 있는지 검정하는 분석방법이다. 앞서 분산분석의 원리를 설명하기 위해 제시한 A, B, C 교수방법에 따른 교육통계 성적의 평균의 차이에 대한 분석이 바로 일원분산분석의 예이다. 이 예에서 독립변수는 교수방법이며, 종속변수는 교육통계 성적이 된다. 즉, 하나의 독립변수를 두 개 이상의 범주나 수준으로 나누어 그 범주나 수준에 따라 종속변수 평균의 차이의 유의성을 검정하는 것이 바로 일원분산분석이다.

일원분산분석은 종속변수의 전체 분산을 집단 간 분산과 집단 내 분산으로 구분한 후 집단 내 분산에 대한 집단 간 분산의 비율을 이용하여 집단 간 평균의 차이를 검정한다. 여기서 전체 분산은 연구대상 전체를 대상으로 산출한 분산이며, 집단 간 분산은 집단별 평균을 이용하여 산출한 분산이고, 집단 내 분산은 같은 집단 내의 연구대상들로부터 산출한 분산이다. 따라서 집단 간 분산이 클수록 집단 간에 평균 차이가 통계적으로 유의미할 가능성이 높으며, 집단 내 분산이 클수록 집단 간에 유의미한 평균 차이가 없을 확률이 높다. 따라서 일원분산분석에서 집단 간 분산이 집단 내 분산에 비해 상대적으로 크면 평균에 차이가 있다고 결론을 내린다.

일원분산분석은 세 집단 이상의 평균의 차이검정을 위해 실험연구뿐만 아니라 조사연구에서도 많이 사용되고 있다. 연구방법별 일원분산분석의 실례를 들면 다음과 같다.

- 실험연구: 교수방법(강의식, 토론식, 혼합식)에 따른 학업성취도의 차이
- 실험연구: 수업매체 활용(시각, 청각, 시청각)에 따른 학습동기의 차이
- 조사연구: 대학생의 학년별(1, 2, 3, 4) 진로준비행동의 차이
- 조사연구: 거주 지역별(대도시, 중 · 소도시, 읍 · 면지역) 행복감의 차이

2) 일원분산분석의 절차

일원분산분석은 다음과 같은 다섯 단계의 과정을 거쳐 통계적 유의성을 검정한다.

단계 1 가설 설정

$H_0 : \mu_{.1} = \mu_{.2} = \mu_{.3} = \cdots$ (영가설: 집단 간 평균의 차이가 없다.)

$H_A : H_0$ 이 진이 아니다(대립가설: 적어도 어느 두 집단 간에는 평균의 차이가 있다.)

단계 2 F 분포표에서 유의수준과 자유도를 고려하여 임계치 찾기

유의수준(α): 가설 설정 시 연구자가 설정(주로 .05 또는 .01을 사용)

자유도(df): 집단 간 자유도(v_1)=J−1(집단 수−1)

집단 내 자유도(v_2)=N−J(전체 표본 수−집단 수)

단계 3 F 통계값 계산

Source 변량원	SS 제곱합	df 자유도	MS 평균제곱	F
Between Groups 집단 간	SS_B	$J-1$	MS_B	MS_B/MS_W
Within Groups 집단 내	SS_W	$N-J$	MS_W	
Total 합계	SS_T	$N-1$		

$$SS_T = SS_B + SS_W$$

$$MS_B = \frac{SS_B}{J-1} \quad MS_W = \frac{SS_W}{N-J} \quad F = \frac{MS_B}{MS_W}$$

여기서 SS_B와 SS_W는 다음 공식으로 구할 수 있다.

$$SS_B = \frac{\sum_{j=1}^{J}(\sum_{i=1}^{n} Y_{ij})^2}{n} - \frac{(\sum_{j=1}^{J}\sum_{i=1}^{n} Y_{ij})^2}{N}$$

$$SS_W = \sum_{j=1}^{J}\sum_{i=1}^{n} Y_{ij}^2 - \frac{\sum_{j=1}^{J}(\sum_{i=1}^{n} Y_{ij})^2}{n}$$

단계 4 영가설 채택 여부 결정

단계 2의 임계치와 단계 3의 F 통계값을 비교하여 영가설 채택 여부를 결정

단계 5 결과의 해석

3) 일원분산분석의 예

세 모집단에서 각각 10명의 학생들을 표집하여 세 반에 무선배치 후 서로 다른 세 가지 교수방법으로 수업을 실시하였다. 수업 후 교육통계 시험을 치른 결과는 〈표 8-2〉와 같다. 유의수준 .05에서 집단 간 평균의 차이를 검정하라.

〈표 8-2〉 교수방법에 따른 교육통계 성적

교수방법		
프로젝트 수업(A)	컴퓨터 보조 수업(B)	강의식 수업(C)
60	80	70
75	95	65
95	90	80
80	90	60
85	80	70
90	85	85
95	90	90
70	95	60
80	90	80
80	75	70

단계 1 가설 설정

$H_0 : \mu_{.1} = \mu_{.2} = \mu_{.3}$

H_A : 적어도 어느 두 집단 간에는 평균에 차이가 있다.

단계 2 F 분포표에서 유의수준과 자유도를 고려하여 임계치 찾기

$${}_{\alpha}F_{v_1, v_2} = {}_{.05}F_{2, 27} = 3.35$$

(v_1: 집단 간 자유도, v_2: 집단 내 자유도)

단계 3 F 통계값 계산

$$\sum_{j=1}^{J}(\sum_{i=1}^{n} Y_{ij})^2 = (810)^2 + (870)^2 + (730)^2 = 1945900$$

$$\sum_{j=1}^{J}\sum_{i=1}^{n} Y_{ij}^2 = 197050$$

$$(\sum_{j=1}^{J}\sum_{i=1}^{n} Y_{ij})^2 = (810 + 870 + 730)^2 = (2410)^2 = 5808100$$

$$SS_B = \frac{\sum_{j=1}^{J}(\sum_{i=1}^{n} Y_{ij})^2}{n} - \frac{(\sum_{j=1}^{J}\sum_{i=1}^{n} Y_{ij})^2}{N} = \frac{1945900}{10} - \frac{5808100}{30} = 986.67$$

$$SS_W = \sum_{j=1}^{J}\sum_{i=1}^{n} Y_{ij}^2 - \frac{\sum_{j=1}^{J}(\sum_{i=1}^{n} Y_{ij})^2}{n} = 197050 - \frac{1945900}{10} = 2460.00$$

$$SS_T = SS_B + SS_W = 986.67 + 2460.00 = 3446.67$$

$$MS_B = \frac{SS_B}{J-1} = \frac{986.67}{2} = 493.34$$

$$MS_W = \frac{SS_W}{N-J} = \frac{2460.00}{27} = 91.11$$

$$F = \frac{MS_B}{MS_W} = \frac{493.34}{91.11} = 5.41$$

Source	SS	df	MS	F
Between Groups	986.67	3−1=2	493.34	5.41
Within Groups	2460.00	30−3=27	91.11	
Total	3446.67	30−1=29		

단계 4 영가설 채택 여부 결정

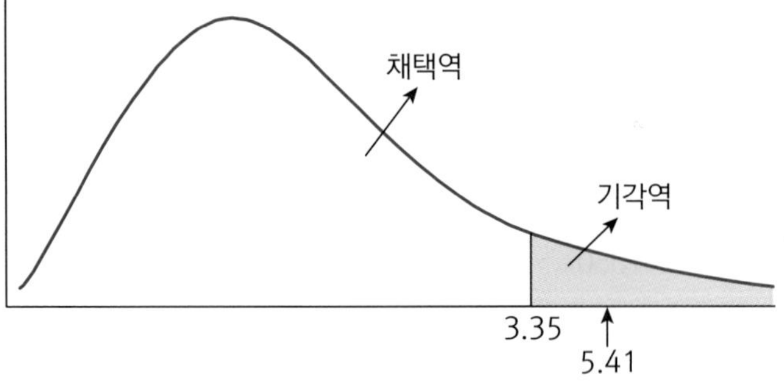

F 통계값($F=5.41$)이 기각역에 해당하므로 영가설을 기각

단계 5 결과의 해석

유의수준 .05에서 교수방법에 따라 적어도 어느 두 집단 간에는 교육통계 성적의 평균에 차이가 있다.

4) 사후검정

일원분산분석에서 최소한 어느 두 집단의 평균이 통계적으로 유의미한 차이가 있으면 영가설이 기각된다. 즉, 영가설이 기각되었다고 해서 모든 집단의 평균에 차이가 있는 것은 아니다. 따라서 영가설이 기각되었을 경우 어느 집단 간에 유의미한 평균의 차이가 있는지를 검정하여야 하는데, 이를 사후검정(post hoc test)이라고 한다. 두 집단의 평균의 차이를 검정하는 t 검정에서 평균이 통계적으로 유의미한 차이가 있다면, 두 집단밖에 없으므로 사후검정의 과정 없이 바로 평균의 크기를 비교하여 평균이 높은 집단과 낮은 집단을 구분할 수 있다. 하지만 세 집단 이상의 평균의 차이를 검정하는 일원분산분석에서는 사후검정을 통해 어떤 집단 간에 유의미한 평균의 차이가 있는지 확인하여야 한다.

일원분산분석을 실시한 후 집단 간 차이가 있는 경우 실시하는 사후검정방법으로는 Fisher의 LSD 방법, Student-Newman-Keuls(S−N−K) 방법, Bonferroni 방법, Tukey의 HSD 방법, Scheffé 방법, Duncan의 MRT 방법 등이 많이 사용되고 있다. 이들 중 등분산의 조건을 충족시키면서 집단별 표본의 크기 n이 같을 경우에는 Tukey의 HSD 방법, Duncan의 MRT 방법이 많이 사용된다. 등분산의 조건은 충족시키지만 집단별 표본의 크기 n이 다를 경우에는 Fisher의 LSD 방법, Scheffé 방법, Bonferroni 방법 등이 주로 사용되며, 등분산 가정을 충족시키지 못하면서 집단별 표본의 크기 n도 다를 때에는 Games-Howell 방법 등이 사용된다. 여기서는 상대적으로 많이 활용되고 있는 사후검정방법인 Tukey의 HSD, Fisher의 LSD, Scheffé 검정방법 및 검정 과정을 살펴보기로 한다.

① Tukey의 HSD 검정

Tukey의 HSD(honestly significant difference)는 등분산의 조건을 충족시키면서 집단별 표본의 크기인 n이 같을 때 스튜던트의 범위 분포(studentized range distribution)를 이용

하여 모든 가능한 두 집단의 평균의 차이를 검정하는 사후검정방법이다. 스튜던트 범위란 J개의 집단이 있을 때 이들 집단의 평균 중에서 가장 큰 것과 가장 작은 것의 차이를 한 집단의 평균에서 표준오차로 나눈 값을 말한다. 이 방법을 사용하기 위해서는 임계치인 HSD를 구하고, 두 집단 간의 평균의 차이가 HSD 값보다 크면 영가설을 기각하고, 두 집단 간 평균에 차이가 있다고 해석한다.

$$HSD = Q\sqrt{\frac{MS_W}{n}}$$

HSD 공식에서 Q값은 집단 내 자유도 $df_W(v_2)$와 유의수준을 고려하여 Tukey의 Q 분포표에서 확인할 수 있으며, MS_W는 집단 간 평균제곱이며, n은 각 집단의 인원 수를 의미한다. 앞의 예를 통해 Tukey의 HSD를 사용하여 사후검정을 실시하면 다음과 같다.

$$HSD = Q\sqrt{\frac{MS_W}{n}} = 3.51\sqrt{\frac{91.11}{10}} = 10.59$$

〈표 8-3〉 교수방법에 따른 세 집단 평균 비교

평균($\overline{X}$)		A	B	C
		81	87	73
A	81	–	−6	8
B	87		–	14*
C	73			–

〈표 8-3〉에서 평균의 차이가 HSD 10.59보다 큰 두 집단은 B와 C(평균 차 14)이므로 두 집단 간 평균에 차이가 있다고 결론을 내릴 수 있다.

② Fisher의 LSD 검정

Fisher의 LSD(least significant difference)는 등분산의 조건을 충족시키지만 표본의 크기가 다를 경우, 일원분산분석의 결과가 통계적으로 유의미할 때 t 검정으로 집단 간 평균의 차이를 분석하는 사후검정방법이다. 반복적 t 검정을 실시할 경우 제1종 오류를 범할 가능성이 증가하는 것처럼, Fisher의 LSD는 사후검정에서 발생할 수 있는 제1종 오류를 범할 가능성이 높아지는 것을 고려하거나 조정하지 못한다는 문제가 있다. 하지만 이 검정은 집단별 표본의 크기인 n이 같을 때는 물론 다를 때도 적용할 수 있다는 장점이 있다. Fisher의 LSD의 임계치는 유의수준 α와 집단 내 자유도 $df_W(v_2)$를 고려하여 t 분포표에서 찾으면 된다. LSD 값은 다음의 공식을 사용하여 산출할 수 있다.

$$LSD = \frac{\overline{X}_a - \overline{X}_b}{\sqrt{MS_W(\frac{1}{n_a} + \frac{1}{n_b})}}$$

앞의 예에서 Fisher의 LSD 검정을 위해 유의수준 $\alpha = .05$와 집단 내 자유도인 $df_W(v_2)$ 27의 t 값을 t 분포표에서 찾으면, 2.05(양측검정)이며, 이것이 임계치가 된다. 집단 A와 B의 평균의 차이를 검정하기 위해 LSD 값을 계산하면 다음과 같다.

$$LSD = \frac{\overline{X}_a - \overline{X}_b}{\sqrt{MS_W(\frac{1}{n_a} + \frac{1}{n_b})}} = \frac{81 - 87}{\sqrt{91.11(\frac{1}{10} + \frac{1}{10})}} = \frac{-6}{4.27} = -1.41$$

따라서 −1.41이 임계치인 2.05보다 작으므로 영가설을 채택하게 되며, 두 집단 간에는 통계적으로 유의미한 평균의 차이가 없는 것으로 해석한다.

③ Scheffé 검정

Scheffé 검정은 집단별 표본의 크기인 n이 달라도 되며 정규성과 등분산성을 충족하지 않더라도 큰 영향을 받지 않는 사후검정방법이다. 제1종 오류를 범할 수 있는 가능성이 낮으므로 사후검정에서 가장 많이 사용되는 것 중의 하나이다. Scheffé 검정은 Tukey의 HSD와 마찬가지로 모든 집단의 비교에서 임계치가 같으며, 임계치를 구하는 공식은 다음과 같다.

$$S=\pm\sqrt{\upsilon_1 \times F\upsilon_1, \upsilon_2, \alpha}$$

사후검정을 위해서는 집단 평균의 차이인 ψ와 그에 따른 표준오차를 다음의 공식을 이용하여 계산해야 한다.

$$\psi=\sum_{j=1}^{I}\omega_j\overline{X}_j$$

$$SE_\psi=\sqrt{MS_\omega\sum_{j=1}^{I}\frac{\omega_j^2}{n_j}}$$

앞의 예에서 Scheffé 검정을 위해 임계치를 계산하면 다음과 같다.

$$S=\pm\sqrt{\upsilon_1 \times F\upsilon_1, \upsilon_2, \alpha}=\pm\sqrt{2(3.35)}=\pm 2.59$$

앞의 예에서 집단 A와 집단 B를 비교해 보면 다음과 같다.

$$\psi=\sum_{j=1}^{I}\omega_j\overline{X}_j=(1)81+(-1)87=-6$$

$$SE_\psi=\sqrt{MS_\omega\sum_{j=1}^{I}\frac{\omega_j^2}{n_j}}=\sqrt{91.11(\frac{1^2}{10}+\frac{(-1)^2}{10})}=4.27$$

$$t_\psi=\frac{\psi}{SE_\psi}=\frac{-6}{4.27}=-1.41$$

따라서 −1.41이 임계치인 2.59보다 작으므로 영가설을 채택하게 되며, 두 집단 간에는 통계적으로 유의미한 평균의 차이가 없는 것으로 해석한다.

같은 방법으로 집단 B와 C를 비교하면 t_ψ 값은 3.28로 임계치인 2.59보다 크므로 통계적으로 유의미한 평균의 차이가 있는 것으로 해석한다.

$$t_{\psi} = \frac{\psi}{SE_{\psi}} = \frac{14}{4.27} = 3.28$$

5) 일원분산분석의 통계 처리 과정 및 보고서 양식

〈표 8-2〉 교수방법에 따른 교육통계 성적을 SPSS 프로그램에 입력한 자료는 【제8장 일원분산분석자료】이다. 이 자료를 사용하여 프로젝트 수업, 컴퓨터 보조 수업, 강의식 수업에 따른 교육통계 성적의 차이검정에 대한 일원분산분석의 통계 처리 과정 및 보고서 양식을 살펴보자.

연구문제

프로젝트 수업, 컴퓨터 보조 수업, 강의식 수업에 따른 교육통계 성적에는 차이가 있는가?

SPSS 통계 처리 과정

① SPSS 데이터 편집기에서 해당 파일을 불러온 후 분석(A) → 평균 비교(M) → 일원배치 분산분석(O) 버튼을 클릭한다.

[그림 8-3] 분산분석의 통계 처리 과정 1

② 독립변수를 요인(F) 창에, 종속변수를 종속변수(E)창으로 이동시킨다.

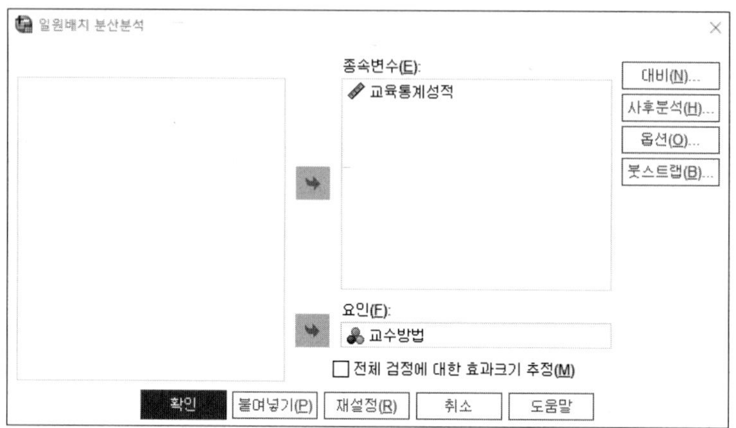

[그림 8-4] 분산분석의 통계 처리 과정 2

③ 사후분석(H) 버튼을 클릭하여 해당되는 사후분석방법을 선택하고 계속(C) 버튼을 클릭한다.

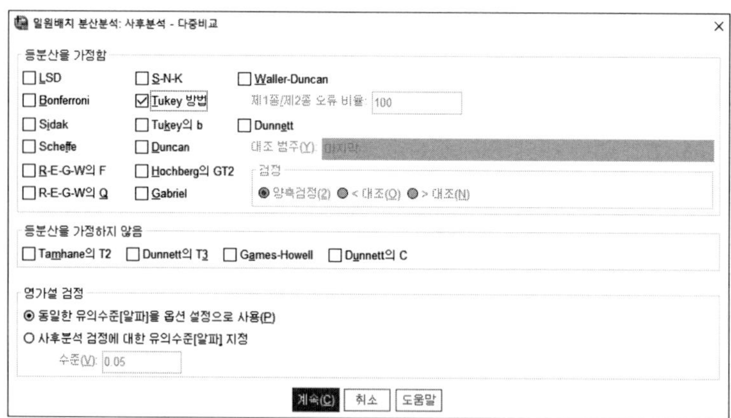

[그림 8-5] 분산분석의 통계 처리 과정 3

④ 옵션(O) 버튼을 클릭하여 기술통계(D)와 분산 동질성 검정(H)을 선택하고 계속(C) 버튼을 클릭한다. 확인 버튼을 클릭하면 다음과 같은 결과 창이 나타난다.

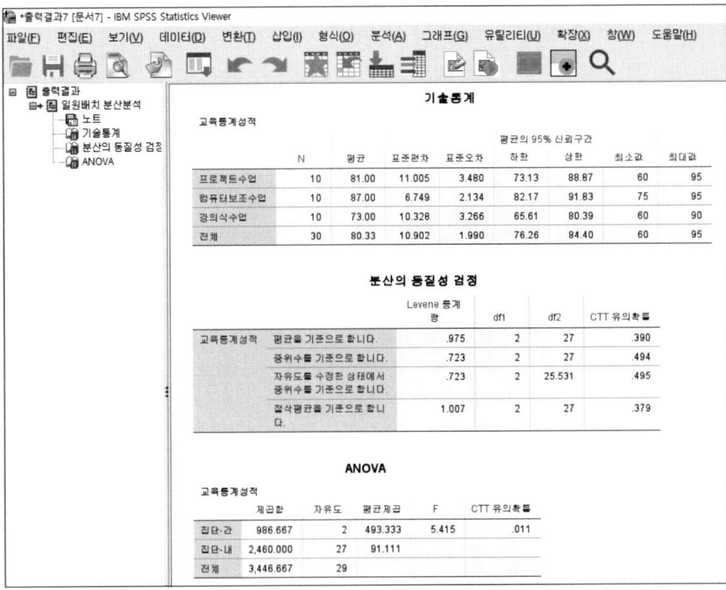

기술통계

교육통계성적

	N	평균	표준편차	표준오차	평균의 95% 신뢰구간 하한	평균의 95% 신뢰구간 상한	최소값	최대값
프로젝트수업	10	81.00	11.005	3.480	73.13	88.87	60	95
컴퓨터보조수업	10	87.00	6.749	2.134	82.17	91.83	75	95
강의식수업	10	73.00	10.328	3.266	65.61	80.39	60	90
전체	30	80.33	10.902	1.990	76.26	84.40	60	95

분산의 동질성 검정

		Levene 통계량	df1	df2	유의확률
교육통계성적	평균을 기준으로 합니다.	.975	2	27	.390
	중위수를 기준으로 합니다.	.723	2	27	.494
	자유도를 수정한 상태에서 중위수를 기준으로 합니다.	.723	2	25.531	.495
	절삭평균을 기준으로 합니다.	1.007	2	27	.379

ANOVA

교육통계성적

	제곱합	자유도	평균제곱	F	유의확률
집단-간	986.667	2	493.333	5.415	.011
집단-내	2,460.000	27	91.111		
전체	3,446.667	29			

[그림 8-6] 분산분석의 통계 처리 결과

보고서 양식

[보고서 양식 1]

교수방법에 따라 교육통계 수업의 효과에 차이가 있는지를 알아보기 위해 세 모집단에서 각각 10명의 학생들을 표집하여 세 반에 무선배치 후 서로 다른 교수방법으로 수업을 한 후 교육통계 시험을 실시하였다. 교수방법에 따른 교육통계 성적에 대한 평균 및 표준편차는 〈표 8-4〉와 같다.

〈표 8-4〉 교수방법별 교육통계 성적에 대한 기술통계

교수방법	n	M	SD
프로젝트 수업	10	81.00	11.01
컴퓨터 보조 수업	10	87.00	6.75
강의식 수업	10	73.00	10.33
합계	30	80.33	10.90

〈표 8-4〉와 같이 교수방법별 교육통계 성적은 프로젝트 수업의 평균은 81.00, 표준편차는 11.01, 컴퓨터 보조 수업의 평균은 87.00, 표준편차는 6.75, 강의식 수업의 평균은 73.00, 표준편차는 10.33이였다.

교수방법에 따라 교육통계 성적의 평균에 차이가 있는지 알아보기 위하여 일원분산분석을 실시한 결과는 〈표 8-5〉와 같다.

〈표 8-5〉 교수방법에 따른 교육통계 성적에 대한 일원분산분석 결과

Source	*SS*	*df*	*MS*	*F*	*p*
Between Groups	986.67	2	493.33	5.42	.011
Within Groups	2460.00	27	91.11		
Total	3446.67	29			

교수방법에 따라 교육통계 성적의 평균에 대한 차이를 검정한 결과, F 통계값이 5.42 ($p < .05$)로 유의수준 .05에서 집단 간에 유의미한 차이가 있는 것으로 나타났다. 어느 집단 간에 교육통계 성적의 평균에 차이가 있는지 Tukey 방법을 이용하여 사후검정을 실시한 결과는 다음 [그림 8-7]과 같다.

교수방법	프로젝트 수업	컴퓨터 보조 수업	강의식 수업
프로젝트 수업			
컴퓨터 보조 수업			
강의식 수업		*	

[그림 8-7] 교수방법에 따른 교육통계 성적의 사후검정결과

Tukey 방법을 이용하여 사후검정을 실시한 결과 컴퓨터 보조 수업을 실시한 집단이 강의식 수업을 실시한 집단보다 유의수준 .05에서 유의미하게 평균이 높은 것으로 나타났다.

[보고서 양식 2]

교수방법에 따라 교육통계 성적의 평균에 차이가 있는지 알아보기 위하여 일원분산분석을 실시한 결과는 〈표 8-6〉과 같다.

〈표 8-6〉 교수방법에 따른 교육통계 성적에 대한 일원분산분석 결과

교수방법	n	M	SD	F	Tukey
ⓐ 프로젝트 수업	10	81.00	11.01	5.42*	ⓑ>ⓒ
ⓑ 컴퓨터 보조 수업	10	87.00	6.75		
ⓒ 강의식 수업	10	73.00	10.33		
합계	30	80.33	10.90		

*$p < .05$

〈표 8-6〉과 같이 교수방법에 따라 교육통계 성적의 평균에 대한 차이를 검정한 결과, F 통계값이 5.42($p < .05$)로 유의수준 .05에서 집단 간에 유의미한 차이가 있는 것으로 나타났다. 즉, 컴퓨터 보조 수업을 실시한 집단이 강의식 수업을 실시한 집단보다 유의수준 .05에서 유의미하게 평균이 높은 것으로 나타났다.

3. 이원분산분석

1) 이원분산분석의 개요

일원분산분석은 종속변수가 독립변수의 범주나 수준에 따라 차이가 있는지를 검정하는 방법이다. 즉, 일원분산분석은 독립변수와 종속변수의 수가 각각 하나이며, 독립변수의 처치조건이나 범주에 따라 양적 변수인 종속변수의 평균에 차이가 있는지를 분석하는 통계적 방법이다. 독립변수의 수가 2개이면 논리상 일원분산분석을 독립변수별로 실시하여야 하나, 이 경우 이원분산분석을 실시한다. 이원분산분석(two-way analysis of variance: two-way ANOVA)이란 두 개의 범주형 독립변수가 하나의 종속변수에 미치는

주효과 및 상호작용효과를 분석하는 통계방법이다.

예를 들어, 성격유형(내향, 외향) 및 교수방법(강의법, 토론법)에 따른 학업성취도의 차이에 대한 연구에서 독립변수는 성격유형과 교수방법 두 개이다.

〈표 8-7〉 성격유형 및 교수방법에 따른 학업성취도

		교수방법			
		강의법		토론법	
성격유형	내향	85	85	85	80
		90	90	80	85
		95	70	75	75
		80	80	80	85
		85	90	85	80
	외향	75	90	90	95
		80	75	85	85
		85	85	90	80
		95	75	85	95
		90	80	95	90

이 경우, 성격유형에 따른 학업성취도의 차이를 분석하기 위해 한 번의 일원분산분석을 실시하고, 교수방법에 따른 학업성취도의 차이를 분석하기 위해 또 한 번의 일원분산분석을 실시할 수 있다. 하지만 이원분산분석을 사용할 경우 성격유형과 교수방법에 따른 학업성취도의 차이, 즉 주효과(main effect)를 동시에 분석할 수 있을 뿐만 아니라 일원분산분석으로는 계산해 낼 수 없는 두 독립변수가 종속변수에 미치는 상호작용효과(interaction effect)까지 분석할 수 있다. 독립변수가 두 개이면 이원분산분석, 세 개 이상이면 다원분산분석(multi-way analysis of variance: multi-way ANOVA)이라고 하며, 이들을 요인설계(factorial design)라고도 한다.

요인설계에서는 독립변수를 요인이라고 하며, 요인이 모두 피험자 간 요인이면 독립적 요인설계(independent factorial design), 요인이 모두 피험자 내 요인이면 반복측정 요인설계(repeated measures factorial design), 피험자 간 요인과 피험자 내 요인이 섞여 있으면 혼합설계(mixed design)라고 한다. 이원분산분석은 독립적 요인설계에 해당되며, 요인이 2개이므로 이요인설계(two-way factorial design)라고도 한다.

요인설계는 다음과 같은 장점이 있다. 첫째, 요인설계는 적은 피험자로 많은 자료를 수집할 수 있다. 앞의 예시에서 만약 요인설계를 사용하지 않고 두 요인의 효과를 따로 검정하려면 교수방법에 따른 학업성취도의 차이를 분석하기 위해서 40명의 피험자가 필요하며, 또한 성격유형이 내향인지 외향인지에 따른 학업성취도의 차이를 분석하기 위해서 40명의 피험자가 필요하여 모두 80명이 필요하다. 하지만 이요인설계에서는 40명의 피험자만 있으면 교수방법 및 성격유형 모두를 분석할 수 있다. 둘째, 요인설계는 실험연구에서 실험처치 이외에 종속변수에 영향을 미칠 수 있는 외재변수(extraneous variable)를 통제하여 실험의 내적타당도를 높일 수 있다. 외재변수를 하나의 독립변수로 포함시켜 통제할 수 있으므로 실험 결과가 실험처치, 즉 독립변수에 의한 결과로 해석할 수 있는 가능성을 높여 준다. 셋째, 요인설계는 하나의 독립변수에 대한 차이를 분석하는 일원분산분석에 비해 더 많은 연구결과의 내용을 제시할 수 있다. 앞의 예시에서 일원분산분석으로 교수방법이나 성격성향에 따른 학업성취도의 차이를 분석하였을 때 통계적으로 유의미한 차이가 없다. 하지만 요인설계의 상호작용효과 검정을 통해 성격유형이 내향인 피험자는 강의식 교수방법이 효과적이고, 외향인 피험자는 토론식 교수방법이 더 효과적이라는 연구결과를 추가적으로 얻을 수 있다.

이원분산분석을 실시하기 위해서는 다음과 같은 요건이 필요하다. 첫째, 두 독립변수는 모두 범주변수로 2개 이상의 수준으로 구분되어야 한다. 둘째, 종속변수는 양적 변수로 등간척도 또는 비율척도이어야 한다. 셋째, 한 피험자는 두 독립변수가 조합된 하나의 조건에만 속해야 한다. 이원분산분석의 가정은 일원분산분석의 독립성 가정, 정규성 가정, 등분산성 가정을 따른다. 즉, 특정 피험자의 점수는 다른 피험자의 점수와 독립적이어야 한다는 독립성, 각 셀의 점수는 정규분포를 이루는 모집단에서 표집되어야 한다는 정규성, 각 셀의 점수를 표집한 모집단의 분산이 같아야 한다는 등분산성을 가정한다.

2) 주효과와 상호작용효과

이원분산분석은 두 개의 독립변수에 대한 주효과와 상호작용효과를 동시에 검정한다. 독립변수의 처치조건이나 범주에 따라 종속변수의 평균이 통계적으로 유의미한 차이가 있는지 여부를 판단하는 주효과와 한 독립변수의 처치조건이나 범주에 따른 종속변수의 평균이 다른 독립변수의 처치조건이나 범주에 따라서 다른지 여부를 판단하는 상호작용효과를 동시에 검정한다.

주효과(main effect)는 독립변수가 종속변수에 미치는 개별적인 효과, 즉 한 독립변수가 다른 독립변수에 관계없이 종속변수에 미치는 효과를 말한다. 이원분산분석은 독립변수가 두 개이므로 두 번의 주효과분석을 실시한다. 앞의 예시는 교수방법과 성격유형에 따른 학업성취도의 차이를 분석하는 이원분산분석이며, 이 경우 교수방법의 주효과와 성격유형의 주효과, 즉 2개의 주효과를 분석하게 된다. 교수방법의 주효과는 성격유형과 관계없이 학업성취도에 미치는 효과를 의미하며, 성격유형의 주효과는 교수방법에 관계없이 학업성취도에 미치는 효과를 의미한다. 즉, 성격유형과 관계없이 교수방법인 강의법과 토론법에 따라 학업성취도의 평균이 통계적으로 유의미한 차이가 있으면 교수방법의 주효과가 있다고 한다. 마찬가지로 교수방법과 관계없이 성격유형인 내향과 외향에 따라 학업성취도의 평균이 통계적으로 유의미한 차이가 있으면 성격유형의 주효과가 있다고 한다.

이원분산분석의 장점 중의 하나는 상호작용효과를 검정할 수 있다는 것이다. 상호작용(interaction)은 한 독립변수가 종속변수에 미치는 효과가 다른 독립변수의 범주나 수준에 따라 달라지는 현상을 말하며, 상호작용에 의해 평균이 통계적으로 유의미한 차이가 있으면 상호작용효과(interaction effect)가 있다고 한다. 교수방법과 성격유형에 따른 학업성취도의 차이를 분석하는 앞의 예시에서 강의법은 성격유형이 내향인 학생에게 효과적이고 토론법은 성격유형이 외향인 학생에게 효과적이라면, 교수방법과 성격유형 간에 상호작용효과가 있다고 한다.

이원분산분석 결과는 주효과만 있는 경우, 주효과는 없고 상호작용효과만 있는 경우, 주효과와 상호작용효과 둘 다 있는 경우, 마지막으로 주효과와 상호작용효과 둘 다 없는 경우로 구분된다. 이원분산분석에서 주효과와 상호작용효과의 가능한 예시들을 살펴보면 [그림 8-8]과 같다.

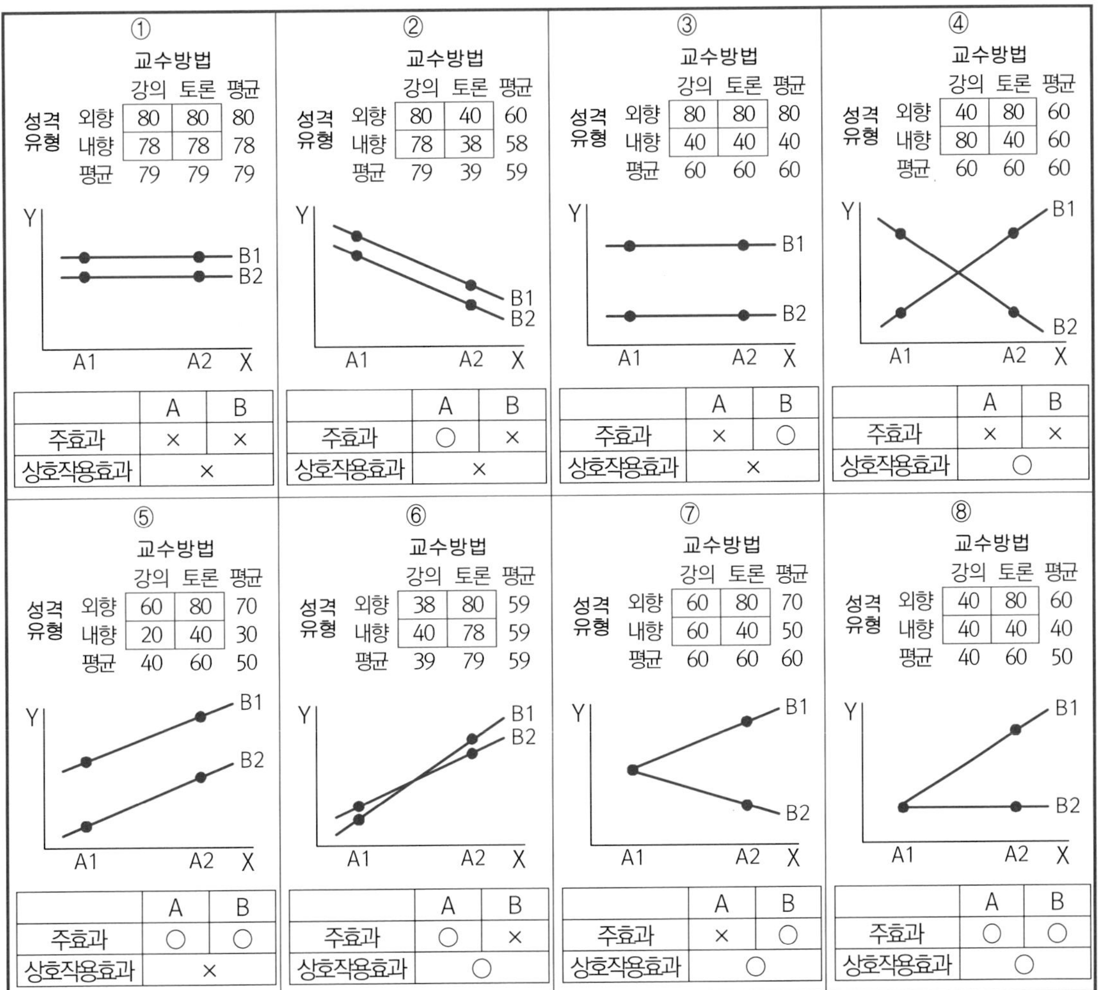

A: 교수방법(A1: 강의, A2: 토론), B: 성격유형(B1: 외향, B2: 내향)

[그림 8-8] 이원분산분석에서 주효과 및 상호작용효과 예시

[그림 8-8]에서 ②, ③, ⑤의 예시처럼 주효과만 있고 상호작용효과가 없으면 주효과만 해석하면 된다. 주효과만 있고 상호작용효과가 없다는 것은 특정 독립변수가 다른 독립변수와 관계없이 종속변수에 일정한 영향을 준다는 것을 의미한다. ②의 예시처럼 교수방법은 성격유형에 관계없이 학업성취도에 영향을 미치고 있음을 알 수 있다. 즉, 피험자의 성격유형이 외향이든 내향이든 간에 교수방법으로 강의법을 사용하는 것이 토론법을 사용하는 것보다 효과적이라고 해석할 수 있다.

앞의 그림 ④의 예시처럼 주효과는 유의미하지 않고 상호작용효과만 유의미하면 상호작용효과만 해석하면 된다. 즉, 독립변수인 교수방법이나 성격유형에 따라 학업성취도에는 차이가 없지만, 성격유형이 내향인 피험자들에게는 강의법이 효과적이고, 외향인 피험자들에게는 토론법이 더 효과적임을 알 수 있다.

⑧의 예시는 주효과와 상호작용효과가 모두 유의미한 경우이다. 교수방법은 토론법이 강의법보다, 성격유형은 외향이 내향보다 더 효과적이다. 뿐만 아니라 교수방법 중 강의법은 성격유형에 따라 효과의 차이가 없으나, 토론법은 성격유형이 외향인 피험자가 내향인 피험자보다 더 효과적임을 알 수 있다. ⑧의 예시와 같이 주효과와 상호작용효과가 모두 있을 때 주효과를 해석하는 것에 대해 비합리적이라는 주장도 있다. 그 이유는 특정 독립변수가 다른 독립변수에 관계없이 종속변수에 영향을 준다는 주효과와 특정 독립변수가 종속변수에 미치는 효과가 다른 독립변수에 따라 달라진다는 상호작용효과가 논리적으로 맞지 않기 때문이다. 따라서 일부 학자들은 상호작용효과가 있는 경우에는 상호작용효과만 설명하고, 주효과는 상호작용효과가 없는 경우에만 해석해야 한다고 주장한다(Weiss, 1995). 하지만 주효과가 분명한 의미가 있으면, 상호작용효과의 유무에 관계없이 해석하는 것이 바람직하다.

이원분산분석의 결과는 임계치와 F 통계값을 비교하여 주효과와 상호작용효과가 통계적으로 유의미한지 여부에 대한 정보를 제공한다. 하지만 독립변수와 상호작용효과가 종속변수에 어느 정도 영향을 미쳤는지 그 효과의 크기에 대한 정보는 제공하지 않는다. η^2은 각 독립변수와 상호작용효과가 전체 변화량에서 어느 정도의 비율을 차지하고 있는지에 대한 정보를 제공한다. 효과의 크기인 η^2은 크게 두 가지 방법으로 계산한다. 첫째는 독립변수의 자승합을 전체 자승합으로 나누는 방법이다. 예를 들어, 독립변수 A의 η^2은 $\eta_A^2 = SS_A/SS_T$의 공식으로 계산할 수 있다. 두 번째는 부분 η^2(partial η^2)으로 독립변수의 자승합을 그 독립변수의 자승합과 오차자승합을 더한 값으로 나눈 값이다. 예를 들어, 독립변수 A의 부분 η^2은 $\eta^2 = SS_A/(SS_A + SS_W)$의 공식으로 계산할 수 있다. 부분 η^2은 η^2보다 값이 더 크며, SPSS 프로그램에서는 효과의 크기로 부분 η^2을 제시하고 있다.

3) 이원분산분석의 절차

이원분산분석은 다음과 같은 여섯 단계의 과정을 거쳐 통계적 유의성을 검정한다.

단계 1 가설 설정

주효과 A	영가설	$H_{0(A)}: \mu_{1.} = \mu_{2.} \cdots$
	대립가설	$H_{A(A)}: H_0$ 이 진이 아니다.
주효과 B	영가설	$H_{0(B)}: \mu_{.1} = \mu_{.2} \cdots$
	대립가설	$H_{A(B)}: H_0$ 이 진이 아니다.
상호작용효과 AB	영가설	$H_{0(AB)}: \mu_{11} - \mu_{12} = \mu_{21} - \mu_{22} \cdots$
	대립가설	$H_{A(AB)}: H_0$ 이 진이 아니다.

단계 2 F 분포표에서 유의수준과 자유도를 고려하여 임계치 찾기

	집단 간 자유도(v_1)	집단 내 자유도(v_2)	F값
주효과 A	$J-1$	$N-JK$	${}_{\alpha}F_{v1,\,v2}$
주효과 B	$K-1$	$N-JK$	${}_{\alpha}F_{v1,\,v2}$
상호작용효과 AB	$(J-1)(K-1)$	$N-JK$	${}_{\alpha}F_{v1,\,v2}$

단계 3 F 통계값 계산

$$SS_T = SS_A + SS_B + SS_{AB} + SS_W$$

$$SS_A = nq\sum_{j=1}^{p}(\overline{X}_{j.} - \overline{X}_{..})^2$$

$$SS_B = np\sum_{k=1}^{q}(\overline{X}_{.k} - \overline{X}_{..})^2$$

$$SS_{AB} = n\sum_{j=1}^{p}\sum_{k=1}^{q}(\overline{X}_{jk} - \overline{X}_{j.} - \overline{X}_{.k} + \overline{X}_{..})^2$$

$$SS_W = \sum_{i=1}^{n}\sum_{j=1}^{p}\sum_{k=1}^{q}(X_{ijk} - \overline{X}_{jk})^2$$

$$MS_A = \frac{SS_A}{J-1} \qquad MS_B = \frac{SS_B}{K-1}$$

$$MS_{AB} = \frac{SS_{AB}}{(J-1)(K-1)} \qquad MS_W = \frac{SS_W}{N-JK}$$

주효과 A $F_A = \frac{MS_A}{MS_W}$

주효과 B $F_B = \frac{MS_B}{MS_W}$

상호작용효과 AB $F_{AB} = \frac{MS_{AB}}{MS_W}$

Source	SS	df	MS	F	부분η^2
A	SS_A	$J-1$	MS_A	F_A	η^2_A
B	SS_B	$K-1$	MS_B	F_B	η^2_B
AB	SS_{AB}	$(J-1)(K-1)$	MS_{AB}	F_{AB}	η^2_{AB}
Within Groups	SS_W	$N-JK$	MS_W		
Total	SS_T	$N-1$			

단계 4 영가설 채택 여부 결정

〈주효과 A〉, 〈주효과 B〉, 〈상호작용효과 AB〉에 대한 단계 2의 임계치와 단계 3의 F통계값을 비교하여 주효과와 상호작용효과의 영가설 채택 여부를 결정

단계 5 효과 크기의 계산

주효과 A 부분 $\eta^2_A = \frac{SS_A}{SS_A + SS_W}$

주효과 B 부분 $\eta^2_B = \frac{SS_B}{SS_B + SS_W}$

상호작용효과 AB 부분 $\eta^2_{AB} = \frac{SS_{AB}}{SS_{AB} + SS_W}$

단계 6 결과의 해석

4) 이원분산분석의 예

성격유형(내향, 외향) 및 교수방법(강의법, 토론법)에 따른 학업성취도의 차이를 알아보기 위해 성격유형이 내향인 학생 20명과 외향인 학생 20명을 표집하여 각각 강의법과 토론법 교수방법 집단에 10명씩을 무선배치 후 수업을 실시하였다. 수업 후 시험을 치른 결과는 〈표 8-8〉과 같다. 유의수준 .05에서 주효과와 상호작용효과를 검정하라.

〈표 8-8〉 성격유형 및 교수방법에 따른 학업성취도

		교수방법(요인B)			
		강의법(b_1)		토론법(b_2)	
성격유형 (요인A)	내향(a_1)	85	85	85	80
		90	90	80	85
		95	70	75	75
		80	80	80	85
		85	90	85	80
	외향(a_2)	75	90	90	95
		80	75	85	85
		85	85	90	80
		95	75	85	95
		90	80	95	90

단계 1 가설 설정

주효과 A (성격유형)

영가설 $H_{0(A)}: \mu_{1.} = \mu_{2.} \cdots$
영가설: 성격유형에 따라 학업성취도에 차이가 없다.

대립가설 $H_{A(A)}: H_0$ 이 진이 아니다
대립가설: 성격유형에 따라 학업성취도에 차이가 있다.

주효과 B (교수방법)

영가설 $H_{0(B)}: \mu_{.1} = \mu_{.2} \cdots$
영가설: 교수방법에 따라 학업성취도에 차이가 없다.

대립가설 $H_{A(B)}: H_0$ 이 진이 아니다
대립가설: 교수방법에 따라 학업성취도에 차이가 있다.

상호작용효과 AB (성격유형*교수방법)	영가설	$H_{0(AB)}$: $\mu_{11}-\mu_{12}=\mu_{21}-\mu_{22}\cdots$ 영가설: 성격유형과 교수방법의 상호작용이 없다.
	대립가설	$H_{A(AB)}$: H_0 이 진이 아니다 대립가설: 성격유형과 교수방법의 상호작용이 있다.

단계 2 F 분포표에서 유의수준과 자유도를 고려하여 임계치 찾기

$\alpha=.05,\ df(\upsilon_1=1,\ \upsilon_2=36)$

주효과 A의 임계치 $_{.05}F_{1,36} \fallingdotseq 4.12$

주효과 B의 임계치 $_{.05}F_{1,36} \fallingdotseq 4.12$

상호작용효과 AB의 임계치 $_{.05}F_{1,36} \fallingdotseq 4.12$

단계 3 F 통계값 계산

		교수방법(요인B)				
		강의법(b_1)		토론법(b_2)		
성격유형 (요인A)	내향(a_1)	85	85	85	80	$\overline{X}_{1.}=83$
		90	90	80	85	
		95	70	75	75	
		80	80	80	85	
		85	90	85	80	
		$\overline{X}_{11}=85$		$\overline{X}_{12}=81$		
	외향(a_2)	75	90	90	95	$\overline{X}_{2.}=86$
		80	75	85	85	
		85	85	90	80	
		95	75	85	95	
		90	80	95	90	
		$\overline{X}_{21}=83$		$\overline{X}_{22}=89$		
		$\overline{X}_{.1}=84$		$\overline{X}_{.2}=85$		$\overline{X}_{..}=84.5$

$$SS_A = nq\sum_{j=1}^{p}(\overline{X}_{j.} - \overline{X}_{..})^2 = (10)(2)[(83-84.5)^2 + (86-84.5)^2] = 90$$

$$SS_B = np\sum_{k=1}^{q}(\overline{X}_{.k} - \overline{X}_{..})^2 = (10)(2)[(84-84.5)^2 + (85-84.5)^2] = 10$$

$$SS_{AB} = n\sum_{j=1}^{p}\sum_{k=1}^{q}(\overline{X}_{jk} - \overline{X}_{j.} - \overline{X}_{.k} + \overline{X}_{..})^2 = 10[(85-83-84+84.5)^2 + (81-83-85+84.5)^2 + (83-86-84+84.5)^2 + (89-86-85+84.5)^2] = 250$$

$$SS_W = \sum_{i=1}^{n}\sum_{j=1}^{p}\sum_{k=1}^{q}(X_{ijk} - \overline{X}_{jk})^2 = (85-85)^2 + (90-85)^2 + (95-85)^2 + \cdots + (80-89)^2 + (95-89)^2 + (90-89)^2 = 1290$$

$$SS_T = SS_A + SS_B + SS_{AB} + SS_W = 90 + 10 + 250 + 1290 = 1640$$

$$MS_A = \frac{90}{1} = 90 \qquad MS_B = \frac{10}{1} = 10$$

$$MS_{AB} = \frac{250}{1} = 250 \qquad MS_W = \frac{1290}{36} = 35.83$$

$$F_A = \frac{90}{35.83} = 2.51 \qquad F_B = \frac{10}{35.83} = .28 \qquad F_{AB} = \frac{250}{35.83} = 6.98$$

Source	SS	df	MS	F	부분η^2
A	90	1	90	2.51	.065
B	10	1	10	.28	.008
AB	250	1	250	6.98*	.162
Within Groups	1290	36	35.83		
Total	1640	39			

단계 4 영가설 채택 여부 결정

주효과 A (성격유형)	성격유형의 F 통계값 2.51은 임계치 4.12보다 작으므로 영가설을 기각하는 데 실패(영가설을 채택)
주효과 B (교수방법)	교수방법의 F 통계값 .28은 임계치 4.12보다 작으므로 영가설을 기각하는 데 실패(영가설을 채택)
상호작용효과 AB 성격유형*교수방법)	성격유형과 교수방법 간의 상호작용에 대한 F 통계값 6.98은 임계치 4.12보다 크므로 영가설을 기각

단계 5 효과 크기의 계산

$$\text{부분 } \eta_A^2 = \frac{90}{90+1290} = .065$$

$$\text{부분 } \eta_B^2 = \frac{10}{10+1290} = .008$$

$$\text{부분 } \eta_{AB}^2 = \frac{250}{250+1290} = .162$$

단계 6 결과의 해석

유의수준 .05에서 성격유형과 교수방법의 주효과는 없다. 하지만 성격유형과 교수방법 간의 상호작용효과는 있다. 즉, 성격유형인 내향과 외향 간의 학업성취도의 차이와 교수방법인 강의법과 토론법 간의 학업성취도의 차이는 없다. 하지만 내향은 강의법에서 외향은 토론법에서 학업성취도가 더 높다.

5) 이원분산분석의 통계 처리 과정 및 보고서 양식

〈표 8-7〉 성격유형 및 교수방법에 따른 학업성취도를 SPSS 프로그램에 입력한 자료는 【제8장 이원분산분석자료】이다. 이 자료를 사용하여 성격유형 및 교수방법에 따른 학업성취도의 차이검정에 대한 이원분산분석의 통계 처리 과정 및 보고서 양식을 살펴보자.

연구문제

성격유형(내향, 외향) 및 교수방법(강의법, 토론법)에 따른 학업성취도의 차이를 알아보기 위해 설정한 연구문제는 다음과 같다.
첫째, 성격유형(내향, 외향)에 따라 학업성취도에는 차이가 있는가?
둘째, 교수방법(강의법, 토론법)에 따라 학업성취도에는 차이가 있는가?
셋째, 성격유형과 교수방법 간에는 상호작용효과가 있는가?

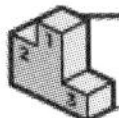

SPSS 통계 처리 과정

① SPSS 데이터 편집기에서 해당 파일을 불러온 후 분석(A) → 일반선형모형(G) → 일변량(U) 버튼을 클릭한다.

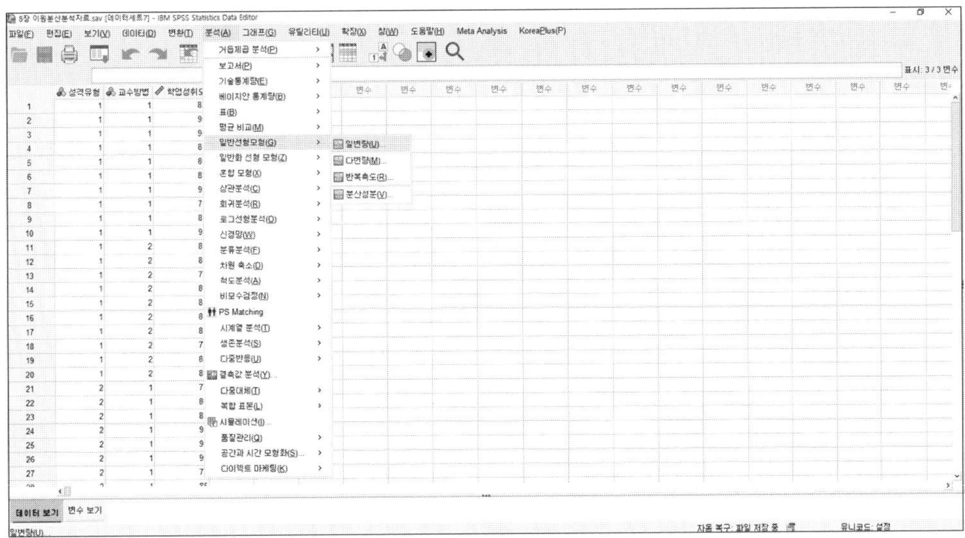

[그림 8-9] 이원분산분석의 통계 처리 과정 1

② 독립변수를 고정요인(F) 창으로 종속변수를 종속변수(D) 창으로 이동시킨다.

[그림 8-10] 이원분산분석의 통계 처리 과정 2

③ 옵션(O) 버튼을 클릭하여 기술통계량(D)과 효과크기 추정값(E)에 체크를 한 후 계속(C) 버튼을 클릭한다.

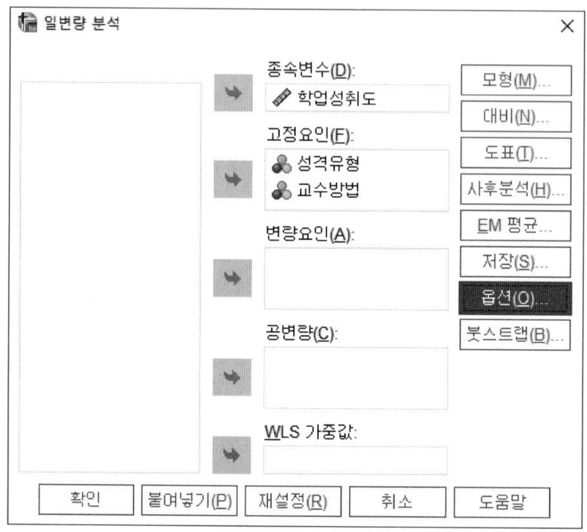

[그림 8-11] 이원분산분석의 통계 처리 과정 3

④ 확인 버튼을 클릭하면 다음과 같은 결과 창이 나타난다.

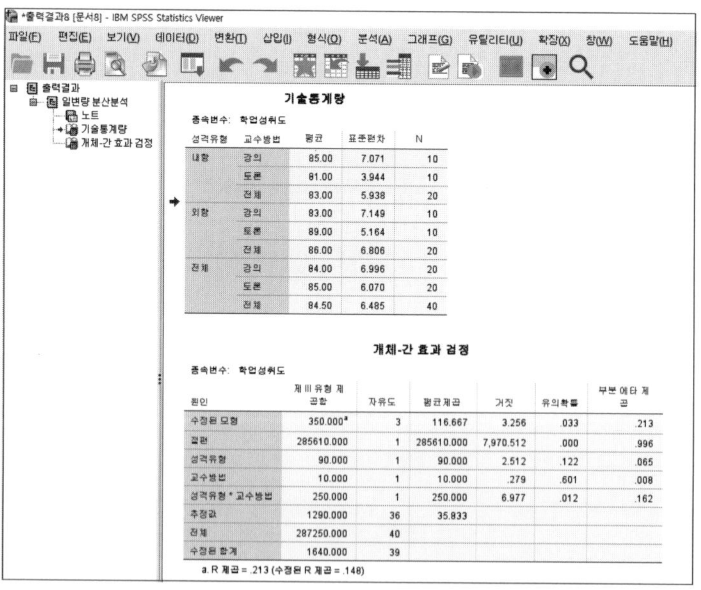

기술통계량

종속변수: 학업성취도

성격유형	교수방법	평균	표준편차	N
내향	강의	85.00	7.071	10
	토론	81.00	3.944	10
	전체	83.00	5.938	20
외향	강의	83.00	7.149	10
	토론	89.00	5.164	10
	전체	86.00	6.806	20
전체	강의	84.00	6.996	20
	토론	85.00	6.070	20
	전체	84.50	6.485	40

개체-간 효과 검정

종속변수: 학업성취도

원인	제 III 유형 제곱합	자유도	평균제곱	거짓	유의확률	부분 에타 제곱
수정된 모형	350.000[a]	3	116.667	3.256	.033	.213
절편	285610.000	1	285610.000	7,970.512	.000	.996
성격유형	90.000	1	90.000	2.512	.122	.065
교수방법	10.000	1	10.000	.279	.601	.008
성격유형 * 교수방법	250.000	1	250.000	6.977	.012	.162
추정값	1290.000	36	35.833			
전체	287250.000	40				
수정된 합계	1640.000	39				

a. R 제곱 = .213 (수정된 R 제곱 = .148)

[그림 8-12] 이원분산분석의 통계 처리 결과

이원분산분석의 장점 중의 하나는 상호작용효과를 검정할 수 있다고 하였다. 상호작용효과를 살펴보기 위해서는 [그림 8-8]에서 제시하였던 것처럼 도표를 그려 분석할 필요가 있다. 〈표 8-7〉 성격유형 및 교수방법에 따른 학업성취도의 자료에 대한 도표를 그리기 위해서는 먼저 독립변수를 고정요인(F) 창으로, 종속변수를 종속변수(D) 창으로 이동시킨다. 도표(T) 버튼을 클릭하여 수평축 변수(H)에 성격유형을, 선구분 변수(S)에 교수방법을 이동시킨 다음 추가(A) 버튼을 클릭하고, 계속(C) 버튼과 확인 버튼을 클릭하면 결과 창에 [그림 8-13]과 같은 도표가 나타난다.

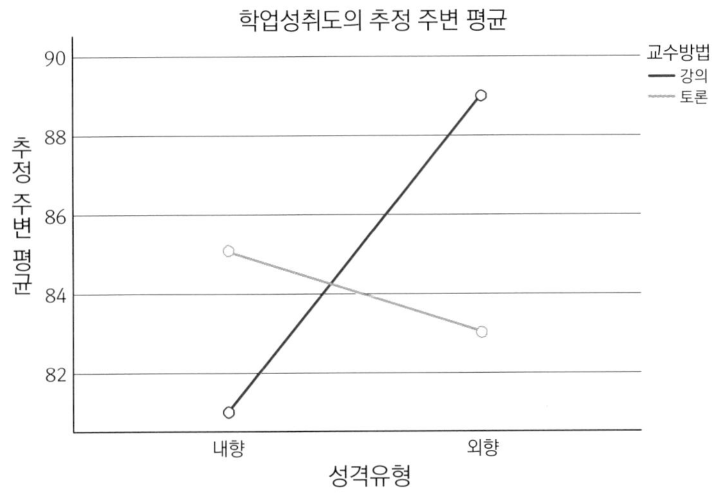

[그림 8-13] 이원분산분석의 통계 처리 결과 도표

[그림 8-13]에서와 같이 성격유형이 내향인 학생은 강의 수업에서, 외향인 학생은 토론 수업에서 학업성취도가 더 높아 성격유형과 교수방법이 교차(cross)하고 있다. 이와 같이 종속변수에 대한 두 독립변수의 도표가 교차될 때 독립변수의 종속변수에 대한 상호작용 효과가 있다고 결과를 해석한다.

보고서 양식

성격유형 및 교수방법에 따른 학업성취도의 평균 및 표준편차를 산출한 결과는 〈표 8-9〉와 같다.

〈표 8-9〉 성격유형 및 교수방법에 따른 학업성취도에 대한 기술통계

성격유형	교수방법	n	M	SD
내향	강의	10	85.0	7.07
	토론	10	81.0	3.94
	전체	20	83.0	5.94
외향	강의	10	83.0	7.15
	토론	10	89.0	5.16
	전체	20	86.0	6.81
합계	강의	20	84.0	6.99
	토론	20	85.0	6.07
	전체	40	84.5	6.48

성격유형 및 교수방법에 따른 학업성취도의 차이 및 두 변수의 상호작용효과를 알아보기 위해 이원분산분석을 실시한 결과는 〈표 8-10〉과 같고, 이를 도표로 나타내면 [그림 8-14]와 같다.

〈표 8-10〉 성격유형 및 교수방법에 따른 학업성취도에 대한 이원분산분석

Source	SS	df	MS	F	부분η^2
성격유형	90	1	90.00	2.51	.065
교수방법	10	1	10.00	.28	.008
성격유형*교수방법	250	1	250.00	6.98*	.162
오차	1290	36	35.83		
합계	1640	39			

$^*p < .05$

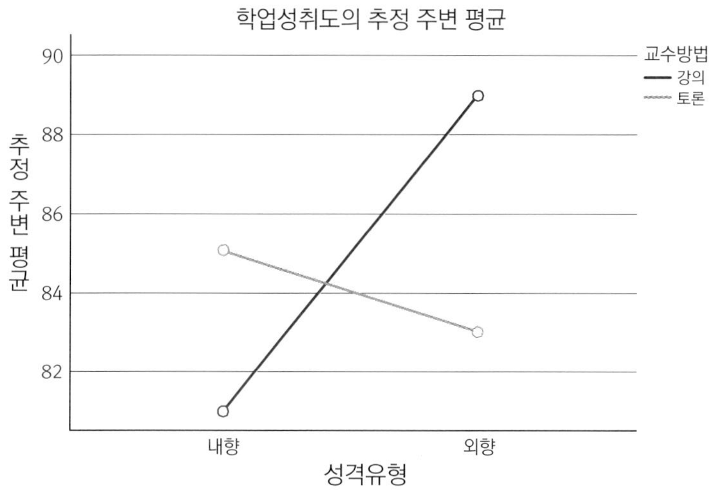

[그림 8-14] 학업성취도에 대한 성격유형 및 교수방법의 상호작용 도표

〈표 8-10〉에서와 같이 성격유형에 따른 학업성취도의 차이를 검정한 결과, F=2.51(p > .05)로 유의미한 차이가 없는 것으로 나타났다. 교수방법에 따른 학업성취도의 차이를 검정한 결과, F=.28(p > .05)로 유의미한 차이가 없는 것으로 나타났다. 하지만 성격유형과 교수방법 간의 상호작용효과는 F=6.98(p < .05)로 상호작용효과가 있는 것으로 나타났다. 즉, 내향은 강의법에서 외향은 토론법에서 학업성취도가 더 높은 것으로 나타났다.

4. 반복측정 분산분석

1) 반복측정 분산분석의 개요

앞 장에서 두 집단의 평균의 차이를 검정하는 t 검정에 대해 살펴보았다. 두 집단의 독립성 여부에 따라 독립표본 t 검정과 대응표본 t 검정으로 구분하였다. 독립표본 t 검정은 두 모집단에서 독립적으로 추출된 표본의 평균의 차이를 이용하여 두 모집단 평균의 차이를 검정할 때 사용하며, 대응표본 t 검정은 종속변수가 양적 변수이고, 두 집단이 독

립적이지 않고 종속적일 경우에 사용한다고 하였다. 세 모집단에서 독립적으로 추출된 표본 평균의 차이를 비교하기 위해서는 분산분석을 사용하며, 종속변수가 한 모집단에서 하나의 사례를 표집하는 것이 다른 모집단에서 다른 하나의 사례를 선택하는 것에 영향을 주는 경우에는 반복측정 분산분석을 사용한다.

반복측정 분산분석(Repeated Measure ANOVA)은 동일한 표본으로부터 3번 이상 반복측정된 자료에 대한 평균의 차이를 검정하는 통계적 분석방법이다. 예를 들어, 실험연구에서 실험집단의 사전검사와 사후검사 평균의 차이를 검정하는 경우 하나의 표본에서 2개 그룹의 자료인 사전검사와 사후검사의 자료가 추출되었기 때문에 대응표본 t 검정을 사용한다. 만약 이들에게 사전검사와 사후검사 외에 추후검사를 실시하였다면, 종속적으로 추출된 3개의 평균(사전검사, 사후검사, 추후검사의 평균)의 차이를 검정해야 한다. 이 경우 만약 대응표본 t 검정을 실시하면, 사전검사와 사후검사, 사전검사와 추후검사, 사후검사와 추후검사 간의 3번의 분석이 필요하게 되고, 따라서 1종오류를 범할 확률이 증가한다. 따라서 종속적으로 추출된 3개 이상의 평균의 차이를 검정할 때는 반복측정 분산분석을 사용하여야 한다. 즉, 반복측정 분산분석은 세 번 이상의 반복측정치 간의 평균의 차이를 분석하는 것이다.

반복측정 분산분석을 실시하는 다른 예를 살펴보자. 사회과학에서 많이 활용하고 있는 종단연구의 경우, 모집단에서 표본을 표집한 후 측정하고자 하는 심리적 특성에 대해 설문을 실시한 후 일정 기간이 지난 후 동일한 대상에게 동일한 심리적 특성을 지속적으로 측정한다. 만약 초등학교 4학년에서 20명을 무선표집하여 학습동기를 측정하고, 이후 중학교 1학년과 고등학교 1학년 때 이들의 학습동기를 반복해서 측정하여 학교급별 학습동기 평균의 차이를 검정한다면 반복측정 분산분석을 사용하여야 한다.

반복측정 분산분석의 이해를 위해 다음 자료를 살펴보자. 고등학생의 진로효능감을 향상시키기 위해 5명의 학생을 표집하여 진로효능감 향상 프로그램을 실시하였다. 프로그램 실시 전후로 진로효능감 사전검사 및 사후검사를 실시하였으며, 사후검사 실시 후 일정 기간이 지난 다음 추후검사를 실시한 결과는 〈표 8-11〉과 같다.

〈표 8-11〉 진로효능감의 사전, 사후, 추후 검사 결과

	진로효능감		
	사전검사	사후검사	추후검사
1	75	80	70
2	70	80	80
3	65	75	65
4	70	75	75
5	80	90	80

2) 반복측정 분산분석의 구형성 가정

ANOVA의 주요 가정 중의 하나가 표본들은 모집단으로부터 무선적이고 독립적으로 표집되어야 한다는 것이다. 독립성의 가정이 위배되면 정규분포와 등분산에 대한 가정이 충족되지 않으므로 단순무선표집과 같은 확률적 표집으로 표본을 추출해야 한다. 그런데 반복측정 분산분석은 어떤 특성에 대해 동일 집단으로부터 시간 차이를 두고 반복해서 측정한 자료를 분석함으로써 ANOVA의 독립성 가정을 위배하고 있다.

반복측정 분산분석에서는 ANOVA의 독립성 가정 대신에 구형성 가정을 사용한다. 구형성(sphericity) 가정이란 반복측정된 자료들의 시차에 따른 분산이 동일하다는 가정이다. 구형성 가정의 검정을 위해 가장 기본적으로 사용하는 것이 Mauchly 검정이다. Mauchly 검정에서 p 값이 .05보다 클 경우 구형성 가정을 충족하지만, 만약 .05보다 작아 구형성 가정을 충족하지 못하는 경우는 Greenhouse-Geisser ϵ과 Huynh-Feldt ϵ을 사용한다. 이들 값이 1에 가까울수록 구형성 가정을 충족하는 것으로 본다. 다음의 [그림 8-15]와 같이 반복측정 분산분석 결과 창에서 Mauchly의 구형성 검정 결과 Mauchly의 W값은 .536이며, 유의확률 p 값이 .392로 .05보다 크기 때문에 구형성 가정을 충족하므로 개체-내 효과 검정 표에서 구형성 가정 부분을 결과로 활용하면 된다. 만약 Mauchly의 구형성 검정 결과 유의확률 p 값이 .05보다 작을 경우 개체-내 효과 검정 표에 있는 Greenhouse-Geisser ϵ과 Huynh-Feldt ϵ의 값 중 어느 하나를 결과로 사용하면 된다.

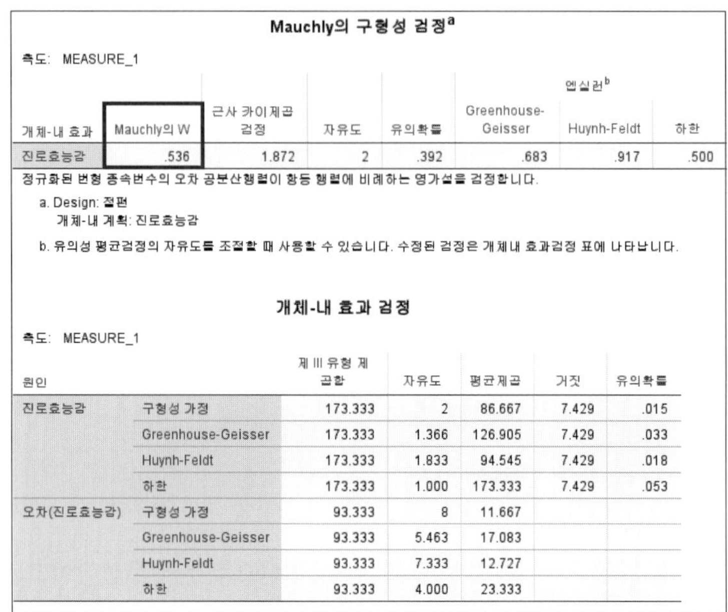

Mauchly의 구형성 검정[a]

측도: MEASURE_1

개체-내 효과	Mauchly의 W	근사 카이제곱 검정	자유도	유의확률	엡실런[b] Greenhouse-Geisser	Huynh-Feldt	하한
진로효능감	.536	1.872	2	.392	.683	.917	.500

정규화된 변형 종속변수의 오차 공분산행렬이 항등 행렬에 비례하는 영가설을 검정합니다.

a. Design: 절편
개체-내 계획: 진로효능감

b. 유의성 평균검정의 자유도를 조절할 때 사용할 수 있습니다. 수정된 검정은 개체내 효과검정 표에 나타납니다.

개체-내 효과 검정

측도: MEASURE_1

원인		제 III 유형 제곱합	자유도	평균제곱	거짓	유의확률
진로효능감	구형성 가정	173.333	2	86.667	7.429	.015
	Greenhouse-Geisser	173.333	1.366	126.905	7.429	.033
	Huynh-Feldt	173.333	1.833	94.545	7.429	.018
	하한	173.333	1.000	173.333	7.429	.053
오차(진로효능감)	구형성 가정	93.333	8	11.667		
	Greenhouse-Geisser	93.333	5.463	17.083		
	Huynh-Feldt	93.333	7.333	12.727		
	하한	93.333	4.000	23.333		

[그림 8-15] 반복측정 분산분석 통계 처리 결과

3) 반복측정 분산분석의 통계 처리 과정 및 보고서 양식

〈표 8-11〉 진로효능감의 사전, 사후, 추후 검사 결과를 SPSS 프로그램에 입력한 자료는 【제8장 반복측정분산분석자료】이다. 이 자료를 사용하여 진로효능감의 사전, 사후, 추후 검사의 평균에 차이검정에 대한 반복측정 분산분석의 통계 처리 과정 및 보고서 양식을 살펴보자.

연구문제

진로효능감의 사전검사, 사후검사, 추후검사 평균에는 차이가 있는가?

SPSS 통계 처리 과정

① SPSS 데이터 편집기에서 해당 파일을 불러온 후 분석(A) → 일반선형모형(G) → 반복측도(R) 버튼을 클릭한다.

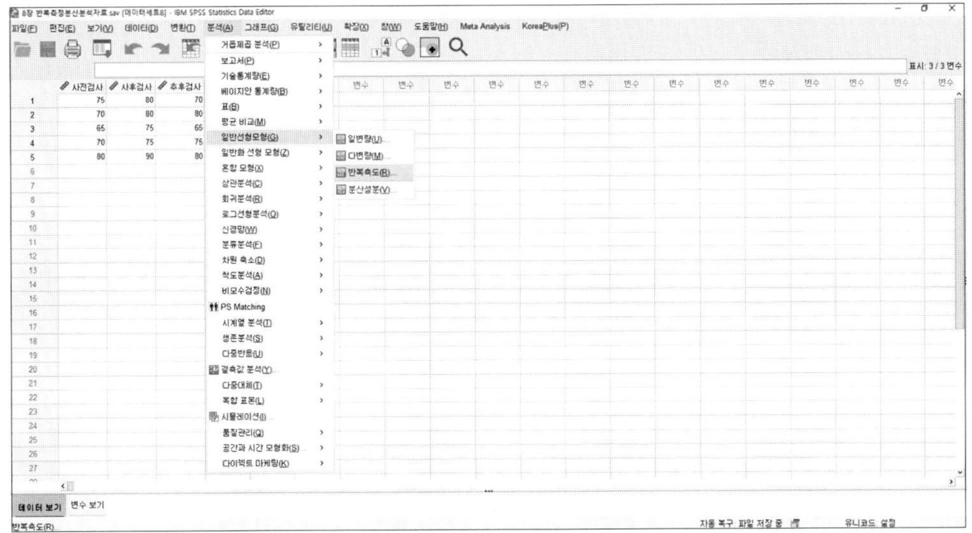

[그림 8-16] 반복측정 분산분석 통계 처리 과정 1

② 개체-내 요인이름(W) 창에 반복측정한 요인의 이름을 입력(요인이름은 임의로 지정할 수 있음)하고 수준 수(L) 창에 반복측정한 횟수를 입력한 후 추가(A) 버튼을 클릭한 후 정의(F) 버튼을 클릭한다.

반복측도 요인 정의

개체-내 요인이름(W):

수준 수(L):

추가(A)
변경(C)
제거(M)

진로효능감(3)

측도 이름(N):

추가(D)
변경(H)
제거(V)

정의(F) 재설정(R) 취소 도움말

[그림 8-17] 반복측정 분산분석 통계 처리 과정 2

③ 반복측정한 변수들을 개체-내 변수(W) 창으로 이동시킨 후 도표(T) 버튼을 클릭하여 요인(F) 창의 변수를 수평축 변수(H) 창으로 이동시킨 후 추가(A) 버튼을 클릭하고 계속(C) 버튼을 클릭한다.

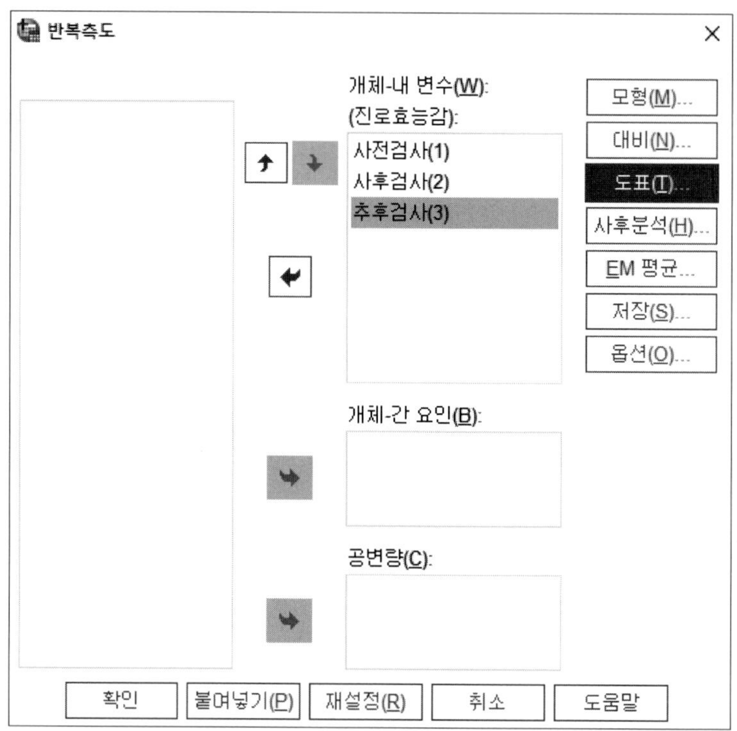

[그림 8-18] 반복측정 분산분석 통계 처리 과정 3

④ EM 평균 버튼을 클릭하여 요인 및 요인 상호작용(F) 창의 변수를 평균 표시 기준(M) 창으로 이동시키고 주효과 비교(O) 버튼에 체크한 후 신뢰구간 수정(N)에서 Bonferroni를 선택하고 계속(C) 버튼을 클릭한다.

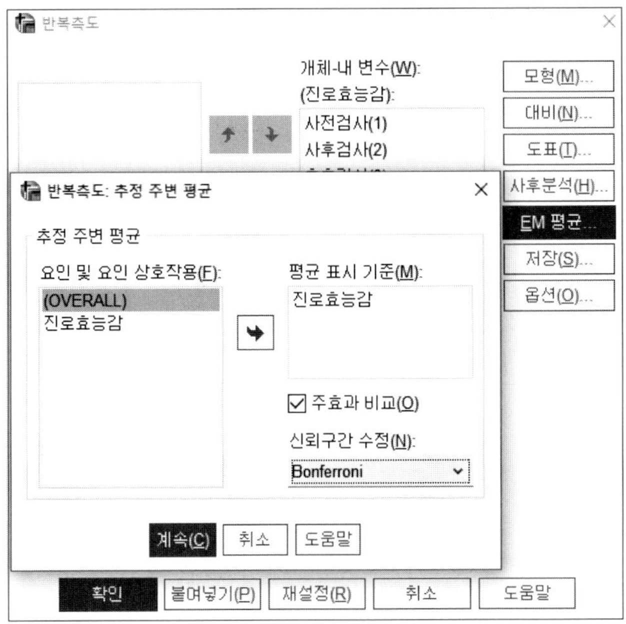

[그림 8-19] 반복측정 분산분석 통계 처리 과정 4

⑤ 옵션(O) 버튼을 클릭하여 기술통계량(D)을 선택한 후 계속(C) 버튼을 클릭한다.

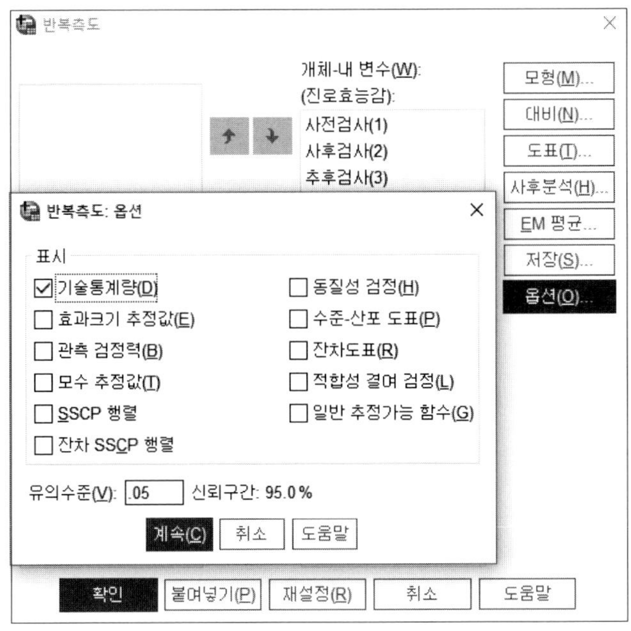

[그림 8-20] 반복측정 분산분석 통계 처리 과정 5

⑥ 확인 버튼을 클릭하면 다음과 같은 결과 창이 나타난다.

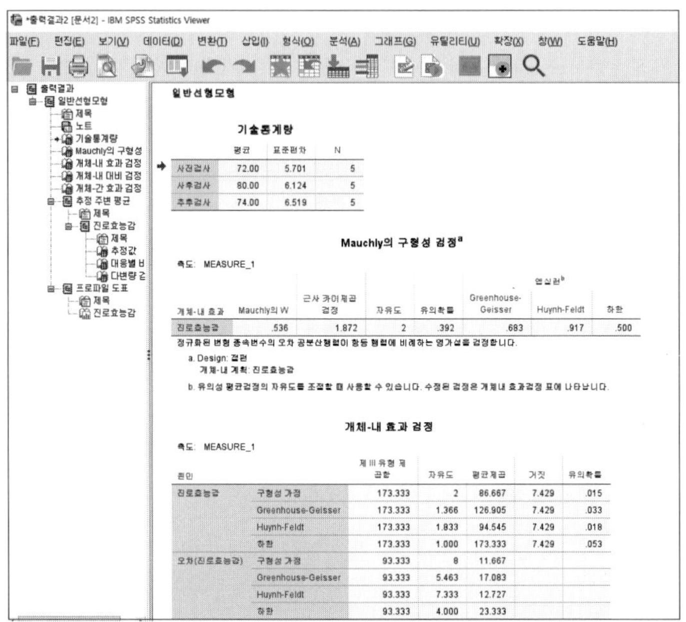

[그림 8-21] 반복측정 분산분석 통계 처리 결과

보고서 양식

고등학생의 진로효능감을 향상시키기 위해 5명의 학생을 표집하여 진로효능감 향상 프로그램을 실시하였으며, 프로그램 실시 전후로 진로효능감 사전검사 및 사후검사, 추후검사를 실시하였다. 진로효능감의 사전검사, 사후검사, 추후검사 평균의 차이를 검정하기 위해 반복측정 분산분석을 실시한 결과는 〈표 8-12〉와 같다.

〈표 8-12〉 진로효능감의 사전검사, 사후검사, 추후검사에 대한 반복측정 분산분석 결과

	사전검사	사후검사	추후검사	F	*Bonferroni*
n	5	5	5	7.43*	사후검사>사전검사
M	72.00	80.00	74.00		
SD	5.70	6.12	6.52		

$^{*}p < .05$

〈표 8-12〉와 같이 진로효능감의 사전검사, 사후검사, 추후검사 평균의 차이를 분석한 결과 유의미한 차이가 있는 것으로 나타났다($F=7.43$, $p<.05$). 구체적으로 사후검사($M=80.00$, $SD=6.12$)가 사전검사($M=72.00$, $SD=5.70$)보다 유의미하게 높은 것으로 나타났다.

연습문제

1. 다음 용어들의 개념을 설명하라.

1) 분산분석
2) 집단 내 분산
3) 집단 간 분산
4) 일원분산분석
5) 이원분산분석
6) 무선배치 분산분석
7) 반복측정 분산분석
8) 사후검정
9) Tukey의 HSD
10) Fisher의 LSD
11) Scheffé 검정
12) 주효과
13) 상호작용효과
14) 요인설계
15) 구형성 가정

2. 4개의 모집단에서 각각 5명의 환자들을 표집하여 다른 진통제를 복용하게 한 후 진통완화에 걸리는 시간을 측정한 결과는 다음 표와 같다. 진통제에 따라 진통완화에 걸리는 시간의 평균에 차이가 있는지를 유의수준 .05에서 검정하라.

A	B	C	D
3	8	7	14
2	12	4	16
5	15	9	8
4	9	2	15
3	6	1	12

3. 3개의 모집단에서 각각 4명의 대학생들을 표집하여 세 집단에 무선배치한 다음 전통적 교수법, 시청각 교수법, 토론식 교수법으로 교육통계 수업을 실시한 후 시험을 치른 결과는 다음과 같다. 교수법에 따라 대학생들의 교육통계 성적에 차이가 있는지를 유의수준 .05에서 검정하라.

전통적 교수법	시청각 교수법	토론식 교수법
1	4	4
4	3	6
4	5	8
1	7	9

4. 3개의 모집단에서 각각 8명의 대학생들을 표집하여 세 집단에 무선배치한 다음 수업방법에 따른 심리학의 학업성취도에 차이가 있는지를 알아보기 위해 세 가지 방법으로 심리학을 수업한 후 심리학 시험을 친 결과는 다음과 같다. 수업방법에 따라 심리학 성적에 차이가 있는지를 SPSS 프로그램으로 통계 처리를 한 후 보고서 양식에 맞게 결과를 제시하라.

강의식 교수법	시청각 교수법	토론식 교수법
49	40	36
40	37	32
41	42	31
46	39	39
42	45	40
50	39	39
53	45	41
51	49	38

5. 4개의 모집단에서 각각 5명의 대학생들을 표집하여 네 집단에 무선배치한 다음 학습시간의 양에 따른 집단별 학업성취도 결과이다. 학습시간에 따라 학업성취도에 차이가 있는지를 SPSS 프로그램으로 통계 처리를 한 후 보고서 양식에 맞게 결과를 제시하라.

15분	30분	60분	90분
7	9	20	10
10	14	18	11
6	12	19	13
7	11	16	12
8	13	18	11

6. 다음은 학교급별에 따라 학습동기의 평균에 차이가 있는지를 검정하기 위해 20명의 학생을 표집하여 초등학교 4학년, 중학교 1학년, 고등학교 1학년 때 각각 학습동기를 측정한 결과이다. 학교급별에 따라 학습동기에 차이가 있는지를 SPSS 프로그램으로 통계 처리를 한 후 보고서 양식에 맞게 결과를 제시하라.

학생	초4	중1	고1
1	70	80	75
2	80	80	70
3	65	75	65
4	75	75	70
5	80	90	80
6	90	95	85
7	60	65	50
8	95	90	85
9	75	90	80
10	80	90	85
11	90	90	75
12	70	75	60
13	85	85	70
14	70	80	65
15	80	80	75
16	60	80	70
17	90	95	90
18	55	65	55
19	80	85	70
20	90	95	85

제9장

χ^2 검정

1. χ^2 검정의 개요

1) χ^2 검정의 개념

자료의 측정 수준에 따라 통계방법은 모수통계와 비모수통계로 구분할 수 있다. 모수통계(parametric statistics)는 모집단의 모수에 대한 영가설을 검정하기 위한 추리통계방법이다. 종속변수의 측정 수준이 동간척도 혹은 비율척도이며, 정규분포와 등분산성과 같은 가정이 충족되는 경우 표본의 통계치를 분석하여 모집단의 모수치를 추론하는 통계방법을 모수통계라고 한다. 모수통계방법으로는 상관분석, 회귀분석, t 검정, 분산분석, 공분산분석 등이 있다. 비모수통계(nonparametric statistics)는 모집단의 모수치에 대한 가정이 필요 없는 방법으로 종속변수의 측정 수준이 명명척도 혹은 서열척도이며, 정규분포와 등분산성이 제대로 충족되지 않을 때 사용한다. 대표적인 비모수통계방법으로는 χ^2 검정, Wilcoxon 검정, Friedman 검정, Mann-Whitney U 검정, Kruskal-Wallis 검정 등이 있다.

χ^2 검정(chi-square test)은 종속변수가 명명척도 또는 서열척도일 때 모집단 간의 차이 또는 변수 간의 관계를 알아보기 위해 사용되는 분석방법으로, χ^2 분포를 이용하여 관찰빈도와 기대빈도의 차이를 검정한다. χ^2 검정은 둘 이상의 변수에 대한 빈도를 동시에 나타내어 준다는 점에서 교차분석(crosstabulation analysis)이라고 하며, 하나의 변수에 대한 빈도만을 나타내어 주는 빈도분석(frequency analysis)과는 구별된다.

χ^2 검정은 χ^2 분포를 이용하여 가설을 검정하므로 χ^2 검정을 이해하기 위해 χ^2 분포의 특징을 살펴볼 필요가 있다. 첫째, χ^2 값은 항상 양의 값만 가진다. χ^2 값은 관찰빈도

와 기대빈도의 차이에 대한 제곱값을 기대빈도로 나눈 값의 합계이므로 항상 양수를 가진다. 따라서 χ^2 분포에서 기각역은 항상 오른쪽에 위치하며, 가설검정 시 단측검정을 실시한다. 둘째, χ^2 분포는 비대칭 분포이며, 자유도가 작을수록 정적 편포를 이루고, 자유도가 클수록 정규분포에 가까워진다. 셋째, χ^2 값은 관찰빈도와 기대빈도의 차이에 대한 제곱값을 기대빈도로 나눈 값의 합계이므로, 관찰빈도와 기대빈도의 차이가 크면 클수록 χ^2 값은 커진다. 관찰빈도와 기대빈도가 같으면 χ^2 값은 0이 된다. 자유도에 따른 χ^2 분포를 그림으로 나타내면 [그림 9-1]과 같다.

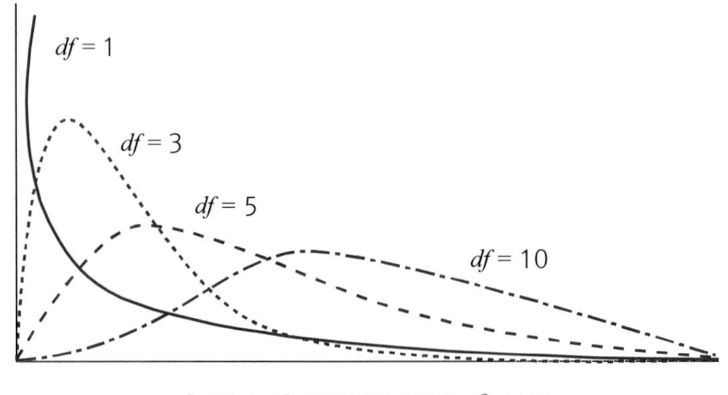

[그림 9-1] 자유도에 따른 χ^2 분포

2) χ^2 검정의 기본 가정

대부분의 통계적 검정에서 표본의 크기가 커지면 통계적 검정력은 커진다. χ^2 검정은 다른 검정에 비해 표본의 크기에 매우 민감하여 표본이 크면 클수록 실제로는 차이가 없음에도 불구하고 통계적으로 유의미한 차이가 있다고 판단을 내릴 가능성, 즉 제1종 오류를 범할 확률이 높아진다. χ^2 검정을 실시하기 위해서는 다음과 같은 가정을 필요로 한다.

첫째, 종속변수는 명명척도나 서열척도에 의한 질적변수이거나 적어도 범주변수이어야 한다. 성별이나 인종, 지역 등은 명명척도로 질적변수이다. 범주변수(categorical variable)는 연속변수를 어떤 목적에 따라 비연속변수로 변환한 것으로 예를 들어 학업성취도에 따라 집단을 상, 중, 하로 구분하거나, 수입의 정도에 따라 고소득층, 중산층, 저소득층으로 구분하였다면 이는 범주변수에 해당된다.

둘째, χ^2 검정을 실시하기 위해서는 관찰된 빈도인 획득빈도(obtained frequency) 혹은 이론적으로 기대되는 빈도인 기대빈도(expected frequency)가 5보다 작은 셀(cell)이 전체 셀 수의 20% 이하이어야 한다. SPSS 프로그램에서는 획득빈도를 기준으로 전체 셀 수에 비해 5보다 작은 셀이 몇 %인지를 결과 창에 제시해 준다. 획득빈도와 기대빈도의 이해를 위해 다음의 예를 보자. 연구자가 대학생의 성별에 따라 선호하는 수업유형에 차이가 있을 것으로 예상하고, 대학생 500명을 표집하여 성별 및 선호하는 수업유형을 조사한 결과는 〈표 9-1〉과 같다.

〈표 9-1〉 성별에 따른 선호하는 수업유형의 조사 결과

		성별(j)		
		남자	여자	
수업방법(i)	강의	130	110	240
	토론	70	190	260
		200	300	500

〈표 9-1〉은 성별 집단을 J로 수업방법에 대한 응답 범주를 I로 하여 조사 결과를 요약한 표이다. 여기서 130, 70, 110, 190은 조사 결과 나타난 빈도로 획득빈도하고 한다. 획득빈도를 이용하여 기대빈도를 구하는 공식은 다음과 같다.

$$F_{ij} = \frac{f_{.j} \times f_{i.}}{n}$$

F_{ij}: 기대빈도, f_{ij}: 획득빈도, n: 전체 사례 수

이 공식을 사용하여 기대빈도를 구하면 다음과 같다. 여기서 $f_{.j}$는 성별에 대한 획득빈도의 합이며, $f_{i.}$은 수업방법에 대한 획득빈도의 합이다.

$$\text{남자·강의 기대빈도: } F_{ij} = \frac{f_{.j} \times f_{i.}}{n} = \frac{200 \times 240}{500} = 96$$

$$\text{남자·토론 기대빈도: } F_{ij} = \frac{f_{.j} \times f_{i.}}{n} = \frac{200 \times 260}{500} = 104$$

$$\text{여자·강의 기대빈도: } F_{ij} = \frac{f_{.j} \times f_{i.}}{n} = \frac{300 \times 240}{500} = 144$$

$$\text{여자·토론 기대빈도: } F_{ij} = \frac{f_{.j} \times f_{i.}}{n} = \frac{300 \times 260}{500} = 156$$

성별 및 선호하는 수업유형에 대한 기대빈도는 〈표 9-2〉와 같다.

〈표 9-2〉 성별에 따른 선호하는 수업유형의 기대빈도

		성별(j)		
		남자	여자	
수업방법(i)	강의	96	144	240
	토론	104	156	260
		200	300	500

획득빈도가 5보다 작은 셀이 전체 셀의 20%를 초과할 경우, 원칙적으로는 χ^2 검정을 실시할 수 없다. 만약 실시할 경우 그 결과 해석에 문제가 있으므로 설문 조사 시 가능한 표본 수를 늘일 필요가 있다. 이미 설문 조사를 완료하였는데 획득빈도가 5보다 작은 셀이 전체 셀의 20% 이상일 경우, 연구 목적에 어긋나지 않는 수준에서 종종 유사한 범주끼리 합쳐서 분석하기도 한다. 예를 들어, 설문의 반응양식이 '전혀 그렇지 않다.', '그렇지 않다.', '보통이다.', '그렇다.', '매우 그렇다.'의 Likert 5점 척도로 되어 있는 설문결과를 문항별로 χ^2 검정을 해야 하는데 획득빈도가 5보다 작은 셀이 전체 셀의 20%를 초과할 경우, '전혀 그렇지 않다'와 '그렇지 않다'를 모두 '그렇지 않다'라는 하나의 반응양식으로 변환하여 부정 응답으로 처리하고 '그렇다'와 '매우 그렇다'를 '그렇다'로 변환하여

하나의 긍정 응답으로 분석할 수도 있다. 또한 어떤 조직의 근무 경력에 대한 반응양식을, ① 0~5년, ② 6~10년, ③ 11~15년, ④ 16~20년, ⑤ 21년 이상의 5개로 구분하여 설문을 실시하였지만, 획득빈도가 20% 이하이어야 한다는 가정에 위반되어 χ^2 검정을 계속할 수 없을 때, ① 0~10년, ② 11~20년, ③ 21년 이상으로 범주를 재설정하여 자료의 코딩을 변경하여 χ^2 검정을 실시할 수 있다. 이 경우, SPSS 프로그램에서 '코딩변경' 기능을 활용하여 응답결과를 수정한 후 통계 처리를 하면 된다.

셋째, 각 사례는 하나의 범주에만 속해야 하며, 따라서 각 칸에 떨어져 있는 빈도는 각각 독립적이어야 한다. 앞의 예에서 성별에 따라 선호하는 수업유형을 하나 선택하게 하였을 때, 모든 학생은 남자–강의법, 남자–토론법, 여자–강의법, 여자–토론법의 네 개의 셀 중 어느 하나에만 포함되어야 하며 2개 셀 이상에 중복으로 포함되어서는 안 된다. 종종 복수응답 또는 다중응답이 가능한 설문조사를 볼 수 있는데, 이러한 설문조사의 결과는 원칙적으로 χ^2 검정으로 분석해서는 안 된다.

3) χ^2 검정의 종류

χ^2 검정은 변수의 수, 모집단에서 표본을 추출하는 방법에 따라 적합도 검정, 독립성 검정, 동질성 검정의 3가지로 구분된다. 변수의 수가 하나일 때 모집단에서 표본을 추출하여 관찰빈도와 기대빈도의 합치 여부를 검정하는 방법이 적합도 검정(goodness of fit test)이다. 따라서 적합도 검정은 특정 표본의 관찰빈도가 기대빈도에 적합한지를 검정하는 것으로, 단일표본 χ^2 검정(one sample χ^2 test)이라고도 한다. 변수가 2개 이상일 경우, 표본을 추출하는 방법에 따라 독립성 검정과 동질성 검정의 두 유형으로 구분한다.

독립성 검정(independence test)은 두 변수가 통계적으로 관련이 있는지를 검정하기 위해 한 모집단에서 하나의 표본을 추출하여 둘 이상의 범주로 분류하여 두 변수 간에 관련이 있는지를 검정하는 방법이다. 독립성 검정은 두 범주가 통계적으로 독립적인지 아닌지를 검정하는데, 통계적으로 독립적이라는 것은 한 변수의 정보가 다른 변수에 영향을 미치지 않는다는 것을 의미한다. 예를 들어, 성격유형의 분포(외향, 내향)가 성별(남자, 여자)과 관계없이 동일하면 성격유형과 성별은 통계적으로 독립적이라고 말할 수 있다. 즉, 성격유형과 성별을 두 개의 변수로 보고, 하나의 표본을 추출한 다음 성격유형과 성별을 조사한 후 성격유형의 분포가 성별과 관련이 있는지를 검정한다. 독립성 검정의 가설은 다음과 같이 제시할 수 있다.

H_0: 두 변수는 관련이 없다.
H_1: 두 변수는 관련이 있다.

연구에서 가장 많이 사용되는 χ^2 검정은 동질성 검정이다. 동질성 검정(homogeneity test)은 여러 모집단에서 각각의 표본을 추출한 다음 한 변수에 대한 표본의 비율이 차이가 있는지를 검정하는 방법으로, 특정 변수에 대한 모집단의 속성이 유사한가를 검정하는 방법이다. 예를 들어, 연령대(20대 이하, 30대, 40대, 50대, 60대 이상)에 따라 정치 성향(보수, 진보)의 동질성을 검정하기 위해서는 우선 연령대별로 각각 표본을 추출하여야 한다. 추출된 표본을 대상으로 정치 성향을 조사하여 연령대에 따라 정치 성향의 비율이 같은지 아니면 차이가 있는지를 검정한다. 동질성 검정의 가설은 다음과 같이 제시할 수 있다.

H_0: 집단 간 비율은 같다.
H_1: 적어도 한 집단은 비율이 다르다.

성별과 흡연 여부가 서로 관련이 있는가를 알아보기 위해 400명을 표집하여 이들에게 성별과 흡연 여부를 조사한 후 성별과 흡연 여부 간에 관련이 있는지를 검정한다면, 이는 독립성 검정이다. 하지만 남자와 여자 200명을 각각 표집하여 이들에게 흡연 여부를 조사하여 성별에 따라 흡연 여부에 차이가 있는지를 검정한다면, 이는 동질성 검정이 된다. 이처럼 독립성 검정과 동질성 검정은 표집방법과 가설 설정방법에 차이가 있지만, χ^2 검정방법은 같다.

 2. χ^2 검정의 절차

χ^2 검정은 다음과 같은 다섯 단계의 과정을 거쳐 통계적 유의성을 검정한다.

단계 1 가설 설정

$H_0 : P_{ij} = P_{ij'}$ (영가설: 집단 간 비율은 같다.)

$H_A : P_{ij} \neq P_{ij'}$ (대립가설: 적어도 한 집단은 비율이 다르다.)

단계 2 χ^2분포표에서 유의수준과 자유도를 고려하여 임계치 찾기

유의수준(α): 가설 설정 시 연구자가 설정(주로 .05 또는 .01을 사용)

자유도(df): $(I-1)(J-1)$

단계 3 χ^2 통계값 계산

① 획득빈도를 기준으로 기대빈도를 구한다.

$$F_{ij} = \frac{f_{.j} \times f_{i.}}{n}$$

(F_{ij}: 기대빈도, f_{ij}: 획득빈도)

② 획득빈도와 기대빈도를 이용하여 χ^2 통계값을 구한다.

$$\chi^2 = \sum_{j=1}^{J} \sum_{i=1}^{n} \frac{(f_{ij} - F_{ij})^2}{F_{ij}}$$

단계 4 영가설 채택 여부 결정

단계 2의 임계치와 단계 3의 χ^2 통계값을 비교하여 영가설 채택 여부를 결정

단계 5 결과의 해석

3. χ^2 검정의 예

1) χ^2의 독립성 검정의 예

대학생의 성별에 따라 선호하는 수업유형에 차이가 있는지를 알아보기 위해 대학생 500명을 표집하여 성별 및 선호하는 수업유형을 조사한 결과는 〈표 9-3〉과 같다. 유의수준 .01에서 성별에 따라 수업유형이 차이가 있는지를 검정하라.

〈표 9-3〉 성별에 따른 선호하는 수업유형

	남자	여자	합계
강의	130	110	240
토론	70	190	260
합계	200	300	500

단계 1 가설 설정

$H_0 : P_{ij} = P_{ij'}$

$H_A : P_{ij} \neq P_{ij'}$

단계 2 χ^2분포표에서 유의수준과 자유도를 고려하여 임계치 찾기

$\alpha = .01$

$df = (I-1)(J-1) = (2-1)(2-1) = 1$

${}_{.01}\chi^2_1 = 6.63$ (χ^2 분포표 참고)

단계 3 χ^2 통계값 계산

① 획득빈도를 기준으로 기대빈도를 구한다.

$$F_{ij} = \frac{f_{.j} \times f_{i.}}{n}$$

F_{ij} : 기대빈도, f_{ij} : 획득빈도

남자 · 강의 기대빈도=(200×240)/500=96

남자 · 토론 기대빈도=(200×260)/500=104

여자 · 강의 기대빈도=(300×240)/500=144

여자 · 토론 기대빈도=(300×260)/500=156

② 획득빈도와 기대빈도를 이용하여 χ^2 통계값을 구한다.

$$\chi^2 = \sum_{j=1}^{J}\sum_{i=1}^{n}\frac{(f_{ij}-F_{ij})^2}{F_{ij}}$$

$$\chi^2 = (130-96)^2/96+(70-104)^2/104+(110-144)^2/144+(190-156)^2/156$$

$$=12.04+11.12+8.03+7.41=38.60$$

단계 4 영가설 채택 여부 결정

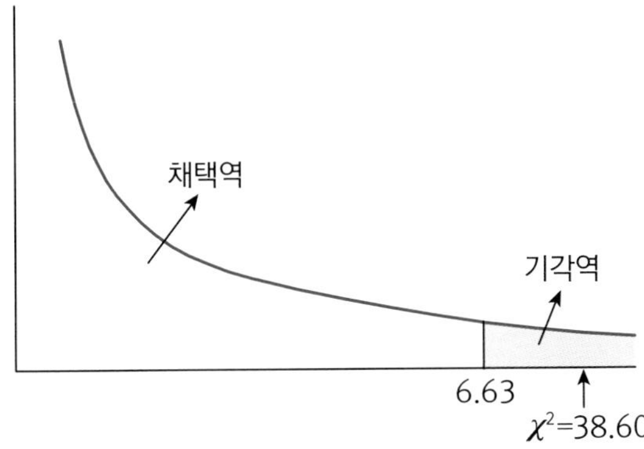

χ^2 통계값(χ^2 =38.60)이 기각역에 해당하므로 영가설을 기각

단계 5 결과의 해석

유의수준 .01에서 대학생의 성별에 따라 선호하는 수업유형에 차이가 있다. 즉, 남자는 강의를 여자는 토론을 더 선호하는 것으로 나타났다.

2) χ^2의 동질성 검정의 예

성인들의 연령대에 따라 정치 성향에 차이가 있는지를 알아보기 위해 20~30대, 40~50대, 60대 이상의 성인들을 각각 200명씩 표집한 후 정치 성향을 조사한 결과는 〈표 9-4〉와 같다. 유의수준 .05에서 연령대별 정치 성향에 차이가 있는지를 검정하라.

〈표 9-4〉 연령대에 따른 정치 성향

	20~30대	40~50대	60대 이상	합계
보수	75	113	142	330
진보	125	87	58	270
합계	200	200	200	600

단계 1 가설 설정

$H_0 : P_{ij} = P_{ij'}$

$H_A : P_{ij} \neq P_{ij'}$

단계 2 χ^2 분포표에서 유의수준과 자유도를 고려하여 임계치 찾기

$\alpha = .05$

$df = (I-1)(J-1) = (2-1)(3-1) = 2$

${}_{.05}\chi^2_2 = 5.99$ (χ^2 분포표 참고)

단계 3 χ^2 통계값 계산

① 획득빈도를 기준으로 기대빈도를 구한다.

$$F_{ij} = \frac{f_{.j} \times f_{i.}}{n}$$

F_{ij} : 기대빈도, f_{ij} : 획득빈도

20~30대 · 보수 기대빈도=(200×330)/600=110

20~30대 · 진보 기대빈도=(200×270)/600=90

40～50대 · 보수 기대빈도=(200×330)/600=110

40～50대 · 진보 기대빈도=(200×270)/600=90

60대 이상 · 보수 기대빈도=(200×330)/600=110

60대 이상 · 진보 기대빈도=(200×270)/600=90

② 획득빈도와 기대빈도를 이용하여 χ^2 통계값을 구한다.

$$\chi^2 = \sum_{j=1}^{J}\sum_{i=1}^{n}\frac{(f_{ij}-F_{ij})^2}{F_{ij}}$$

$$\chi^2=(75-110)^2/110+(125-90)^2/90+(113-110)^2/110+(87-90)^2/90$$
$$+(142-110)^2/110+(58-90)^2/90$$
$$=11.14+13.61+.08+.10+9.31+11.38=45.62$$

단계 4 영가설 채택 여부 결정

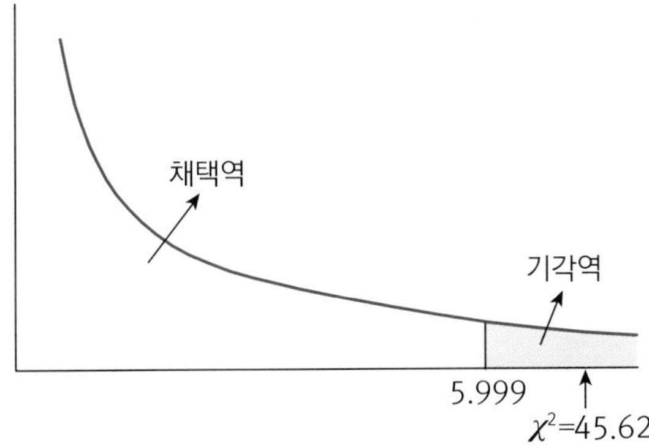

χ^2 통계값($\chi^2=45.62$)이 기각역에 해당하므로 영가설을 기각

단계 5 결과의 해석

유의수준 .05에서 성인들의 연령대에 따라 정치 성향에 차이가 있다. 즉, 40～50대, 60대 이상의 성인들은 보수 성향이, 20～30대 성인들은 진보 성향이 더 높은 것으로 나타났다.

4. χ^2 검정의 통계 처리 과정 및 보고서 양식

〈표 9-1〉 대학생의 성별에 따라 선호하는 수업유형을 SPSS 프로그램에 입력한 자료는 【제9장 카이제곱검정자료(독립성검정)】이다. 이 자료를 사용하여 성별에 따라 선호하는 수업유형의 차이에 대한 χ^2 검정의 통계 처리 과정 및 보고서 양식을 살펴보자.

연구문제

대학생의 성별에 따라 선호하는 수업유형에는 차이가 있는가?

SPSS 통계 처리 과정

① SPSS 데이터 편집기에서 해당 파일을 불러온 후 분석(A) → 기술통계량(E) → 교차분석(C) 버튼을 클릭한다.

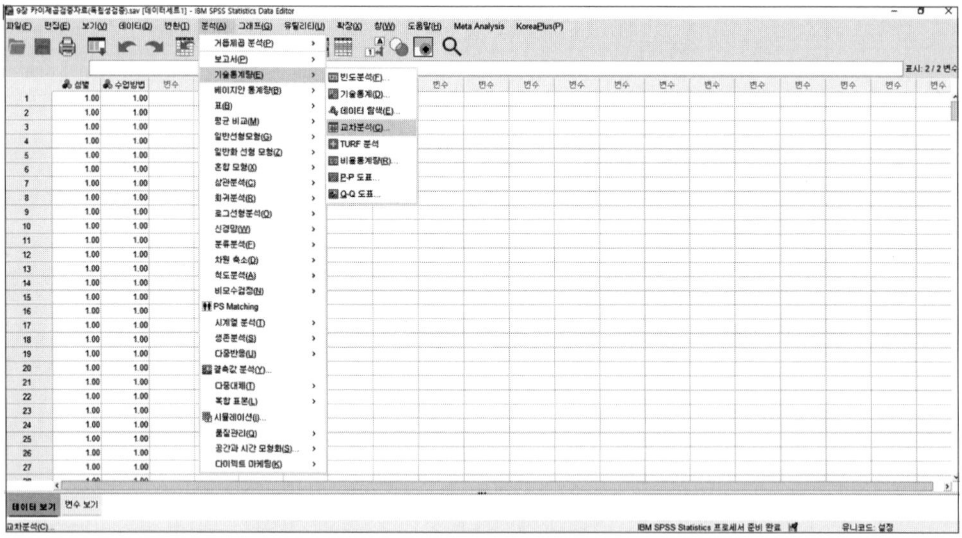

[그림 9-2] χ^2 검정 통계 처리 과정 1

② 변수를 행(O)과 열(C) 창으로 이동시킨 후 통계량(S) 버튼을 클릭하여 카이제곱(H)에 체크하고 계속(C) 버튼을 클릭한다.

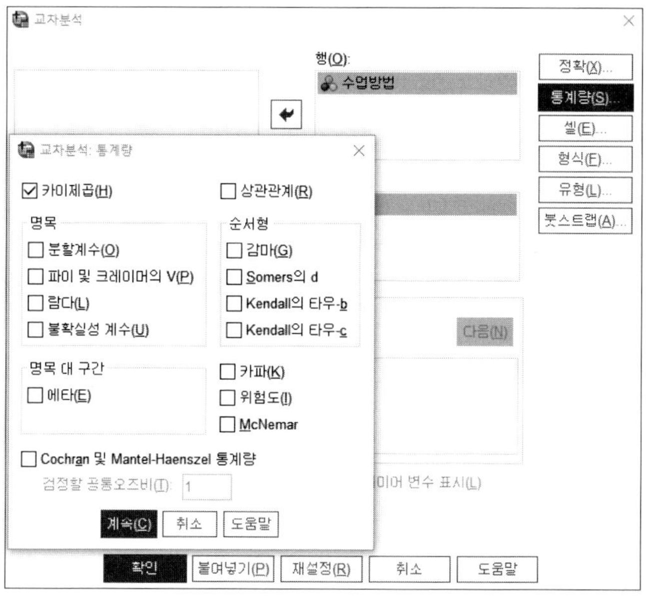

[그림 9-3] χ^2 검정 통계 처리 과정 2

③ 셀(E) 버튼을 클릭하여 빈도(T) 창의 관측빈도(O)에 체크하고 퍼센트 창의 열(C)에 체크를 한 후 계속(C) 버튼을 클릭한다.

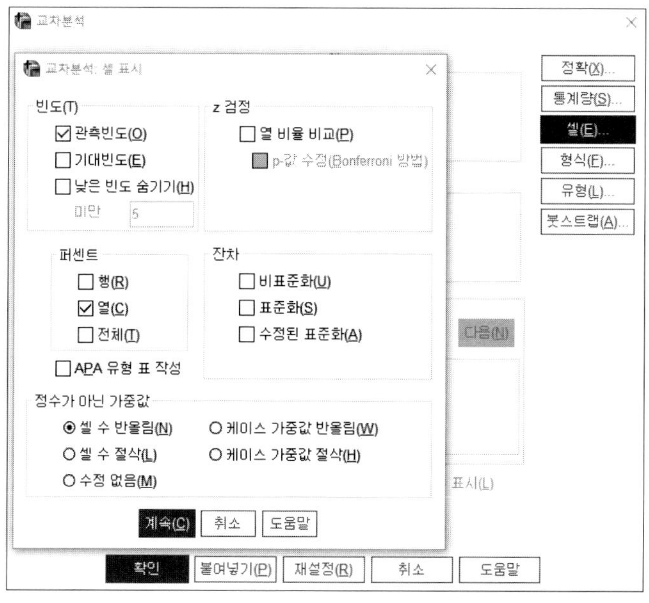

[그림 9-4] χ^2 검정 통계 처리 과정 3

④ 확인 버튼을 클릭하면 다음과 같은 결과 창이 나타난다.

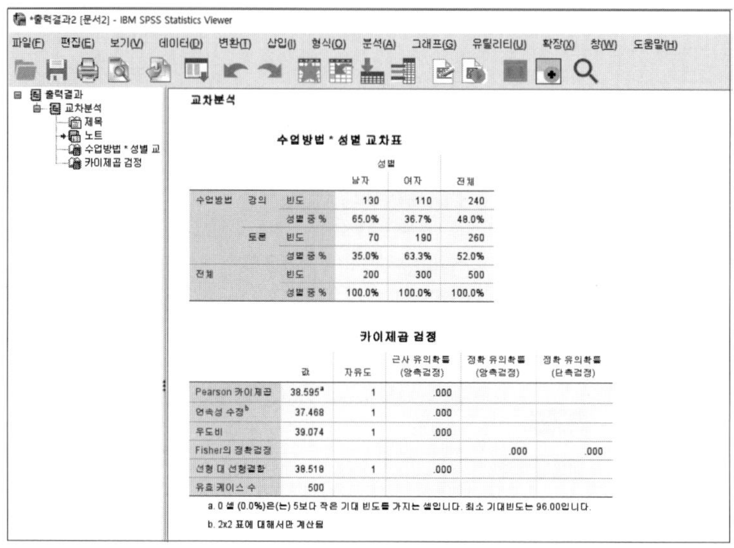

교차분석

수업방법 * 성별 교차표

			성별 남자	성별 여자	전체
수업방법	강의	빈도	130	110	240
		성별 중 %	65.0%	36.7%	48.0%
	토론	빈도	70	190	260
		성별 중 %	35.0%	63.3%	52.0%
전체		빈도	200	300	500
		성별 중 %	100.0%	100.0%	100.0%

카이제곱 검정

	값	자유도	근사 유의확률 (양측검정)	정확 유의확률 (양측검정)	정확 유의확률 (단측검정)
Pearson 카이제곱	38.595[a]	1	.000		
연속성 수정[b]	37.468	1	.000		
우도비	39.074	1	.000		
Fisher의 정확검정				.000	.000
선형 대 선형결합	38.518	1	.000		
유효 케이스 수	500				

a. 0 셀 (0.0%)은(는) 5보다 작은 기대 빈도를 가지는 셀입니다. 최소 기대빈도는 96.00입니다.

b. 2x2 표에 대해서만 계산됨

[그림 9-5] χ^2 검정 통계 처리 결과

보고서 양식

대학생의 성별에 따라 선호하는 수업유형에 차이가 있는지를 알아보기 위해 χ^2 검정을 실시한 결과는 〈표 9-5〉와 같다.

〈표 9-5〉 성별에 따른 선호하는 수업유형의 차이에 대한 χ^2 검정 결과

	남자	여자	전체	
강의	130(65.0)	110(36.7)	240(48.0)	$\chi^2=38.60$
토론	70(35.0)	190(63.3)	260(52.0)	$df=1$
전체	200(100.0)	300(100.0)	500(100.0)	$p=.000$

대학생의 성별에 따라 선호하는 수업유형의 차이를 분석한 결과, χ^2 통계값이 38.60으로 1%의 유의수준에서 성별에 따라 선호하는 수업유형에 차이가 있는 것으로 나타났다. 즉, 남자는 수업유형 중 강의(65.0%)를 더 선호하는 반면, 여자는 토론(63.3%)을 더 선호하였다.

연습문제

1. 다음 용어들의 개념을 설명하라

1) 모수통계　2) 비모수통계　3) χ^2 검정　4) 획득빈도

5) 기대빈도　6) 적합도 검정　7) 독립성 검정　8) 동질성 검정

2. 다음은 학교급별에 따른 학생들의 하루 스마트폰 평균 사용시간을 조사한 결과이다. 학교급별에 따라 학생들의 스마트폰 사용시간에 차이가 있는지 α=.05에서 검정하라.

사용시간 \ 학교급	초등학생	중학생	고등학생	대학생	합계
2시간 미만	15	35	100	20	170
2~4시간 미만	45	60	45	120	270
4시간 이상	90	85	25	60	260
합계	150	180	170	200	700

3. 다음은 성인들의 연령대에 따른 선호하는 외식의 종류를 조사한 결과이다. 연령대별에 따라 선호하는 외식의 종류에 차이가 있는지 SPSS 프로그램으로 통계 처리를 한 후 보고서 양식에 맞게 결과를 제시하라.

외식 종류 \ 연령대	10대 이하	20~30대	40~50대	60대 이상	합계
한식	21	28	38	43	130
중식	30	32	28	30	120
일식	11	24	20	35	90
양식	38	36	24	12	110
합계	100	120	110	120	450

제10장

공분산분석

1. 공분산분석의 개요
2. 공분산분석의 절차
3. 공분산분석의 예
4. 공분산분석의 통계 처리 과정 및 보고서 양식

 1. 공분산분석의 개요

1) 공분산분석의 개념

교수방법 A, B, C 중 어느 것이 교육통계 수업에 더 효과적인지를 알아보기 위해 세 집단에 각각 A, B, C 교수방법으로 수업을 하였다. 각 교수방법으로 수업을 실시하고 같은 교육통계 문제로 시험을 친 후 세 집단의 교육통계 성적의 평균에 차이가 있는지를 검정하는 통계적 분석방법이 분산분석이다. 즉, 분산분석은 질적인 독립변수가 양적인 종속변수에 미치는 영향을 알아보는 통계적 분석방법이다. 그런데 교육통계 수업을 하는 과정에서 세 집단의 학생들을 대상으로 지능검사를 실시하였더니 세 집단의 지능 평균에 차이가 있었다면, 교육통계 성적의 차이는 교수방법의 효과뿐만 아니라 지능의 차이에 의한 효과도 혼재되어 영향을 받았을 가능성이 있다. 이 같은 경우에 교수방법의 효과를 정확하게 검정하기 위해서는 종속변수인 교육통계 성적에 지능이 미치는 영향력을 제거한 후 집단 간 평균의 차이를 검정할 필요가 있다.

앞의 예에서 지능과 같이 실험설계에서 독립변수가 아니면서 종속변수에 영향을 미치는 변수를 외재변수(extraneous variable)라고 한다. 실험설계에서 외재변수가 존재하면 독립변수가 종속변수에 미치는 영향을 정확하게 분석할 수 없으므로, 가능한 한 외재변수를 통제해야 한다. 외재변수를 통제하는 방법에는 실험적 통제와 통계적 통제가 있다. 실험적 통제(experimental control)는 실험설계 과정에서 외재변수를 통제하는 것으로, 외재변수를 하나의 독립변수로 간주하여 실험설계에 포함시키거나, 완전무선설계(completely randomized design) 등과 같이 무선표집(random sampling)과 무선배치(random placement)를 통해 외재변수를 통제하는 것을 의미한다. 하지만 실제 연구 상황에서는 연구대상을 실험집단과 통제집단에 무작위로 구성하기 어려워 학급과 같이 기존에 구성되어 있는 집단을 그대로 사용해야 하는 준실험설계를 사용해야 하는 경우가 많다. 이런 경우, 피험자들이 각 실험처치조건에 완전무선배치가 되지 않게 된다. 또한 진실험설계처럼 연구대상을 실험집단이나 통제집단에 완전무선배치했더라도 이론적으로는 각 집단을 동질집단으로 가정하지만, 실제로는 사전검사에서 차이가 있는 경우가 많다. 이와 같이 실험설계 과정에서 외재변수를 통제할 수 없거나 통제하기 어려운 경우, 무선배치(random placement)를 했지만 사전검사에 차이가 있는 경우에 실험을 그대로 실시한 다음 매개변수의 영향을 통계적으로 통제한 후 독립변수가 종속변수에 미치는 영향을 분석할 수 있는데, 이를 **통계적 통제**(statistical control)라고 한다.

공분산분석(Analysis of Covariance: ANCOVA)은 종속변수에 영향을 미치는 외재변수의 효과를 회귀분석방법을 이용하여 통계적으로 통제한 후 독립변수가 종속변수에 미치는 영향을 분석하는 통계적 방법이다. 각 집단 내 회귀모형을 통하여 외재변수의 종속변수에 대한 효과를 제거하여 통제한 후 남은 분산의 집단 간 차이를 분산분석에 의해 비교하게 되는 것이다. 따라서 통계분석모형의 측면에서 볼 때, 공분산분석은 분산분석과 회귀분석이 결합된 것이라고 할 수 있다. 앞의 예에서는 통제하려는 외재변수인 지능이 종속변수인 교육통계 성적에 미치는 영향을 통제하기 위해 각 처치집단 내에서 교육통계 성적을 종속변수로, 지능을 독립변수로 해서 회귀모형을 설정하여 교육통계 성적의 분산 중에서 지능이 설명한 부분을 제외한 나머지 분산에 대하여 분산분석으로 집단 간에 차이가 있는지를 검정하는 것이다. 외재변수인 지능의 집단 간 차이가 종속변수인 교육통계 성적에 영향을 미치는 경우, 집단 간 지능의 평균이 같은 경우에서의 기대되는 교육통계 성적의 평균인 조정평균을 통계적으로 산출한 다음 집단 간 조정평균의 차이를 검정하는 것이 공분산분석이다. 여기서 **조정평균**(adjusted mean)은 각 집단의 공변수의 평균이 같다고 가정했을 때 기대되는 집단 간 종속변수의 평균을 의미한다.

공분산분석에서 종속변수에 영향을 미치는 통제되지 않은 변수인 양적인 외재변수를 **공변수**(covariate)라고 한다. 공변수는 종속변수와 상관이 있어 연구설계 과정에서 통제되지 않았을 때 오차 요소로 종속변수에 영향을 미칠 수 있지만 독립변수와는 관련이 없는 외재변수를 의미한다. 연구설계에서 독립변수와 관련이 없으면서 종속변수에 영향을 미칠 수 있는 사전검사 점수나 지능지수 등이 공변수에 해당된다.

공분산분석에서 공변수는 다음과 같은 요건을 충족시켜야 한다. 첫째, 공변수는 종속변수와 상관이 있어야 한다. 공변수와 종속변수 간에는 일반적으로 $r=.60$ 이상의 상관이 있어야 하며, 만약 상관이 낮거나 없으면 공변수의 종속변수에 대한 설명력이 낮아 공분산분석을 실시할 경우 통계적 검정력이 떨어지므로, 집단 간 차이검정인 t 검정이나 F 검정을 실시하는 것이 바람직하다. 둘째, 공변수는 독립변수와 관계가 없어야 한다. 공변수가 독립변수와 관련이 없어야 종속변수의 분산에서 공변수의 영향을 받은 분산을 제거한 후 독립변수가 종속변수에 미치는 영향을 정확하게 분석할 수 있다. 공변수가 독립변수와 관계가 있으면 두 변수가 종속변수에 미치는 효과가 중첩되므로 독립변수의 효과를 확인하기 어렵다. 셋째, 집단별로 공변수를 예측변수(predictive variable)로 하고 종속변수를 준거변수(criterion variable)로 하는 회귀분석에서 집단 내 회귀계수가 같아야 한다. 집단 내 회귀계수가 다르다는 것은 공변수와 독립변수가 관련이 있다는 것으로, 공변수는 독립변수와 관계가 없어야 한다는 두 번째 요건에 위배된다.

2) 공분산분석의 적용

공분산분석은 종속변수에 영향을 미치는 통제되지 않은 외재변수인 공변수를 통제하여 독립변수가 종속변수에 미치는 영향을 분석하는 통계적 방법이다. 이러한 공분산분석은, 특히 다음과 같은 경우에 많이 활용되고 있다.

첫째, 연구대상을 무작위로 실험 및 통제 집단에 배치하는 진실험설계(true-experimental design)에서 오차량을 축소하여 통계모형의 검정력을 높이는 데 활용된다. 무작위로 각 집단을 구성하면 집단들이 처치 이외의 모든 외재변수가 확률적 · 이론적으로는 동등하게 된다. 하지만 연구대상을 실험조건에 무작위로 배치하더라도 실제로 외재변수가 작용할 가능성은 여전히 남아 있다. 이 경우, 공분산분석은 외재변수가 종속변수에 미치는 영향을 제거한 후 독립변수가 종속변수에 미치는 효과를 분석하기 위해 활용될 수 있다. 앞의 세 가지 수업방법의 효과에 관한 연구에서 집단 간 교육통계 성적의 평균 차이가 수업방법의 차이에 의한 것이라고 의사결정을 내리기 위해서는 독립변수를 제외하고는 종속변수에 영향을 줄 수 있는 모든 외재변수가 통제되어야 한다. 비록 세 집단을 무작위로 구성하였다고 하더라도 집단 간에 지능의 차이가 있을 수 있다. 종속변수인 교육통계 성적에 영향을 줄 수 있는 이러한 변수 값의 집단 간 차이는 분산분석에서 오차 요소로 작용하여 분석의 정밀도를 낮추게 된다. 즉, 통계적 검정력을 약화시켜 수업방법의 효과를 검출해 내지 못할 가능성이 높아진다. 공분산분석은 공변수가 종속변수에 미치는 효과가 각 실험처치 간에 동일하도록 통제될 때 독립변수가 종속변수에 미치는 효과가 보다 정확하게 드러날 수 있으므로, 연구설계에서 양적인 외재변수를 통계적으로 통제하기 위해 가장 많이 사용되는 방법 중의 하나이다.

둘째, 준실험설계(quasi-experimental design)처럼 연구대상을 무작위로 배치할 수 없어 이미 구성되어 있는 기존집단을 이용하는 경우에 외재변수가 종속변수에 미치는 영향을 통계적으로 제거한 후 독립변수가 종속변수에 미치는 효과를 분석하는 데 활용된다. 실제 학교 현장에서 교수방법의 효과를 비교할 경우, 학생을 각 집단에 무작위로 배치하여 처치집단을 구성하기 어려운 경우가 많다. 이 경우, 기존에 구성되어 있는 반에 각각 다른 교수방법으로 수업을 한 후 효과를 분석해야 한다. 이러한 준실험설계에서 각 집단은 외재변수의 차이가 있을 가능성이 높다. 이와 같이 무작위 배치에 의하지 아니하고 기존집단을 이용한 연구에서, 집단 사이에 이미 존재하는 비동질성을 조정해 주는 방법으로 공분산분석이 널리 이용되고 있다. 일반적으로 집단의 비동질성을 교정하기 위해 먼저 사전검사 점수 등을 대상으로 분산분석이나 t 검정 등으로 집단 간의 동질성을 검정한 후, 차이가 있으면 공분산분석을 실시하여 이 차이를 통제해 주고 차이가 없으면 동질집단으로 간주하여 분산분석으로 처치효과를 검정하는 경우가 많다. 하지만 집단 간 공변수의 평균이 통계적으로는 유의미한 차이가 없더라도 수학적으로 차이가 있으면 종속변수에 영향을 미쳐 처치효과를 정확하게 분석해 낼 수 없다. 공변수의 영향을 제거한 후 분석을 하게 되면 오차분산의 감소로 검정력이 커질 수 있기 때문에 분산분석에 비해 공분산분석이 더 정확할 수 있다.

셋째, 조사연구에서 집단 간 차이에 대한 독립변수의 효과를 확인하기 위해 여러 외재변수들을 공변수로 설정하여 통제하기 위한 수단으로 공분산분석을 활용할 수 있다. 예를 들어, 고등학생들의 성별에 따른 수학성취도의 차이를 분석할 때 수학불안이나 수학태도 등이 외재변수로 수학성취도에 영향을 미칠 수 있다. 이 경우, 공분산분석을 활용하여 수학불안이나 수학태도를 공변수로 간주하여 통제한 후 성별에 따른 수학성취도의 차이를 분석할 수 있다.

3) 공분산분석의 기본 가정

공분산분석은 분산분석과 회귀분석이 결합된 것이므로, 공분산분석의 기본 가정은 분산분석 및 회귀분석의 기본 가정을 모두 포함하여야 한다.

첫째, 독립변수는 집단을 구분하기 위해 측정치가 명명척도 또는 서열척도로 된 질적 변수이거나 범주변수이어야 하며, 공변수와 종속변수는 측정치가 등간척도 또는 비율척도로 된 양적 변수이어야 한다.

둘째, 각 집단 내에서 공변수에 대한 종속변수의 분포는 정규분포이어야 한다.

셋째, 각 집단에서 공변수에 대한 종속변수의 회귀가 선형이어야 한다. 즉, 공변수와 종속변수 간에 선형성(linearity)을 가져야 한다. 두 변수 간의 선형성은 산포도를 통해 확인할 수 있다.

넷째, 공변수는 독립변수와 관계가 없어야 한다. 공변수가 독립변수와 관계가 있으면 종속변수의 분산에서 공변수가 실제 설명하는 것보다 더 많은 분산이 제거되므로 독립변수의 효과를 정확하게 검정하기 어렵다. 독립변수와 공변수와의 관계 유무를 확인하기 위해서는 독립변수의 범주 또는 집단에 따른 공변수의 평균의 차이검정을 통해 가능하다. 만약 공변수의 평균에 차이가 없다면 독립변수와 공변수 간에는 관계가 없으므로 공분산분석을 사용하는 것이 적절하지만, 차이가 있다면 두 변수 간에 관계가 있다는 것을 의미하므로 공분산분석으로 평균의 차이를 검정하는 것은 바람직하지 않다.

다섯째, 종속변수에 대한 공변수의 회귀계수가 모든 집단에서 동일해야 한다. 회귀계수는 회귀선의 기울기를 의미하므로, 모든 집단의 회귀선이 평행해야 한다. 만약 회귀계수가 다르면 공변수와 독립변수 간에 관계가 있다는 것을 의미하므로 공분산분석을 사용하는 것은 적절하지 않다.

 2. 공분산분석의 절차

공분산분석은 다음과 같은 다섯 단계의 과정을 거쳐 통계적 유의성을 검정한다.

단계 1 가설 설정

$H_0 : \mu'_1 = \mu'_2 = \cdots = \mu'_J$

(영가설: 조정된 집단 평균 간에는 차이가 없다.)

H_A : H_0이 진이 아니다

(대립가설: 적어도 어느 두 집단 간에는 조정된 집단 평균의 차이가 있다.)

단계 2 F 분포표에서 유의수준과 자유도를 고려하여 임계치 찾기

유의수준(α): 가설 설정 시 연구자가 설정(주로 .05 또는 .01을 사용)

자유도(df): 집단 간 자유도($v1$)=J−1(집단 수−1)

집단 내 자유도($v2$)=N−J−1(전체 표본 수−집단 수−1)

단계 3 F 통계값 계산

Source 변량원	*SS* 제곱합	*df* 자유도	*MS* 평균제곱	*F*
공변수	SS_C	1	MS_C	MS_C/MS'_W
Between Groups 집단 간	SS'_B	$J-1$	MS'_B	MS'_B/MS'_W
Within Groups 집단 내	SS'_W	$N-J-1$	MS'_W	
Total 합계	SS'_T	$N-1$		

• 자승합의 계산

$SS_T = \Sigma(X - \overline{X}_{..})^2$

$SS_B = \Sigma(\overline{X}_{.j} - \overline{X}_{..})^2$

$SS_W = \Sigma(X - \overline{X}_{.j})^2$

• 자승합의 조정

〈공변수의 자승합〉

$$SS_{T(C)} = \Sigma(C - \overline{C}_{..})^2$$

$$SS_{B(C)} = \Sigma(\overline{C}_{.j} - \overline{C}_{..})^2$$

$$SS_{W(C)} = \Sigma(C - \overline{C}_{.j})^2$$

〈공변수와 종속변수의 교적합(sums of cross-products: SP)〉

$$SP_T = \Sigma(C - \overline{C}_{..})(X - \overline{X}_{..})$$

$$SP_B = \Sigma(\overline{C}_{.j} - \overline{C}_{..})(\overline{X}_{.j} - \overline{X}_{..})$$

$$SP_W = \Sigma(C - \overline{C}_{.j})(X - \overline{X}_{.j})$$

〈공변수와 종속변수의 상관계수〉

$$r_T(\text{전체 상관계수}) = \frac{SP_T}{\sqrt{(SS_{T(C)})(SS_T)}}$$

$$r_W(\text{집단내 상관계수}) = \frac{SP_W}{\sqrt{(SS_{W(C)})(SS_W)}}$$

• 조정된 자승합의 계산

$$SS'_T = SS_T(1 - r_T^2) = SS_T - \frac{SP_T^2}{SS_{T(C)}}$$

$$SS'_W = SS_W(1 - r_W^2) = SS_W - \frac{SP_W^2}{SS_{W(C)}}$$

$$SS'_B = SS'_T - SS'_W$$

• 평균자승의 계산

$$MS'_B = \frac{SS'_B}{J - 1}$$

$$MS'_W = \frac{SS'_W}{N - J - 1}$$

• 검정통계량인 F 통계값 계산

$$F = \frac{MS'_B}{MS'_W}$$

단계 4 영가설 채택 여부 결정

단계 2의 임계치와 단계 3의 F 통계값을 비교하여 영가설 채택 여부를 결정

단계 5 결과의 해석

3. 공분산분석의 예

세 가지 교수방법(A, B, C)이 교육통계 성적에 미치는 효과를 검정하기 위한 연구에서 측정한 공변수인 수학지능지수와 종속변수인 교육통계 성적이다. 〈표 10-1〉의 자료를 활용하여 수학지능을 공변수로 했을 때 교수방법이 교육통계 성적에 미치는 효과를 유의수준 .05에서 공분산분석으로 검정해 보자.

〈표 10-1〉 교수방법별 수학지능과 교육통계 성적

A		B		C	
수학지능	교육통계	수학지능	교육통계	수학지능	교육통계
80	60	110	80	95	70
90	80	140	95	85	65
130	95	120	90	90	70
105	85	120	90	85	60
120	85	100	80	95	70
135	90	115	80	120	85
145	95	125	85	130	90
90	70	140	95	75	60
100	80	135	90	110	80
105	80	95	75	85	70
$\overline{C}_{.1}=110$	$\overline{X}_{.1}=82$	$\overline{C}_{.2}=120$	$\overline{X}_{.2}=86$	$\overline{C}_{.3}=97$	$\overline{X}_{.3}=72$
$\overline{C}_{..}=109$				$\overline{X}_{..}=80$	

단계 1 가설 설정

$H_0 : \mu'_1 = \mu'_2 = \cdots = \mu'_J$

(영가설: 조정된 집단 평균 간에는 차이가 없다.)

H_A : H_0 이 진이 아니다

(대립가설: 적어도 어느 두 집단 간에는 조정된 집단 평균의 차이가 있다.)

단계 2 F 분포표에서 유의수준과 자유도를 고려하여 임계치 찾기

유의수준(α): 가설 설정 시 연구자가 설정(주로 .05 또는 .01을 사용)

자유도(df): 집단 간 자유도($v1$)=J−1(집단 수−1)

집단 내 자유도($v2$)=N−J−1(전체 표본 수−집단 수−1)

${}_{.05}F_{2,26}=3.37$

단계 3 F 통계값 계산

Source 변량원	*SS* 제곱합	*df* 자유도	*MS* 평균제곱	*F*
공변수	SS_C	1	MS_C	MS_C/MS'_W
Between Groups 집단 간	SS'_B	$J-1$	MS'_B	MS'_B/MS'_W
Within Groups 집단 내	SS'_W	$N-J-1$	MS'_W	
Total 합계	SS'_T	$N-1$		

• 자승합의 계산

$$SS_C = SS_W - SS'_W = 2410 - 358.45 = 2051.55$$

$$SS_T = \Sigma(X - \overline{X}_{..})^2 = (60-80)^2 + (80-80)^2 + \cdots + (70-80)^2 = 3450$$

$$SS_B = \Sigma(\overline{X}_{.j} - \overline{X}_{..})^2 = 10(82-80)^2 + 10(86-80)^2 + 10(72-80)^2 = 1040$$

$$SS_W = \Sigma(X - \overline{X}_{.j})^2 = (60-82)^2 + (80-82)^2 + \cdots + (70-72)^2 = 2410$$

• 자승합의 조정

〈공변수의 자승합〉

$$SS_{T(C)} = \Sigma(C - \overline{C}_{..})^2 = (80-109)^2 + (90-109)^2 + \cdots + (85-109)^2 = 11820$$

$$SS_{B(C)} = \Sigma(\overline{C}_{.j} - \overline{C}_{..})^2 = 10(110-109)^2 + 10(120-109)^2 + 10(97-109)^2 = 26$$

$$SS_{W(C)} = \Sigma(C - \overline{C}_{.j})^2 = (80-110)^2 + (90-110)^2 + \cdots + (85-97)^2 = 9160$$

〈공변수와 종속변수의 교적합(sums of cross-products: SP)〉

$$SP_T = \Sigma(C - \overline{C}_{..})(X - \overline{X}_{..}) = (80-109)(60-80) + (90-109)(80-80) + \cdots + (85-109)(70-80) = 5975$$

$$SP_B = \Sigma(\overline{C}_{.j} - \overline{C}_{..})(\overline{X}_{.j} - \overline{X}_{..}) = 10(110-109)(82-80) + 10(120-109)(86-8 + 10(97-109)(72-80) = 1640$$

$$SP_W = \Sigma(C - \overline{C}_{.j})(X - \overline{X}_{.j}) = (80-110)(60-82) + (90-110)(80-82) + \cdots + (85-97)(70-72) = 4335$$

〈공변수와 종속변수의 상관계수〉

$$r_T(\text{전체 상관계수}) = \frac{SP_T}{\sqrt{(SS_{T(C)})(SS_T)}} = \frac{5975}{\sqrt{11820 \times 3450}} = .936$$

$$r_W(\text{집단 내 상관계수}) = \frac{SP_W}{\sqrt{(SS_{W(C)})(SS_W)}} = \frac{4335}{\sqrt{9160 \times 2410}} = .923$$

• 조정된 자승합의 계산

$$SS_C = SS_W - SS'_W = 2410 - 407.63 = 2002.37$$

$$SS'_T = SS_T(1 - r_T^2) = SS_T - \frac{SP_T^2}{SS_{T(C)}} = 3450 - \frac{5975^2}{11820} = 429.64$$

$$SS'_W = SS_W(1 - r_W^2) = SS_W - \frac{SP_W^2}{SS_{W(C)}} = 2410 - \frac{4335^2}{9160} = 358.45$$

$$SS'_B = SS'_T - SS'_W = 429.64 - 358.45 = 71.19$$

• 평균자승의 계산

$$MS'_B = \frac{SS'_B}{J-1} = \frac{71.19}{(3-1)} = 35.59$$

$$MS'_W = \frac{SS'_W}{N-J-1} = \frac{358.45}{(30-3-1)} = 13.79$$

• 검정통계량인 F 통계값 계산

$$F = \frac{MS'_B}{MS'_W} = \frac{35.59}{13.79} = 2.58$$

Source 변량원	*SS* 제곱합	*df* 자유도	*MS* 평균제곱	*F*
공변수	2051.55	1	2051.55	148.77
Between Groups 집단간	71.19	2	35.59	2.58
Within Groups 집단내	358.45	26	13.79	
Total 합계	429.64	29		

단계 4 영가설 채택 여부 결정

F 통계값 2.58이 F값 3.37보다 작아 영가설을 기각하는 데 실패

단계 5 결과의 해석

유의수준 .05에서 교수방법에 따른 교육통계 성적에는 차이가 없다.

4. 공분산분석의 통계 처리 과정 및 보고서 양식

〈표 10-1〉 교수방법별 수학지능과 교육통계 성적을 SPSS 프로그램에 입력한 자료는 【제10장 공분산분석자료】이다. 이 자료를 사용하여 수학지능을 공변수로 한 교수방법별 교육통계 성적의 차이에 대한 공분산분석의 통계 처리 과정 및 보고서 양식을 살펴보자.

연구문제

세 가지 교수방법(전통적, 수준별, 혼합형)에 따라 교육통계 성적에는 차이가 있는가?

SPSS 통계 처리 과정

① SPSS 데이터 편집기에서 해당 파일을 불러온 후 분석(A) → 일반선형모형(G) → 일변량(U) 버튼을 클릭한다.

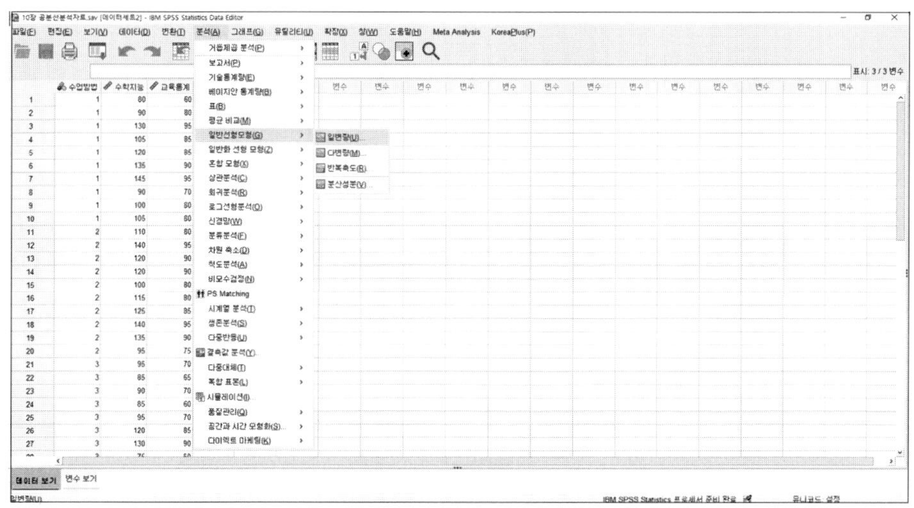

[그림 10-1] 공분산분석 통계 처리 과정 1

② 종속변수를 종속변수(D) 창에, 공변수를 공변량(C) 창에, 집단을 고정요인(F) 창으로 이동시킨다.

[그림 10-2] 공분산분석 통계 처리 과정 2

③ EM 평균 버튼을 클릭하여 요인 및 요인 상호작용(F) 창의 집단변수를 평균 표시 기준(M) 창으로 이동시키고, 주효과 비교(O)를 체크한 후 계속(C) 버튼을 클릭한다.

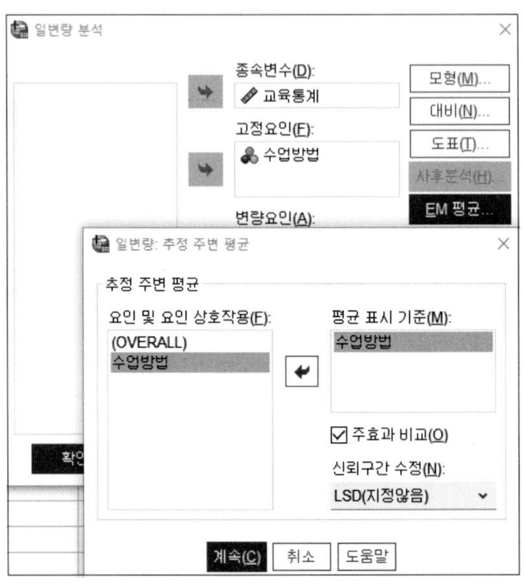

[그림 10-3] 공분산분석 통계 처리 과정 3

④ 옵션(O) 버튼을 클릭하여 기술통계량(D)을 체크한 후 계속(C) 버튼을 클릭한다.

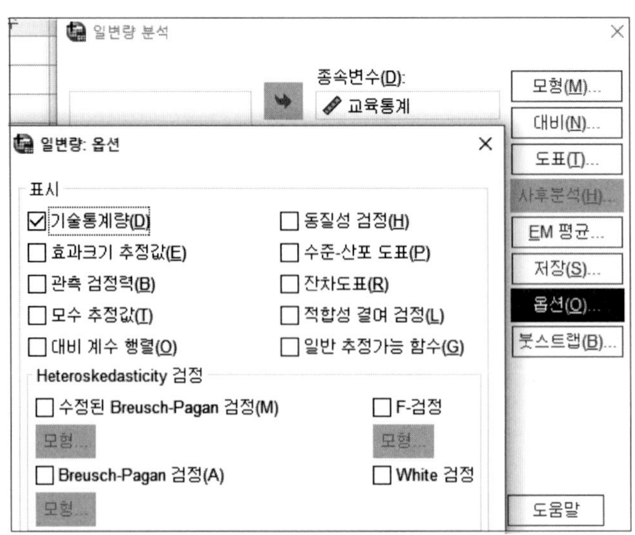

[그림 10-4] 공분산분석 통계 처리 과정 4

⑤ 확인 버튼을 클릭하면 다음과 같은 결과 창이 나타난다.

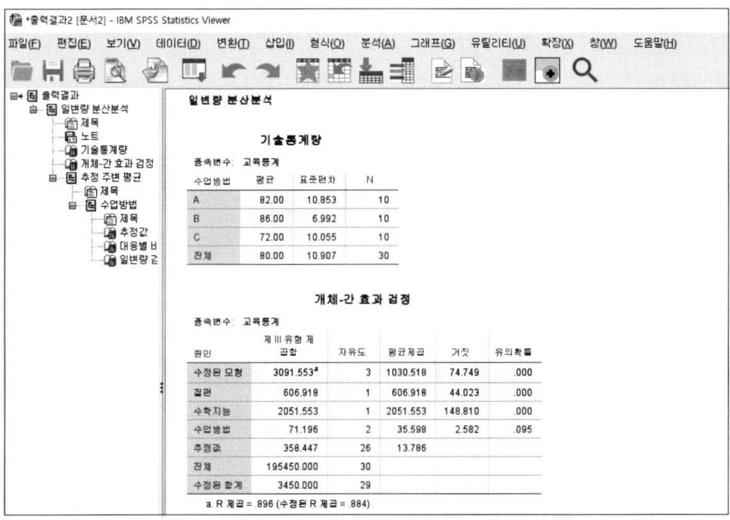

기술통계량

종속변수: 교육통계

수업방법	평균	표준편차	N
A	82.00	10.853	10
B	86.00	6.992	10
C	72.00	10.055	10
전체	80.00	10.907	30

개체-간 효과 검정

종속변수: 교육통계

원인	제 III 유형 제곱합	자유도	평균제곱	거짓	유의확률
수정된 모형	3091.553[a]	3	1030.518	74.749	.000
절편	606.918	1	606.918	44.023	.000
수학지능	2051.553	1	2051.553	148.810	.000
수업방법	71.196	2	35.598	2.582	.095
추정값	358.447	26	13.786		
전체	195450.000	30			
수정된 합계	3450.000	29			

a. R 제곱 = .896 (수정된 R 제곱 = .884)

[그림 10-5] 공분산분석 통계 처리 결과

보고서 양식

세 가지 교수방법(A, B, C)이 교육통계 성적에 미치는 효과를 검정하기 위해 수학지능지수, 교육통계 성적에 대한 기술통계는 〈표 10-2〉와 같다.

〈표 10-2〉 수학지능지수, 교육통계 성적, 조정된 교육통계 성적의 기술통계

교수방법	수학지능지수		교육통계 성적		조정된 교육통계 성적	
	M	*SD*	*M*	*SD*	*M*	*SE*
A	110.00	21.60	82.00	10.85	81.53	1.18
B	120.00	15.64	86.00	6.99	80.79	1.25
C	97.00	17.51	72.00	10.06	77.68	1.26

앞의 〈표 10-2〉에서와 같이 집단별 수학지능지수의 평균은 A 집단이 110.00, B 집단이 120.00, C 집단이 97.00이었으며, 교육통계 성적의 평균은 A 집단이 82.00, B 집단이 86.00, C 집단이 72.00이었다. 또 조정된 교육통계 성적의 평균은 A 집단이 81.53,

B 집단이 80.79, C 집단이 77.68이었다. 교수방법에 따라 교육통계 성적에 차이가 있는지 여부를 알아보기 위해 수학지능지수를 공변수로 하고 교육통계 성적을 종속변수로 하여 공분산분석을 실시한 결과는 〈표 10-3〉과 같다.

〈표 10-3〉 교수방법이 교육통계 성적에 미치는 효과에 대한 공분산분석

Source	*SS*	*df*	*MS*	*F*	*p*
수학지능지수	2051.55	1	2051.55	148.77	.000
교수방법	71.19	2	35.59	2.58	.095
오차	358.45	26	13.79		
합계	429.64	29			

수학지능지수를 공변수로 하고 교육통계 성적을 종속변수로 하여 공분산분석을 실시한 결과, $F=2.58(p>.05)$로 유의수준 .05에서 세 가지 교수방법에 따라 교육통계 성적에는 유의미한 차이가 없는 것으로 나타났다.

연습문제

1. 다음 용어들의 개념을 설명하라.

1) 외재변수 2) 실험적 통제 3) 통계적 통제

4) 공분산분석 5) 조정평균 6) 공변수

2. 다음은 영화치료 프로그램이 아동의 대인관계에 미치는 효과에 대한 연구를 위해 사전 및 사후 검사를 실시한 결과이다. 영화치료 프로그램이 아동의 대인관계에 미치는 효과가 있는지 SPSS 프로그램으로 통계 처리를 한 후 보고서 양식에 맞게 결과를 제시하라.

통제집단		실험집단	
사전검사	사후검사	사전검사	사후검사
50	48	56	60
51	48	50	56
43	43	50	58
43	43	55	56
42	43	43	47
50	49	48	57
46	44	47	54
41	39	48	53
34	32	39	49
31	28	48	54
46	45	51	57
35	36	52	58

부록

〈부록 1〉 연습문제 해설 및 정답

제1장 교육통계의 기초

1) 변수: 여러 가지 다른 값을 가지는 연구대상의 특성
2) 상수: 변하지 않는 일정한 값을 가지는 연구대상의 특성
3) 독립변수: 실험연구에서 연구자에 의하여 조작된 처치변수로 종속변수에 영향을 미치는 변수
4) 종속변수: 실험연구에서 처치의 영향으로 변화되는 변수로 처치에 대한 효과를 평가하기 위해 관찰되는 변수
5) 혼재변수: 실험연구에서 독립변수가 아니면서 종속변수에 영향을 미치는 변수
6) 매개변수: 조사연구에서 독립변수와 종속변수 간의 인과관계를 연결해 주는 변수
7) 조절변수: 독립변수와 종속변수의 관계에 영향을 주는 제2의 독립변수로 독립변수와 종속변수 간 관계의 방향이나 강도에 영향을 미치는 변수
8) 질적 변수: 속성을 수치화 할 수 없는 변수로 분류를 하기 위해 정의된 변수
9) 양적 변수: 속성을 수치로 나타낼 수 있는 변수로 양을 나타내기 위해 수량으로 표시하는 변수
10) 연속변수: 주어진 범위 내에서 어떤 값도 가질 수 있는 변수
11) 비연속변수: 주어진 범위 내에서 특정한 값, 즉 정수만 가질 수 있는 변수
12) 척도: 측정 수준에 따라 각각 다른 정보를 갖고 있는데, 이러한 측정치들의 수리적 성질
13) 명명척도: 대상이나 특성을 구분하거나 분류하기 위해 대상이나 특성 대신에 수치를 부여하는 척도
14) 서열척도: 대상이나 특성의 상대적 서열이나 순위에 대한 정보를 갖고 있는 척도
15) 등간척도: 측정치 사이의 크기나 간격이 같은 척도
16) 비율척도: 서열척도의 서열성, 등간척도의 등간성뿐만 아니라 비율성과 절대영점을 가지고 있는 척도
17) 모집단: 연구의 대상이 되는 전체 집단
18) 표본: 모집단의 어떤 특성을 추정하기 위하여 모집단을 대표하여 추출된 대상의 군집

19) 표집: 모집단에서 표본을 추출하는 과정 또는 그 행위

20) 일반화: 표본을 대상으로 조사한 결과를 모집단의 결과로 추정하는 절차

21) 표집오차: 표본의 특성인 통계치와 모집단의 특성인 모수치 간의 차이

22) 전수조사: 모집단 전체에 대한 조사

23) 표본조사: 모집단 내의 일부만을 조사하여 전체를 추정하는 조사

24) 모수치: 모집단이 지니고 있는 속성 또는 특성

25) 통계치: 모집단의 모수치를 추정하기 위하여 모집단에서 추출된 표본의 속성

26) 불편파추정치: 모수치에 가깝고 양호한 추정치

27) 기술통계: 자료들을 단순히 서술 또는 기술하는 통계

28) 추리통계: 표본에서 얻은 통계치를 가지고 모집단의 모수치를 추리 또는 추론하는 통계

29) 확률적 표집: 모집단에 속해 있는 모든 단위 요소 또는 사례들이 표본으로 뽑힐 확률이 같도록 객관적으로 설계된 표집방법

30) 비확률적 표집: 확률을 고려하지 않고 연구자의 주관적 판단에 의해 임의로 표본을 추출하는 방법

31) 단순무선표집: 모집단의 모든 구성원들이 표본에 추출될 확률이 같고, 하나의 구성원이 추출되는 사건이 다른 구성원이 추출되는 것에 영향을 주지 않는 독립적인 표집방법

32) 체계적 표집: 계통표집이라고도 하며, 모집단의 표집목록에서 일정한 간격을 두고 연구대상을 추출하는 표집방법

33) 유층표집: 층화표집이라고도 하며, 모집단 안에 동일성을 갖는 여러 개의 하부집단이 있다고 가정할 때 모집단을 속성에 따라 계층으로 구분하고 각 계층에서 단순무선표집을 하는 표집방법

34) 군집표집: 집락표집이라고도 하며, 모집단에서 일정 수의 군집을 추출한 다음 표집된 군집에서 단순무선표집으로 표본을 추출하는 표집방법

35) 층화군집표집: 모집단을 어떤 속성에 의하여 계층으로 구분한 후 표집단위를 개인이 아니라 집단으로 하여 표집하는 방법으로 층화표집과 군집표집을 합쳐 놓은 방법

36) 목적표집: 의도적 표집이라고도 하며, 연구의 목적을 위하여 연구자가 의도적으로 표집하는 방법

37) 편의표집: 우연적 표집이라고도 하며, 특별한 표집계획 없이 연구자가 임의대로 손쉽게 구할

수 있는 대상들 중에서 표집하는 방법

38) 할당표집: 선택하고자 하는 표본의 집단별 분포를 미리 알고, 그에 맞추어 각 집단 내에서 할당된 수만큼의 표본을 임의로 추출하는 방법

39) 스노우볼표집: 연구대상에 대한 사전정보가 거의 없어 소수의 표본을 표집한 후 이들로부터 소개를 받아 원하는 표본 수를 얻을 때까지 눈덩이를 굴리는 것과 같이 계속적으로 표본을 확대해 가는 방법

제2장 가설검정

❶

1) 연구: 체계적이고 과학적인 방법을 이용하여 문제를 해결하는 과정

2) 연구문제: 연구주제를 분명하고 구체적으로 파악하도록 둘 또는 그 이상의 변수 간의 관계에 대해 의문문 형식으로 제시한 것

3) 가설: 연구에서 제기된 연구문제에 대한 잠정적인 해답이나 결론 또는 변수 간의 관계에 대해 잠정적으로 내린 추측이나 결론에 대해 평서문으로 제시한 것

4) 영가설: 귀무가설이라고도 하며 둘 또는 그 이상의 모수치 간에 '차이가 없다.', '관계가 없다.', '효과가 없다.' 등으로 진술하는 가설

5) 대립가설: 영가설과 반대되는 가설로 가설검정 결과 영가설이 거짓일 때 참이 되는 가설이다. 대립가설은 둘 또는 그 이상의 모수치 간에 '차이가 있다.', '관계가 있다.', '효과가 있다.' 등으로 진술하는 가설

6) 연구가설: 연구자가 연구에서 주장하고자 하는, 즉 연구자의 의도가 포함된 가설

7) 방향가설: 차이의 방향을 제시한 가설

8) 비방향가설: 차이의 유무만 진술하며, 차이의 방향은 제시하지 않는 가설

9) 서술적 가설: 연구자가 검정하고자 하는 영가설 또는 대립가설을 언어로 기술 또는 서술하는 가설

10) 통계적 가설: 서술적 가설을 어떤 기호나 수로 표현한 가설

11) 통계적 추론: 표본에서 얻은 통계치를 가지고 모집단의 속성을 추리하는 과정

12) 가설검정: 표본의 자료에 근거하여 연구에서 설정한 가설을 확률적으로 판단하는 과정

13) 유의수준: 영가설이 참일 때 영가설을 기각하고 대립가설을 채택하는 확률, 즉 제1종 오류를 범할 확률
14) 유의확률: 표집분포에서 검정통계량의 바깥 부분의 넓이, 즉 영가설 기각역의 면적
15) 자유도: 주어진 조건에서 독립적으로 자유롭게 변화할 수 있는 점수나 변수의 수
16) 표집분포: 가설검정에서 영가설 기각 여부를 결정하기 위해 사용하는 이론적인 확률분포
17) 임계치: 표집분포에서 영가설의 기각역과 채택역을 구분하는 값
18) 검정통계량: 가설검정에서 영가설 기각 여부를 결정하기 위한 통계값
19) 제1종 오류: 영가설이 참인데도 영가설을 기각하고 대립가설을 채택하는 오류를 의미하며, α로 표기
20) 제2종 오류: 대립가설이 참임에도 불구하고 대립가설을 기각하고 영가설을 채택하는 오류를 의미하며, β로 표기
21) 통계적 검정력: 영가설이 참이 아닐 때 영가설을 기각하는 확률, 즉 대립가설이 참일 때 대립가설을 채택함으로써 올바른 결정을 내릴 확률

제4장 중심경향값과 분산도

❶

1) 중심경향값: 자료의 중심에 해당되는 특정한 값
2) 최빈값: 자료의 분포에서 도수 또는 빈도가 가장 높은 점수나 측정치
3) 중앙값: 자료를 크기에 따라 오름차순이나 내림차순으로 배열하였을 때 중앙에 위치하는 측정치로, 자료를 상하 50%로 나누는 점수
4) 극외자: 자료 중 일부가 다른 자료의 분포에서 멀리 떨어져 있는 극단적인 점수
5) 평균: 전체 측정치들의 합을 총 사례 수로 나눈 값
6) 정규분포: 평균을 중심으로 좌우대칭인 형태의 분포
7) 부적편포: 왼쪽으로 길게 꼬리가 뻗어 있는 분포
8) 정적편포: 오른쪽으로 길게 꼬리가 뻗어 있는 분포
9) 왜도: 정규분포를 벗어난 정도, 즉 분포의 비대칭 정도를 나타내는 통계량
10) 분산도: 자료가 흩어져 있는 정도

11) 범위: 최곳값에서 최젓값을 뺀 값

12) 분산: 각 값으로부터 평균을 뺀 점수를 편차 또는 편차 점수라고 하며 편차를 제곱한 후 모두 더하여 총 사례 수로 나눈 값

13) 편파추정치: 분산을 계산할 때 분모에 n을 사용하여 표본의 분산을 계산하면 모집단의 분산보다 작게 추정되는 경향

14) 불편파추정치: 분모에 n 대신에 $n-1$을 사용하여 표본의 분산을 계산한 모집단의 분산과 비슷한 값

15) 편차: 각 값이 평균으로부터 떨어진 정도

16) 표준편차: 편차를 모두 제곱한 후 합하여 총 사례 수 N(표본의 경우 $n-1$)으로 나눈 값인 분산에 제곱근을 취한 값

17) 첨도: 분포의 꼬리 부분의 길이와 중앙 부분의 뾰족한 정도에 대한 정보를 제공하는 통계량

❷

1) 최빈값: 85

중앙값: 85

평균: 84

2) 범위: 30

분산: 87.78

표준편차: 9.37

❸

1) 최빈값: 103

중앙값: 103

평균: 105

2) 범위: 46

분산: 233.11

표준편차: 15.27

❹

1) 최빈값: 83

중앙값: 83

평균: 81.15

2) 범위: 34

분산: 88.56

표준편차: 9.41

❺

2번 문제

통계량

교육통계

N	유효	10
	결측	0
평균		84.0000
중위수		85.0000
최빈값		85.00
표준화 편차		9.36898
분산		87.778
범위		30.00

3번 문제

통계량

지능지수

N	유효	10
	결측	0
평균		105.0000
중위수		103.0000
최빈값		103.00
표준화 편차		15.26798
분산		233.111
범위		46.00

4번 문제

통계량

교육통계

N	유효	20
	결측	0
평균		81.1500
중위수		83.0000
최빈값		83.00
표준화 편차		9.41038
분산		88.555
범위		34.00

제5장 상관분석

1) 상관: 두 변수 간의 관계
2) 정적상관: 한 변수의 값이 증가할 때 다른 변수의 값도 같이 증가하는 상관
3) 부적상관: 한 변수의 값이 증가할 때 다른 변수의 값은 감소하는 상관
4) 무상관: 한 변수의 값의 증가 또는 감소가 다른 변수의 값의 증감과 관계가 없는 상관
5) 산포도: 두 변수의 관계를 도표로 나타낸 것
6) 상관계수: 두 변수 간의 상관관계의 정도를 나타내는 지수로, 한 변수가 변할 때 다른 변수가 변하는 정도
7) 적률상관계수: 등간척도 또는 비율척도에 의해 측정된 두 변수 간 상관의 정도를 나타낸 것
8) 공분산: 두 변수가 동시에 변하는 정도, 즉 한 변수가 얼마만큼 변할 때 다른 변수가 얼마만큼 변하는지를 나타내는 지수
9) 결정계수: 변수 Y의 전체 분산(S_Y^2) 중에서 변수 X로 예측할 수 있는 Y의 분산 비율
10) 등위상관계수: 두 변수가 서열척도에 의해 측정된 비연속적인 양적 변수일 때 사용하는 상관계수
11) 양류상관계수: 두 변수 중 한 변수는 이분변수이고, 나머지 한 변수가 연속변수일 때 두 변수의 상관계수
12) 양분상관계수: 두 변수 모두 연속변수였으나, 연구의 목적을 위해 연구자가 한 변수를 인위적

으로 이분변수로 만들어 인위적 이분변수와 연속변수 간의 상관계수

13) Φ 계수: 두 변수 모두 이분변수일 때의 상관계수

14) 상관분석: 두 변수 간의 관계를 나타내는 통계치인 상관계수를 산출하고, 산출한 상관계수의 통계적 유의성을 검정하여 그 결과를 해석하는 절차

15) 부분상관: 제3의 변수의 영향을 통제한 두 변수 간의 상관관계

16) 준부분상관: X_2에 대한 X_3의 영향을 통제한 후 X_1과 X_2의 상관

17) 절단 자료: 두 변수 중 어느 한 변수라도 자료가 절단되어 변수의 측정치 범위를 제한하는 것

❷

$r = .85$

❸

$r = .82$

❹

$r = -.40$

❺

$\Phi = .20$

❻

$r = .88$

단계 1: 가설 설정

$$H_0 : \rho = 0$$

$$H_A : \rho \neq 0$$

단계 2: t 분포표에서 유의수준과 자유도를 고려하여 임계치 찾기

유의수준 $\alpha = .05$

자유도 $df = n - 2 = 5 - 2 = 3$

$_{.05}t_3 = \pm 3.182$(양측검정이므로 $\alpha = .05/2$인 $\alpha = .025$에서 찾음)

단계 3: t 통계값 계산

$$t = r\sqrt{\frac{(n-2)}{(1-r^2)}} = .88\sqrt{\frac{(5-2)}{(1-.88^2)}} = 3.21$$

단계 4: 영가설 채택 여부 결정

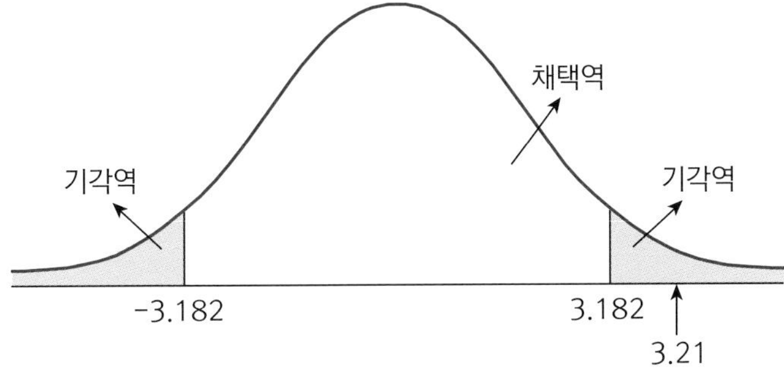

t 통계값 3.21이 기각역에 해당되므로 영가설을 기각

단계 5: 결과의 해석

유의수준 $\alpha = .05$에서 수학 중간고사와 학기말고사 성적 간에는 유의미한 상관이 있다.

$r = .91$

단계 1: 가설 설정

$H_0 : \rho = 0$

$H_A : \rho \neq 0$

단계 2: t 분포표에서 유의수준과 자유도를 고려하여 임계치 찾기

유의수준 $\alpha = .05$

자유도 $df = n - 2 = 6 - 2 = 4$

${}_{.05}t_4 = \pm 2.776$(양측검정이므로 $\alpha = .05/2$인 $\alpha = .025$에서 찾음)

단계 3: t 통계값 계산

$$t = r\sqrt{\frac{(n-2)}{(1-r^2)}} = .91\sqrt{\frac{(6-2)}{(1-.91^2)}} = 4.39$$

단계 4: 영가설 채택 여부 결정

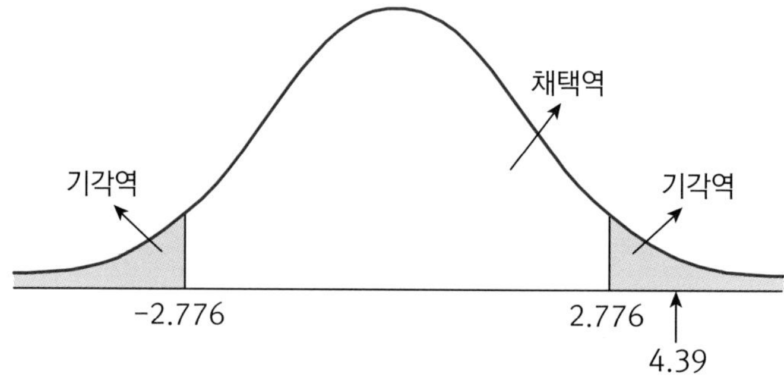

t 통계값 4.39가 기각역에 해당되므로 영가설을 기각

단계 5: 결과의 해석

유의수준 $\alpha = .05$에서 자아개념과 자아효능감 간에는 유의미한 상관이 있다.

제6장 회귀분석

1) 회귀분석: 독립변수와 종속변수 간의 관계를 분석하여 독립변수가 종속변수에 미치는 영향력을 알아보거나, 독립변수의 변화에 따라 종속변수의 변화를 예측하기 위해서 사용하는 통계적 분석방법
2) 예측변수: 다른 변수에 영향을 주는 변수인 독립변수의 다른 이름

3) 준거변수: 독립변수에 의해 영향을 받는 변수인 종속변수의 다른 이름

4) 단순회귀분석: 두 변수 간의 관계에 근거하여 한 변수에서 다른 변수의 값을 예언하기 위해 회귀계수를 구하고 회귀계수가 통계적으로 유의미한지를 분석하는 통계방법

5) 중다회귀분석: 두 개 이상의 독립변수들과 하나의 종속변수 간의 관계를 분석하는 것으로, 여러 개의 독립변수가 하나의 종속변수를 얼마나 예측하고 설명하는지를 분석하는 통계방법

6) 선형성: 두 변수 간의 관계를 알아보기 위해 산포도를 그렸을 때 선형적인 관계, 즉 직선적인 관계를 가지는 성질이나 특성

7) 등분산성: 독립변수의 각 값에서 종속변수의 분산이 같은 특성

8) 정규성: 독립변수의 값에 관계없이 잔차가 정규분포를 이루는 특성

9) 잔차: 표본 자료에서 회귀선의 예측값과 실제 관측값 간의 차이

10) 회귀선: 변수 X의 특정 값에 해당되는 변수 Y의 값을 예측하기 위한 직선

11) 회귀등식: 회귀선을 설명하는 등식으로 $Y' = aX + b$으로 표기

12) 설명된 편차: 회귀선에 의하여 결정된 값으로 $(Y'_i - \overline{Y})$을 의미

13) 상관비: 독립변수 X가 설명하는 종속변수 Y의 분산의 비율, 즉 총변화량 중 설명된 변화량의 비율로 결정계수라고도 함

14) 다중공선성: 중다회귀분석에서 독립변수들 간에 높은 상관관계가 나타나는 현상

15) 공차한계: 중다회귀분석에 포함된 한 독립변수가 다른 독립변수들에 의해서 설명되지 않는 정도로 $1 - R_i^2$로 계산

16) 분산팽창지수: 공차한계의 역수

17) 범주변수: 독립변수가 성별 등과 같은 명명척도나 등급이나 수준 등과 같은 서열척도로 측정된 변수

18) 더미변수: 독립변수가 범주변수일 때 각 범주의 값을 0과 1로 코딩하여 연속변수로 변환한 변수

19) 참조항목: 더미변수는 0과 1의 값을 가지는데, 일반적으로 기준이 되는 범주를 의미하며 값을 0으로 함

20) 매개효과: 종속변수에 미치는 효과를 매개변수가 매개하는 효과

21) 직접효과: 매개효과 모형에서 매개변수가 있지만 매개변수를 거치지 않고 독립변수가 종속변수에 영향을 미치는 정도

22) 간접효과: 독립변수가 매개변수를 통해 종속변수에 영향을 미치는 정도

23) 부분매개효과: 위계적 중다회귀분석 결과 3단계에서 독립변수와 종속변수 간의 표준화회귀계수(β) c'가 통계적으로 유의미하지만 2단계에서의 표준화회귀계수(β) c보다 감소하면 독립변수와 종속변수 사이에서 나타나는 매개변수의 효과

24) 완전매개효과: 위계적 중다회귀분석 결과 3단계에서 독립변수와 종속변수 간의 표준화회귀계수(β) c'가 통계적으로 유의미하지 않을 경우 독립변수와 종속변수 사이에서 나타나는 매개변수의 효과

25) Sobel test: Michael E. Sobel이 개발한 것으로 매개효과(또는 간접효과)인 ab가 정규분포를 이루고 있을 때, 즉 정규성을 가정할 때 사용 가능한 매개효과 유의성 검정방법

26) 조절효과: 독립변수와 종속변수 간의 관계에서 독립변수가 종속변수에 미치는 영향의 크기나 방향이 조절변수의 값에 따라 달라지는 정도

27) 조절변수: 독립변수가 종속변수에 미치는 영향을 조절하는 변수

28) 강화효과: 독립변수와 조절변수 둘 다 종속변수에 같은 방향으로 영향을 미치고 조절변수의 크기가 클수록 독립변수가 종속변수에 미치는 효과가 더 커지게 되는 것

29) 완충효과: 조절변수가 독립변수와 종속변수 간의 관계를 약화시키는 것

30) 대립효과: 강화효과와 같이 독립변수와 조절변수 둘 다 종속변수에 같은 방향으로 영향을 미치지만 조절변수의 크기가 클수록 독립변수가 종속변수에 미치는 효과가 더 줄어드는 것

31) 평균중심화: 각 변수에서 해당 변수의 평균을 뺀 편차 점수를 구하는 것

32) 표준점수: 각 변수에서 해당 변수의 평균을 뺀 편차 점수를 그 변수의 표준편차로 나눈 값

❷

$$Y' = aX + b = .5X + 31$$

❸

$$Y' = aX + b = .56X + 19.47$$

연구문제

수학 성적이 과학 성적에 미치는 영향은 어떠한가?

보고서 양식

수학 성적이 과학 성적에 미치는 영향에 대한 단순회귀분석의 결과는 다음 〈표 0〉과 같다.

〈표 0〉 수학 성적이 과학 성적에 미치는 영향에 대한 단순회귀분석의 결과

독립변수	B	SE	β	t	p
수학 성적	.654	.192	.891	3.400	.042
$R^2=.794$, $F=11.560$, $p=.042$					

수학 성적이 과학 성적에 미치는 영향에 대한 통계적 유의성을 검정한 결과, 수학 성적은 과학 성적을 유의미하게 설명하고 있으며($t=3.400$, $p<.05$), 과학 성적 총변화량의 79.4%가 수학 성적에 의해 설명되고 있다.

❺

연구문제

중학생의 지능과 창의성이 수학 성적에 미치는 영향은 어떠한가?

보고서 양식

중학생의 지능과 창의성이 수학 성적에 미치는 영향을 알아보기 위해 지능과 창의성을 독립변수로 하고 수학 성적을 종속변수로 하여 단계 선택방법을 이용하여 중다회귀분석을 실시한 결과는 〈표 0〉과 같다.

〈표 0〉 중학생의 지능과 창의성이 수학 성적에 미치는 영향

모형		B	β	F	R	R^2	ΔR^2	다중공선성	
								공차	VIF
1	창의성	1.185	.949*	27.361*	.949	.901	–	1.000	1.000

*$p<.05$

〈표 0〉에서와 같이 창의성은 수학 성적에 유의미한 영향을 미치는 것으로 나타났다($F=27.361$, $p<.05$). 창의성은 수학 성적에 대해 90.1%($R^2=.901$)의 설명력을 보인다. 하지만 지능은 수학 성적에 유의미한 영향을 미치지 못하는 것으로 나타났다. 변수들 간의 다중공선성 유무를 검정하기 위해 공차한계와 분산팽창지수(VIF)를 산출한 결과, 공차한계는 0.1보다 크며 VIF가 10 이하로 나타나 다중공선성은 없는 것으로 나타났다.

제7장 t 검정

1) t 검정: 모집단의 표준편차 σ를 알지 못할 때 표본의 표준편차인 S를 사용하여 두 집단 이하의 평균을 비교하는 분석방법
2) 단일표본 t 검정: 모집단의 표준편차 σ를 알지 못할 때 모집단에서 추출된 표본의 평균 $\overline{X}$와 모집단의 평균 μ 간의 차이를 분석하기 위하여 사용하는 통계방법
3) 대응표본 t 검정: 종속변수가 양적 변수이고, 두 표본이 종속적일 경우 두 표본의 종속변수에 대한 평균의 차이를 분석하기 위하여 사용하는 통계방법
4) 독립표본 t 검정: 두 모집단에서 독립적으로 추출된 표본 평균의 차이를 이용하여 두 모집단 평균의 차이를 분석하기 위하여 사용하는 통계방법

❷

단계 1: 가설 설정

$H_0 : \mu = 10$

$H_A : \mu \neq 10$

단계 2: t 분포표에서 유의수준과 자유도를 고려하여 임계치 찾기

$\alpha = .05$

$df = n-1 = 40-1 = 39$

${}_{.05}t_{39} = \pm 2.021$ (양측검정이므로 유의수준 .025(.05/2)의 값)

단계 3: t 통계값 계산

$$t = \frac{\overline{X} - \mu_0}{\frac{s}{\sqrt{n}}} = \frac{5.03 - 10}{\frac{3.63}{\sqrt{40}}} = -8.66$$

단계 4: 영가설 채택 여부 결정

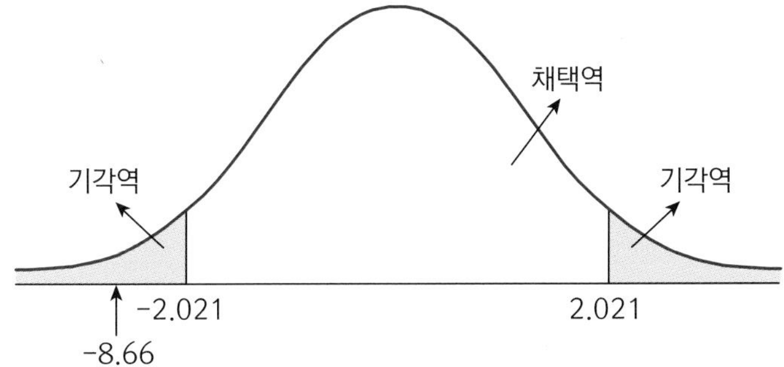

t 통계값($t=-8.66$)이 기각역에 해당하므로 영가설을 기각

단계 5: 결과의 해석

유의수준 .05에서 A 회사 직원 40명의 질병으로 인한 병가 일수 평균인 5.03일은 모집단의 평균인 10일보다 적다.

❸

단계 1: 가설 설정

$H_0 : \mu = 10$

$H_A : \mu \neq 10$

단계 2: t 분포표에서 유의수준과 자유도를 고려하여 임계치 찾기

$\alpha = .01$

$df = n-1 = 20-1 = 19$

${}_{.01}t_{19} = \pm 2.861$ (양측검정이므로 유의수준 .005(.01/2)의 값)

단계 3: t 통계값 계산

$$t = \frac{\overline{X} - \mu_0}{\frac{s}{\sqrt{n}}} = \frac{107.35 - 100}{\frac{13.73}{\sqrt{20}}} = 2.39$$

단계 4: 영가설 채택 여부 결정

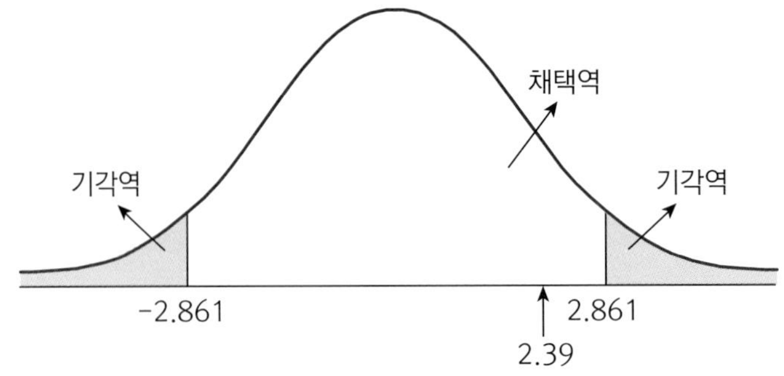

t 통계값($t = 2.39$)이 기각역에 해당하지 않으므로 영가설을 기각하는 데 실패

단계 5: 결과의 해석

유의수준 .01에서 A 중학교 학생 20명의 지능지수의 평균은 우리나라 중학생 지능지수 평균 100과 유의미한 차이가 없다.

❹

단계 1: 가설 설정

$H_o : \mu_D = 0$

$H_a : \mu_D \neq 0$

단계 2: t 분포표에서 유의수준과 자유도를 고려하여 임계치 찾기

$\alpha = .05$

$df = n - 1 = 6 - 1 = 5$

${}_{.05}t_5 = \pm 2.571$ (양측검정이므로 유의수준 .025(.05/2)의 값)

단계 3: t 통계값 계산

① 짝지어진 두 점수 차이(D)의 평균인 $\overline{D}$를 계산

학생	학기 초(X_1)	학기 말(X_2)	$D=X_1-X_2$	D^2
1	12	9	3	9
2	9	6	3	9
3	0	1	−1	1
4	5	3	2	4
5	4	2	2	4
6	3	3	0	0
			$\Sigma D=9$	$\Sigma D^2=27$

$$\overline{D}=\frac{\Sigma D}{n}=\frac{9}{6}=1.5$$

② t 통계값 계산

$$t=\frac{\overline{D}}{\sqrt{\dfrac{\Sigma D^2-(\Sigma D)^2/n}{n(n-1)}}}=\frac{1.5}{\sqrt{\dfrac{27-(9)^2/6}{6(6-1)}}}=2.24$$

단계 4: 영가설 채택 여부 결정

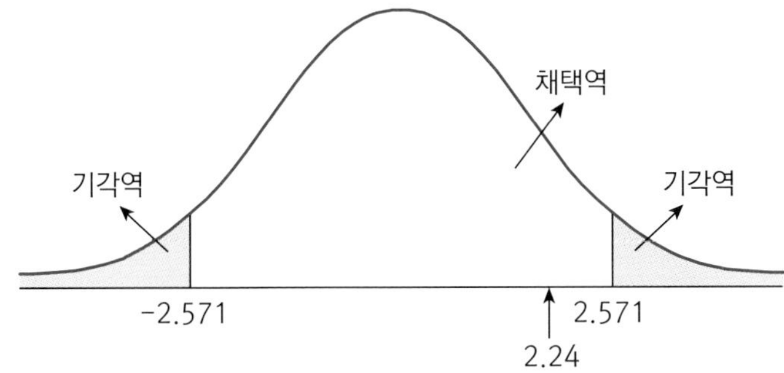

t 통계값($t=2.24$)이 기각역에 해당하지 않으므로 영가설을 기각하는 데 실패

단계 5: 결과의 해석

유의수준 .05에서 학기 초와 학기 말의 문법 오류 수의 평균에는 차이가 없다. 즉, 글쓰기 수업은 학생들의 문법 오류 감소에 효과가 없다.

❺

단계 1: 가설 설정

$H_o : \mu_D = 0$

$H_a : \mu_D \neq 0$

단계 2: t 분포표에서 유의수준과 자유도를 고려하여 임계치 찾기

$\alpha = .05$

$df = n-1 = 10-1 = 9$

${}_{.05}t_9 = \pm 2.262$ (양측검정이므로 유의수준 .025(.05/2)의 값)

단계 3: t 통계값 계산

① 짝지어진 두 점수 차이(D)의 평균인 $\overline{D}$를 계산

학생	사전검사(X_1)	사후검사(X_2)	$D = X_1 - X_2$	D^2
1	3	6	−3	9
2	2	3	−1	1
3	3	4	−1	1
4	2	1	1	1
5	4	4	0	0
6	2	5	−3	9
7	3	3	0	0
8	5	5	0	0
9	4	5	−1	1
10	3	4	−1	1
			$\Sigma D = -9$	$\Sigma D^2 = 23$

$$\overline{D} = \frac{\Sigma D}{n} = \frac{-9}{10} = -.9$$

② t 통계값 계산

$$t = \frac{\overline{D}}{\sqrt{\dfrac{\Sigma D^2 - (\Sigma D)^2/n}{n(n-1)}}} = \frac{-.9}{\sqrt{\dfrac{23-(-9)^2/10}{10(10-1)}}} = -2.21$$

단계 4: 영가설 채택 여부 결정

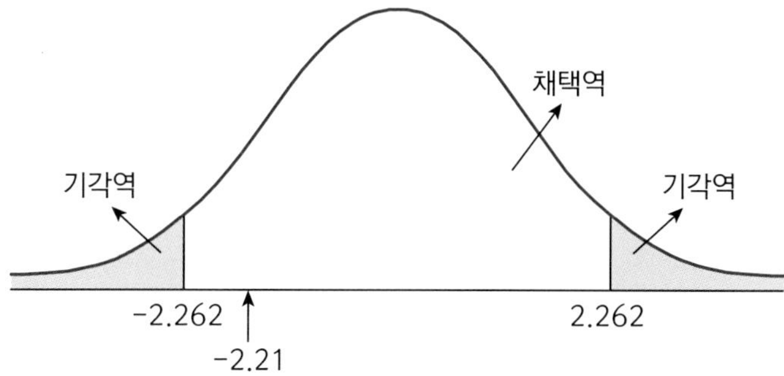

t 통계값($t=-2.21$)이 기각역에 해당하지 않으므로 영가설을 기각하는 데 실패

단계 5: 결과의 해석

유의수준 .05에서 사전검사와 사후검사의 평균에는 차이가 없다. 즉, 학업적 자기효능감 프로그램은 학생들의 학업적 자기효능감 향상에 효과가 없다.

❻

단계 1: 가설 설정

$H_0 : \mu_1 = \mu_2$ 또는 $\mu_1 - \mu_2 = 0$

$H_A : \mu_1 \neq \mu_2$ 또는 $\mu_1 - \mu_2 \neq 0$

단계 2: t 분포표에서 유의수준과 자유도를 고려하여 임계치 찾기

$\alpha = .05$

$df = (n_1 - 1) + (n_2 - 1) = (10-1) + (10-1) = 18$

${}_{.05}t_{18} = \pm 2.101$ (양측검정이므로 유의수준 .025(.05/2)의 값)

단계 3: t 통계값 계산

$$t = \frac{\overline{X_1} - \overline{X_2}}{\sqrt{\left(\frac{(n_1-1)S_1^2 + (n_2-1)S_2^2}{n_1+n_2-2}\right)\left(\frac{1}{n_1} + \frac{1}{n_2}\right)}}$$

$$= \frac{47-57}{\sqrt{(\frac{(10-1)490.00+(10-1)378.89}{10+10-2})(\frac{1}{10}+\frac{1}{10})}} = -1.07$$

단계 4: 영가설 채택 여부 결정

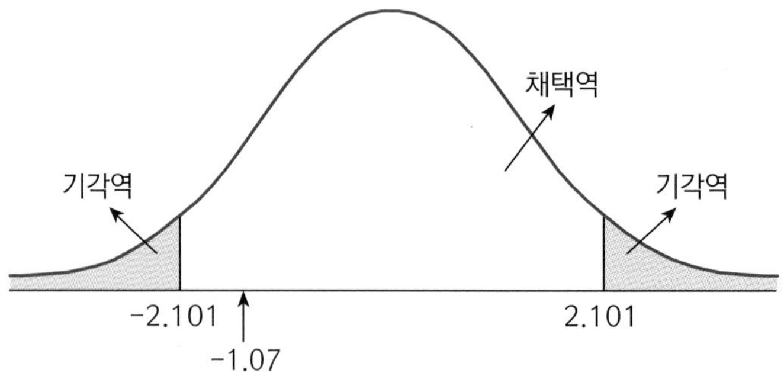

t 통계값($t=-1.07$)이 기각역에 해당하지 않으므로 영가설을 기각하는 데 실패

단계 5: 결과의 해석

유의수준 .05에서 성별에 따른 국어 성적의 평균에는 차이가 없다.

❼

단계 1: 가설 설정

$H_0: \mu_1 = \mu_2$ 또는 $\mu_1 - \mu_2 = 0$

$H_A: \mu_1 \neq \mu_2$ 또는 $\mu_1 - \mu_2 \neq 0$

단계 2: t 분포표에서 유의수준과 자유도를 고려하여 임계치 찾기

$\alpha = .05$

$df = (n_1 - 1) + (n_2 - 1) = (6-1) + (6-1) = 10$

${}_{.05}t_{10} = \pm 2.228$ (양측검정이므로 유의수준 .025(.05/2)의 값)

단계 3: t 통계값 계산

$$t = \frac{\overline{X_1} - \overline{X_2}}{\sqrt{\left(\frac{(n_1-1)S_1^2 + (n_2-1)S_2^2}{n_1+n_2-2}\right)\left(\frac{1}{n_1}+\frac{1}{n_2}\right)}}$$

$$= \frac{17-14}{\sqrt{\left(\frac{(6-1)20.80+(6-1)9.20}{6+6-2}\right)\left(\frac{1}{6}+\frac{1}{6}\right)}} = 1.34$$

단계 4: 영가설 채택 여부 결정

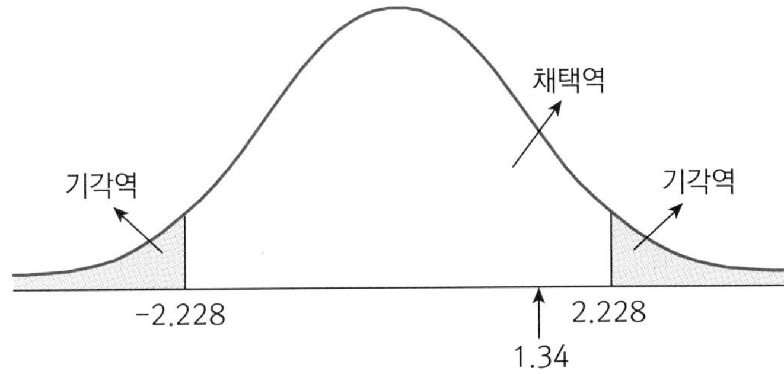

t 통계값($t=1.34$)이 기각역에 해당하지 않으므로 영가설을 기각하는 데 실패

단계 5: 결과의 해석

유의수준 .05에서 흰쥐와 갈색쥐의 미로 통과 훈련에 걸리는 시간의 평균에는 차이가 없다.

제8장 분산분석

1) 분산분석: 세 집단 이상의 평균의 차이를 검정하기 위해 Ronald A. Fisher에 의해 개발된 통계적 방법으로 집단 간 평균이 통계적으로 유의미한 차이가 있는지를 분석하기 위해 분산을 사용하기 때문에 분산분석이라고 함
2) 집단 내 분산: 처치집단 내에 존재하는 오차분산
3) 집단 간 분산: 집단 간에 존재하는 분산

4) 일원분산분석: 독립변수와 종속변수가 각각 1개이며, 세 집단 이상의 평균의 차이를 검정하기 위한 통계적 방법
5) 이원분산분석: 독립변수가 2개이고 종속변수가 1개이며, 세 집단 이상의 평균의 차이를 검정하기 위한 통계적 방법
6) 무선배치 분산분석: 실험연구에서 각 피험자가 처치조건에 무선으로 배치되고 피험자들이 한 가지 실험처치만을 받고 실험처치가 다른 집단 간 평균의 차이를 검정할 때 사용되는 통계적 방법
7) 반복측정 분산분석: 실험연구에서 동일한 피험자들이 여러 실험처치에 반복적으로 노출되어 반복측정된 자료들의 평균 차이를 비교할 때 사용되는 통계적 방법
8) 사후검정: 영가설이 기각되었을 경우, 어느 집단 간에 유의미한 평균의 차이가 있는지를 검정하는 통계적 방법
9) Tukey의 HSD: 집단별 표본의 크기인 n이 같을 때 스튜던트의 범위 분포(studentized range distribution)를 이용하여 모든 가능한 두 집단의 평균의 차이를 검정하는 사후검정방법
10) Fisher의 LSD: 일원분산분석의 결과가 통계적으로 유의미할 때 t 검정으로 집단 간 평균의 차이를 분석하는 사후검정방법
11) Scheffé 검정: 집단별 표본의 크기인 n이 달라도 되며 정규성과 등분산성을 충족하지 않더라도 큰 영향을 받지 않는 사후검정방법
12) 주효과: 독립변수가 종속변수에 미치는 개별적인 효과, 즉 한 독립변수가 다른 독립변수에 관계없이 종속변수에 미치는 효과
13) 상호작용효과: 한 독립변수가 종속변수에 미치는 효과가 다른 독립변수의 범주나 수준에 따라 달라지는 현상을 상호작용이라고 하며, 상호작용에 의해 평균이 통계적으로 유의미한 차이가 있을 경우 상호작용효과가 있다고 함
14) 요인설계: 독립변수가 2개일 경우 이원분산분석, 3개 이상인 경우 다원분산분석이라고 하며 이들을 요인설계라고 함
15) 구형성 가정: 반복측정된 자료들의 시차에 따른 분산이 동일하다는 가정

❷

단계 1: 가설 설정

$H_0 : \mu_{.1} = \mu_{.2} = \mu_{.3} = \mu_{.4}$

H_A : 적어도 어느 두 집단 간에는 평균에 차이가 있다.

단계 2: F 분포표에서 유의수준과 자유도를 고려하여 임계치 찾기

${}_{\alpha}F_{v_1, v_2} = {}_{.05}F_{3,16} \doteqdot 3.29$

(v_1: 집단 간 자유도, v_2: 집단 내 자유도)

단계 3: F 통계값 계산

$$\sum_{j=1}^{J}(\sum_{i=1}^{n} Y_{ij})^2 = (17)^2 + (50)^2 + (23)^2 + (65)^2 = 7543$$

$$\sum_{j=1}^{J}\sum_{i=1}^{n} Y_{ij}^2 = 1649$$

$$(\sum_{j=1}^{J}\sum_{i=1}^{n} Y_{ij})^2 = (17 + 50 + 23 + 65)^2 = (155)^2 = 24025$$

$$SS_B = \frac{\sum_{j=1}^{J}(\sum_{i=1}^{n} Y_{ij})^2}{n} - \frac{(\sum_{j=1}^{J}\sum_{i=1}^{n} Y_{ij})^2}{N} = \frac{7543}{5} - \frac{24025}{20} = 307.35$$

$$SS_W = \sum_{j=1}^{J}\sum_{i=1}^{n} Y_{ij}^2 - \frac{\sum_{j=1}^{J}(\sum_{i=1}^{n} Y_{ij})^2}{n} = 1649 - \frac{7543}{5} = 140.40$$

$$SS_T = SS_B + SS_W = 307.35 + 140.40 = 447.75$$

$$MS_B = \frac{SS_B}{J-1} = \frac{307.35}{3} = 102.45$$

$$MS_W = \frac{SS_W}{N-J} = \frac{140.40}{16} = 8.78$$

$$F = \frac{MS_B}{MS_W} = \frac{102.45}{8.78} = 11.67$$

Source	*SS*	*df*	*MS*	*F*
Between Groups	307.35	4−1=3	102.45	11.67
Within Groups	140.40	20−4=16	8.78	
Total	447.75	20−1=19		

단계 4: 영가설 채택 여부 결정

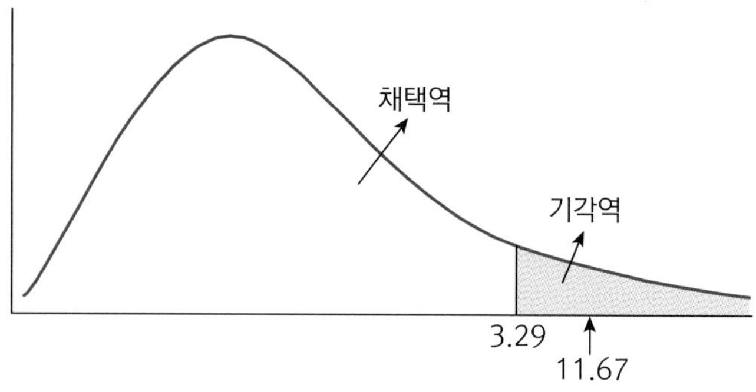

F 통계값(F=11.67)이 기각역에 해당하므로 영가설을 기각

단계 5: 결과의 해석

유의수준 .05에서 진통제에 따라 적어도 어느 두 집단 간에는 진통완화에 걸리는 시간의 평균에 차이가 있다.

❸

단계 1: 가설 설정

$H_0 : \mu_{.1} = \mu_{.2} = \mu_{.3}$

H_A : 적어도 어느 두 집단 간에는 평균에 차이가 있다.

단계 2: F 분포표에서 유의수준과 자유도를 고려하여 임계치 찾기

$_{\alpha}F_{v_1, v_2} = {}_{.05}F_{2, 9} = 4.26$

(v_1: 집단 간 자유도, v_2: 집단 내 자유도)

단계 3: F 통계값 계산

$$\sum_{j=1}^{J}(\sum_{i=1}^{n} Y_{ij})^2 = (10)^2 + (19)^2 + (27)^2 = 1190$$

$$\sum_{j=1}^{J}\sum_{i=1}^{n} Y_{ij}^2 = 330$$

$$(\sum_{j=1}^{J}\sum_{i=1}^{n} Y_{ij})^2 = (10+19+27)^2 = (56)^2 = 3136$$

$$SS_B = \frac{\sum_{j=1}^{J}(\sum_{i=1}^{n} Y_{ij})^2}{n} - \frac{(\sum_{j=1}^{J}\sum_{i=1}^{n} Y_{ij})^2}{N} = \frac{1190}{4} - \frac{3136}{12} = 36.17$$

$$SS_W = \sum_{j=1}^{J}\sum_{i=1}^{n} Y_{ij}^2 - \frac{\sum_{j=1}^{J}(\sum_{i=1}^{n} Y_{ij})^2}{n} = 330 - \frac{1190}{4} = 32.50$$

$$SS_T = SS_B + SS_W = 36.17 + 32.50 = 68.67$$

$$MS_B = \frac{SS_B}{J-1} = \frac{36.17}{2} = 18.08$$

$$MS_W = \frac{SS_W}{N-J} = \frac{32.50}{9} = 3.61$$

$$F = \frac{MS_B}{MS_W} = \frac{18.08}{3.61} = 5.01$$

Source	*SS*	*df*	*MS*	*F*
Between Groups	36.17	3−1=2	18.08	5.01
Within Groups	32.50	12−3=9	3.61	
Total	68.67	12−1=11		

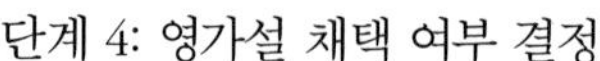
단계 4: 영가설 채택 여부 결정

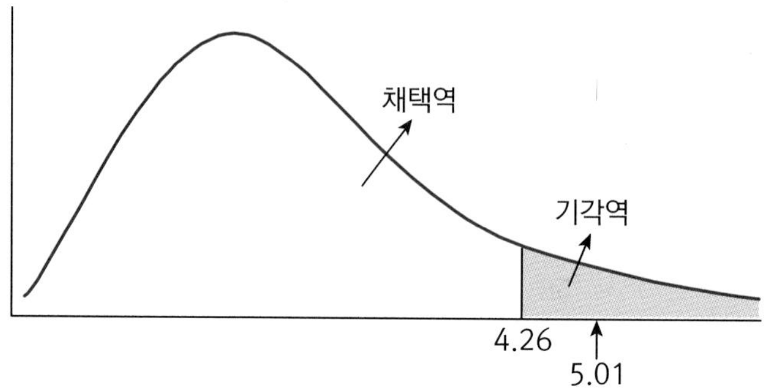

F 통계값($F=5.01$)이 기각역에 해당하므로 영가설을 기각

단계 5: 결과의 해석

유의수준 .05에서 교수방법에 따라 적어도 어느 두 집단 간에는 교육통계 성적의 평균에 차이가 있다.

❹

수업방법에 따라 심리학 성적의 평균에 차이가 있는지 알아보기 위하여 일원분산분석을 실시한 결과는 〈표 0〉과 같다.

〈표 0〉 수업방법에 따른 심리학 성적에 대한 일원분산분석 결과

수업방법	n	M	SD	F	*Tukey*
ⓐ 강의식	8	46.50	4.99	9.88**	ⓐ＞ⓒ
ⓑ 시청각	8	42.00	4.04		
ⓒ 토의식	8	37.00	3.70		
합계	24	41.83	5.69		

**$p < .01$

〈표 0〉과 같이 수업방법에 따라 심리학 성적의 평균에 대한 차이를 검정한 결과, F 통계값이 9.88($p < .01$)로 유의수준 .01에서 집단 간에 유의미한 차이가 있는 것으로 나타났다. 즉, 강의식 수업을 실시한 집단이 토의식 수업을 실시한 집단보다 유의수준 .01에서 유의미하게 평균이 높은 것으로 나타났다.

❺

학습시간의 양에 따라 학업성취도의 평균에 차이가 있는지 알아보기 위하여 일원분산분석을 실시한 결과는 〈표 0〉과 같다.

〈표 0〉 학습시간의 양에 따른 심리학 성적에 대한 일원분산분석 결과

수업방법	*n*	*M*	*SD*	*F*	*Tukey*
ⓐ 15분	5	7.60	1.52	40.67**	ⓒ > ⓑ,ⓓ > ⓐ
ⓑ 30분	5	11.80	1.92		
ⓒ 60분	5	18.20	1.48		
ⓓ 90분	5	11.40	1.14		
합계	20	12.25	4.15		

**$p < .01$

〈표 0〉과 같이 학습시간의 양에 학업성취도의 평균에 대한 차이를 검정한 결과, F 통계값이 40.67($p < .01$)로 유의수준 .01에서 집단 간에 유의미한 차이가 있는 것으로 나타났다. 즉, 학습시간 60분 집단이 30분, 90분, 15분 집단보다 보다 유의수준 .01에서 학업성취도가 높았으며, 학습시간 30분과 90분 집단이 15분 집단보다 유의수준 .01에서 학업성취도가 높은 것으로 나타났다.

❻

학교급별에 따라 학습동기의 평균에 차이가 있는지 알아보기 위하여 일원분산분석을 실시한 결과는 〈표 0〉과 같다.

〈표 0〉 학교급별에 따른 학습동기에 대한 일원분산분석 결과

수업방법	*n*	*M*	*SD*	*F*	*Tukey*
ⓐ 초4	2	77.00	11.40	4.65*	ⓑ > ⓒ
ⓑ 중1	20	83.00	9.09		
ⓒ 고1	20	73.00	10.69		
합계	60	77.67	11.06		

**$p < .05$

〈표 0〉과 같이 학교급별에 따른 학습동기의 평균에 대한 차이를 검정한 결과, F 통계값이 4.65 ($p < .05$)로 유의수준 .05에서 집단 간에 유의미한 차이가 있는 것으로 나타났다. 즉, 중1이 고1보다 유의수준 .05에서 학습동기가 높은 것으로 나타났다.

제9장 χ^2 검정

1) 모수통계: 모집단의 모수에 대한 영가설을 검정하기 위한 추리통계방법으로 종속변수의 측정 수준이 동간척도 혹은 비율척도이며, 정규분포와 등분산성과 같은 가정이 충족되는 경우 표본의 통계치를 분석하여 모집단의 모수치를 추론하는 통계방법
2) 비모수통계: 모집단의 모수치에 대한 가정이 필요 없는 방법으로 종속변수의 측정 수준이 명명척도 혹은 서열척도이며, 정규분포와 등분산성이 제대로 충족되지 않을 때 사용
3) χ^2 검정: 종속변수가 명명척도 또는 서열척도일 때 모집단 간의 차이 또는 변수 간의 관계를 알아보기 위해 사용되는 분석방법
4) 획득빈도: χ^2 검정에서 관찰된 빈도
5) 기대빈도: χ^2 검정에서 이론적으로 기대되는 빈도
6) 적합도 검정: 변수의 수가 하나일 때 모집단에서 표본을 추출하여 관찰빈도와 기대빈도의 합치 여부를 검정하는 방법
7) 독립성 검정: 두 변수가 통계적으로 관련이 있는지를 검정하기 위해 한 모집단에서 하나의 표본을 추출하여 둘 이상의 범주로 분류하여 두 변수 간에 관련이 있는지를 검정하는 방법
8) 동질성 검정: 여러 모집단에서 각각의 표본을 추출한 다음 한 변수에 대한 표본의 비율이 차이가 있는지를 검정하는 방법으로, 특정 변수에 대한 모집단의 속성이 유사한가를 검정하는 방법

❷

단계 1: 가설 설정

$$H_0 : P_{ij} = P_{ij'}$$

$$H_A : P_{ij} \neq P_{ij'}$$

단계 2: χ^2분포표에서 유의수준과 자유도를 고려하여 임계치 찾기

$\alpha = .05$

$df = (I-1)(J-1) = (4-1)(3-1) = 6$

${}_{.05}\chi^2_6 = 12.59$ (χ^2분포표 참고)

단계 3: χ^2 통계값 계산

① 획득빈도를 기준으로 기대빈도를 구한다.

$$F_{ij} = \frac{f_{.j} \times f_{i.}}{n}$$

F_{ij} : 기대빈도, f_{ij} : 획득빈도

초등학생 · 2시간 미만 기대빈도=(150×170)/700=36.43

초등학생 · 2~4시간 미만 기대빈도=(150×270)/700=57.86

초등학생 · 4시간 이상 기대빈도=(150×260)/700=55.71

중학생 · 2시간 미만 기대빈도=(180×170)/700=43.71

중학생 · 2~4시간 미만 기대빈도=(180×270)/700=69.43

중학생 · 4시간 이상 기대빈도=(180×260)/700=66.86

고등학생 · 2시간 미만 기대빈도=(170×170)/700=41.29

고등학생 · 2~4시간 미만 기대빈도=(170×270)/700=65.57

고등학생 · 4시간 이상 기대빈도=(170×260)/700=63.14

대학생 · 2시간 미만 기대빈도=(200×170)/700=48.57

대학생 · 2~4시간 미만 기대빈도=(200×270)/700=77.14

대학생 · 4시간 이상 기대빈도=(200×260)/700=74.29

② 획득빈도와 기대빈도를 이용하여 χ^2 통계값을 구한다.

$$\chi^2 = \sum_{j=1}^{J}\sum_{i=1}^{n}\frac{(f_{ij} - F_{ij})^2}{F_{ij}}$$

$\chi^2 = (15-36.43)^2/36.43 + (45-57.86)^2/57.86 + (90-55.71)^2/55.71$

$+ (35-43.71)^2/43.71 + (60-69.43)^2/69.43 + (85-66.86)^2/66.86$

$$+(100-41.29)^2/41.29+(45-65.57)^2/65.57+(25-63.14)^2/63.14$$

$$+(20-48.57)^2/48.57+(120-77.14)^2/77.14+(60-74.29)^2/74.29=200.86$$

단계 4: 영가설 채택 여부 결정

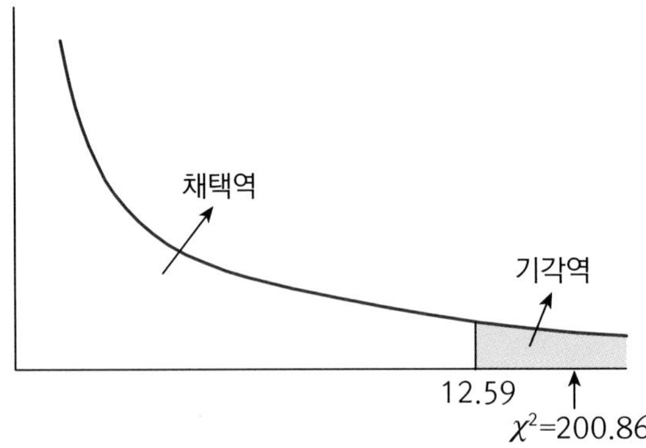

χ^2 통계값($\chi^2=200.86$)이 기각역에 해당하므로 영가설을 기각

단계 5: 결과의 해석

유의수준 .05에서 학교급별에 따른 학생들의 하루 스마트폰 평균 사용 시간은 차이가 있다. 즉, 초등학생과 중학생은 4시간 이상이 가장 많았으며, 고등학생은 2시간 미만, 대학생은 2-4시간 미만이 가장 많았다.

❸

성인들의 연령대에 따른 선호하는 외식의 종류에 차이가 있는지를 알아보기 위해 χ^2 검정을 실시한 결과는 〈표 0〉과 같다.

〈표 0〉 성인 연령대에 따른 선호하는 외식 종류의 차이에 대한 χ^2 검정 결과

	10대 이하	20-30대	40-50대	60대 이상	전체	
한식	21(21.0%)	28(23.3%)	38(34.5%)	43(35.8%)	130(28.9%)	
중식	30(30.0%)	32(26.7%)	28(25.5%)	30(25.0%)	120(26.7%)	$\chi^2=36.164$
일식	11(11.0%)	24(20.0%)	20(18.2%)	35(29.2%)	90(20.0%)	$df=9$
양식	38(38.0%)	36(30.0%)	24(21.8%)	12(10.0%)	110(24.4%)	$p=.000$
전체	100(100.0%)	120(100.0%)	110(100.0%)	120(100.0%)	450(100.0%)	

성인들의 연령대에 따른 선호하는 외식 종류의 차이를 분석한 결과, χ^2 통계값이 36.164로 1%의 유의수준에서 차이가 있는 것으로 나타났다. 즉, 10대 이하는 양식(38.0%), 중식(30.0%), 한식(21.0%) 순으로, 20~30대는 양식(30.0%), 중식(26.7%), 한식(23.3%) 순으로 선호하는 것으로 나타났다. 이에 반해 40~50대는 한식(34.5%), 중식(25.5%), 양식(21.8%) 순으로, 60대 이상은 한식(35.8%), 일식(29.2%), 중식(25.0%)순으로 선호하는 것으로 나타났다.

제10장 공분산분석

❶

1) 외재변수: 실험설계에서 독립변수가 아니면서 종속변수에 영향을 미치는 변수
2) 실험적 통제: 실험설계 과정에서 외재변수를 통제하는 것
3) 통계적 통제: 실험설계 과정에서 외재변수를 통제할 수 없거나 통제하기 어려운 경우와 무선배치를 했지만 사전검사에 차이가 있는 경우, 실험을 그대로 실시한 다음 매개변수의 영향을 통계적으로 통제한 후 독립변수가 종속변수에 미치는 영향을 분석하는 것
4) 공분산분석: 종속변수에 영향을 미치는 외재변수의 효과를 회귀분석방법을 이용하여 통계적으로 통제한 후 독립변수가 종속변수에 미치는 영향을 분석하는 통계적 방법
5) 조정평균: 각 집단의 공변수의 평균이 같다고 가정했을 때 기대되는 종속변수의 평균
6) 공변수: 공분산분석에서 종속변수에 영향을 미치는 통제되지 않은 변수인 양적인 외재변수

❷

영화치료 프로그램이 아동의 대인관계에 미치는 효과를 분석하기 위해 대인관계의 사전검사, 사후검사, 조정된 사후검사에 대한 평균, 표준편차, 표준오차를 산출한 결과는 〈표 0〉과 같고, 대인관계의 사전검사를 공변수로 하고 사후검사를 종속변수로 하여 공분산분석을 실기한 결과는 〈표 0〉과 같다.

〈표 0〉 아동의 대인관계에 대한 사전검사, 사후검사, 조정된 사후검사의 기술통계

집단	사전검사		사후검사		조정된 사후검사	
	M	*SD*	*M*	*SD*	*M*	*SE*
실험	48.92	4.70	54.92	3.80	52.16	.59
통제	42.67	6.56	41.50	6.57	44.26	.59

〈표 0〉 실험처치 여부에 따른 아동의 대인관계에 대한 공분산분석

Source	*SS*	*df*	*MS*	*F*	*p*
사전검사	558.03	1	558.03	154.43	.000
집단	281.89	1	281.89	78.01	.000
오차	75.88	21	3.61		
합계	429.64	24			

〈표 0〉과 같이 영화치료 프로그램이 아동의 대인관계에 미치는 효과를 알아보기 위해 공분산분석을 실시한 결과, $F=78.01(p<.01)$로 1%의 유의수준에서 유의미한 차이가 있는 것으로 나타났다. 즉, 실험집단($M=52.16$)이 통제집단($M=44.26$)에 비해 대인관계 평균이 높아 영화치료 프로그램은 아동의 대인관계 향상에 효과가 있는 것으로 타났다.

〈부록 2〉 그리스 문자

대문자	소문자	발음
A	α	Alpha(알파)
B	β	Beta(베타)
Γ	γ	Gamma(감마)
Δ	δ	Delta(델타)
E	ϵ	Epsilon(엡실론)
Z	ζ	Zeta(제타)
H	η	Eta(에타)
Θ	θ	Theta(세타)
I	ι	Iota(요타)
K	κ	Kappa(카파)
Λ	λ	Lambda(람다)
M	μ	Mu(뮤)
N	ν	Nu(뉴)
Ξ	ξ	Xi(크사이)
O	o	Omicron(오리크론)
Π	π	Pi(파이)
P	ρ	Rho(로)
Σ	σ	Sigma(시그마)
T	τ	Tau(타우)
Y	υ	Upsilon(입실론)
Φ	ϕ	Phi(파이)
X	χ	Chi(카이)
Ψ	ψ	Psi(프사이)
Ω	ω	Omega(오메가)

〈부록 3〉 t 분포표

df \ α	.10	.05	.025	.01	.005	.001	.0005
1	3.078	6.314	12.706	31.821	63.657	318.310	636.620
2	1.886	2.920	4.303	6.965	9.925	22.326	31.598
3	1.638	2.353	3.182	4.541	5.841	10.213	12.924
4	1.533	2.132	2.776	3.747	4.604	7.173	8.610
5	1.476	2.015	2.571	3.365	4.032	5.893	6.869
6	1.440	1.943	2.447	3.143	3.707	5.208	5.959
7	1.415	1.895	2.365	2.998	3.499	4.785	5.408
8	1.397	1.860	2.306	2.896	3.355	4.501	5.041
9	1.383	1.833	2.262	2.821	3.250	4.297	4.781
10	1.372	1.812	2.228	2.764	3.169	4.144	4.587
11	1.363	1.796	2.201	2.718	3.106	4.025	4.437
12	1.356	1.782	2.179	2.681	3.055	3.930	4.318
13	1.350	1.771	2.160	2.650	3.012	3.852	4.221
14	1.345	1.761	2.145	2.624	2.977	3.787	4.140
15	1.341	1.753	2.131	2.602	2.947	3.733	4.073
16	1.337	1.746	2.120	2.583	2.921	3.686	4.015
17	1.333	1.740	2.110	2.567	2.898	3.646	3.965
18	1.330	1.734	2.101	2.552	2.878	3.610	3.922
19	1.328	1.729	2.093	2.539	2.861	3.579	3.883
20	1.325	1.725	2.086	2.528	2.845	3.552	3.850
21	1.323	1.721	2.080	2.518	2.831	3.527	3.819
22	1.321	1.717	2.074	2.508	2.819	5.505	3.792
23	1.319	1.714	2.069	2.500	2.807	3.485	3.767
24	1.318	1.711	2.064	2.492	2.797	3.467	3.745
25	1.316	1.708	2.060	2.485	2.787	3.450	3.725
26	1.315	1.706	2.056	2.479	2.779	3.435	3.707
27	1.314	1.703	2.052	2.473	2.771	3.421	3.690
28	1.313	1.701	2.048	2.467	2.763	3.408	3.674
29	1.311	1.699	2.045	2.462	2.756	3.396	3.659
30	1.310	1.697	2.042	2.457	2.750	3.385	3.646
40	1.303	1.684	2.021	2.423	2.704	3.307	3.551
60	1.296	1.671	2.000	2.390	2.660	3.232	3.460
120	1.289	1.658	1.980	2.358	2.617	3.160	3.373
∞	1.282	1.645	1.960	2.326	2.576	3.090	3.291

〈부록 4〉 χ^2 분포표

df \ α	.10	.05	.025	.01	.005
1	2.71	3.84	5.02	6.63	7.88
2	4.61	5.99	7.38	9.21	10.60
3	6.25	7.81	9.35	11.34	12.84
4	7.78	9.49	11.14	13.28	14.86
5	9.24	11.07	12.83	15.09	16.75
6	10.64	12.59	14.45	16.81	18.55
7	12.02	14.07	16.01	18.48	20.28
8	13.36	15.51	17.53	20.09	21.95
9	14.68	16.92	19.02	21.67	23.59
10	15.99	18.31	20.48	23.21	25.19
11	17.28	19.68	21.92	24.73	26.76
12	18.55	21.03	23.34	26.22	28.30
13	19.81	22.36	24.74	27.69	29.82
14	21.06	23.68	26.12	29.14	31.32
15	22.31	25.00	27.49	30.58	32.80
16	23.54	26.30	28.85	32.00	34.27
18	25.99	28.87	31.53	34.81	37.16
20	28.41	31.41	34.17	37.57	40.00
24	33.20	36.42	39.36	42.98	45.56
30	40.26	43.77	46.98	50.89	53.67
40	51.81	55.76	59.34	63.69	66.77
60	74.40	79.08	83.30	88.38	91.95
120	140.23	146.57	152.21	158.95	163.65

〈부록 5〉 F 분포표

df_2	α	df_1 1	2	3	4	5	6	7	8	9	10	12	15	20	24	30	40	60	120	∞
1	.100	39.86	49.50	53.59	55.83	57.24	58.20	58.91	59.44	59.86	60.19	60.71	61.22	61.74	62.00	62.26	62.53	62.79	63.06	63.33
	.050	161.4	199.5	215.7	224.6	230.2	234.0	236.8	238.9	240.5	241.9	243.9	245.9	248.0	249.1	250.1	251.1	252.2	253.3	254.3
	.025	647.8	799.5	864.2	899.6	921.8	937.1	948.2	956.7	963.3	968.6	979.7	984.9	993.1	997.2	1001	1006	1010	1014	1018
	.010	4052	4999.5	5403	5625	5764	5859	5928	5982	6022	6056	6106	6157	6209	6235	6261	6287	6313	6339	6366
	.005	16211	20000	21615	22500	23056	23437	23715	23925	24091	24224	24426	24630	24836	24940	25044	25148	25253	25359	25465
2	.100	8.53	9.00	9.16	9.24	9.29	9.33	9.35	9.37	9.38	9.39	9.41	9.42	9.44	9.45	9.46	9.47	9.47	9.48	9.49
	.050	18.51	19.00	19.16	19.25	19.30	19.33	19.35	19.37	19.38	19.40	19.41	19.43	19.45	19.45	19.46	19.47	19.48	19.49	19.50
	.025	38.51	39.00	39.17	39.25	39.30	39.33	39.36	39.37	39.39	39.40	39.41	39.43	39.45	39.46	39.46	39.47	39.48	39.49	39.50
	.010	98.50	99.00	99.17	99.25	99.30	99.33	99.36	99.37	99.39	99.40	99.42	99.43	99.45	99.46	99.47	99.47	99.48	99.49	99.50
	.005	198.5	199.0	199.2	199.2	199.3	199.3	199.4	199.4	199.4	199.4	199.4	199.4	199.4	199.5	199.5	199.5	199.5	199.5	199.5
3	.100	5.54	5.46	5.39	5.34	5.31	5.28	5.27	5.25	5.24	5.23	5.22	5.20	5.18	5.18	5.17	5.16	5.15	5.14	5.13
	.050	10.13	9.55	9.28	9.12	9.01	8.94	8.89	8.85	8.81	8.79	8.74	8.70	8.66	8.64	8.62	8.59	8.57	8.55	8.53
	.025	17.44	16.04	15.44	15.10	14.88	14.73	14.62	14.54	14.47	14.42	14.34	14.25	14.17	14.12	14.08	14.04	13.99	13.95	13.90
	.010	34.12	30.82	29.46	28.71	28.24	27.91	22.67	27.49	27.35	27.23	27.05	26.87	26.69	26.60	26.50	26.41	26.32	26.22	26.13
	.005	55.55	49.80	47.47	46.19	45.39	44.84	44.43	44.13	43.88	43.69	43.39	43.08	42.78	42.62	42.47	42.31	42.15	41.99	41.83
4	.100	4.54	4.32	4.19	4.11	4.05	4.01	3.98	3.95	3.94	3.92	3.90	3.87	3.84	3.83	3.82	3.80	3.79	3.78	3.76
	.050	7.71	6.94	6.59	6.39	6.26	6.16	6.09	6.04	6.00	5.96	5.91	5.86	5.80	5.77	5.75	5.72	5.69	5.66	5.63
	.025	12.22	10.65	9.98	9.60	9.36	9.20	9.07	8.98	8.90	8.84	8.75	8.66	8.56	8.51	8.46	8.41	8.36	8.31	8.26
	.010	21.20	18.00	16.69	15.98	15.52	15.21	14.98	14.80	14.66	14.55	14.37	14.20	14.02	13.93	13.84	13.75	13.65	13.56	13.46
	.005	31.33	26.28	24.26	23.15	22.46	21.97	21.62	21.35	21.14	20.97	20.70	20.44	20.17	20.03	19.89	19.75	19.61	19.47	19.32
5	.100	4.06	3.78	3.62	3.52	3.45	3.40	3.37	3.34	3.32	3.30	3.27	3.24	3.21	3.19	3.17	3.16	3.14	3.12	3.10
	.050	6.61	5.79	5.41	5.19	5.05	4.95	4.88	4.82	4.77	4.74	4.68	4.62	4.56	4.53	4.50	4.46	4.43	4.40	4.36
	.025	10.01	8.43	7.76	7.39	7.15	6.98	6.85	6.76	6.68	6.62	6.52	6.43	6.33	6.28	6.23	6.18	6.12	6.07	6.02
	.010	16.26	13.27	12.06	11.39	10.97	10.67	10.46	10.29	10.16	10.05	9.89	9.72	9.55	9.47	9.38	9.29	9.20	9.11	9.02
	.005	22.78	18.31	16.53	15.56	14.94	14.51	14.20	13.96	13.77	13.62	13.38	13.15	12.90	12.78	12.66	12.53	12.40	12.27	12.14
6	.100	3.78	3.46	3.29	3.18	3.11	3.05	3.01	2.98	2.96	2.94	2.90	2.87	2.84	2.82	2.80	2.78	2.76	2.74	2.72
	.050	5.99	5.14	4.76	4.53	4.39	4.28	4.21	4.15	4.10	4.06	4.00	3.94	3.87	3.84	3.81	3.77	3.74	3.70	3.67
	.025	8.81	7.26	6.60	6.23	5.99	5.82	5.70	5.60	5.52	5.46	5.37	5.27	5.17	5.12	5.07	5.01	4.96	4.90	4.85
	.010	13.75	10.92	9.78	9.15	8.75	8.47	8.26	8.10	7.98	7.87	7.72	7.56	7.40	7.31	7.23	7.14	7.06	6.97	6.88
	.005	18.63	14.54	12.92	12.03	11.46	11.07	10.79	10.57	10.39	10.25	10.03	9.81	9.59	9.47	9.36	9.24	9.12	9.00	8.88
7	.100	3.59	3.26	3.07	2.96	2.88	2.83	2.78	2.75	2.72	2.70	2.67	2.63	2.59	2.58	2.56	2.54	2.51	2.49	2.47
	.050	5.59	4.74	4.35	4.12	3.97	3.87	3.79	3.73	3.68	3.64	3.57	3.51	3.44	3.41	3.38	3.34	3.30	3.27	3.23
	.025	8.07	6.54	5.89	5.52	5.29	5.12	4.99	4.90	4.82	4.76	4.67	4.57	4.47	4.42	4.36	4.31	4.25	4.20	4.14
	.010	12.25	9.55	8.45	7.85	7.46	7.19	6.99	6.84	6.72	6.62	6.47	6.31	6.16	6.07	5.99	5.91	5.82	5.74	5.65
	.005	16.24	12.40	10.88	10.05	9.52	9.16	8.89	8.68	8.51	8.38	8.18	7.97	7.75	7.65	7.53	7.42	7.31	7.19	7.08
8	.100	3.46	3.11	2.92	2.81	2.73	2.67	2.62	2.59	2.56	2.54	2.50	2.46	2.42	2.40	2.38	2.36	2.34	2.32	2.29
	.050	5.32	4.46	4.07	3.84	3.69	3.58	3.50	3.44	3.39	3.35	3.28	3.22	3.15	3.12	3.08	3.04	3.01	2.97	2.93
	.025	7.57	6.06	5.42	5.05	4.82	4.65	4.53	4.43	4.36	4.30	4.20	4.10	4.00	3.95	3.89	3.84	3.78	3.73	3.67
	.010	11.26	8.65	7.59	7.01	6.63	6.37	6.18	6.03	5.91	5.81	5.67	5052	5.36	5.28	5.20	5.12	5.03	4.95	4.86
	.005	14.69	11.04	9.60	8.81	8.30	7.95	7.69	7.50	7.34	7.21	7.01	6.81	6.61	6.50	6.40	6.29	6.18	6.06	5.95

df_2	α	df_1																		
		1	2	3	4	5	6	7	8	9	10	12	15	20	24	30	40	60	120	∞
9	.100	3.36	3.01	2.81	2.69	2.61	2.55	2.51	2.47	2.44	2.42	2.38	2.34	2.30	2.28	2.25	2.23	2.21	2.18	2.16
	.050	5.12	4.26	3.86	3.63	3.48	3.37	3.29	3.23	3.18	3.14	3.07	3.01	2.94	2.90	2.86	2.83	2.79	2.75	2.71
	.025	7.21	5.71	5.08	4.72	4.48	4.32	4.20	4.10	4.03	3.96	3.87	3.77	3.67	3.61	3.56	3.51	3.45	3.39	3.33
	.010	10.56	8.02	6.99	6.42	6.06	5.80	5.61	5.47	5.35	5.26	5.11	4.96	4.81	4.73	4.65	4.57	4.48	4.40	4.31
	.005	13.61	10.11	8.72	7.96	7.47	7.13	6.88	6.69	6.54	6.42	6.23	6.03	5.83	5.73	5.62	5.52	5.41	5.30	5.19
10	.100	3.29	2.92	2.73	2.61	2.52	2.46	2.41	2.38	2.35	2.32	2.28	2.24	2.20	2.18	2.16	2.13	2.11	2.08	2.06
	.050	4.96	4.10	3.71	3.48	3.33	3.22	3.14	3.07	3.02	2.98	2.91	2.85	2.74	2.77	2.70	2.66	2.62	2.58	2.54
	.025	6.94	5.46	4.83	4.47	4.24	4.07	3.95	3.85	3.78	3.72	3.62	3.52	3.42	3.37	3.31	3.26	3.20	3.14	3.08
	.010	10.04	7.56	6.55	5.99	5.64	5.39	5.20	5.06	4.94	4.85	4.71	4.56	4.41	4.33	4.25	4.17	4.08	4.00	3.91
	.005	12.83	9.43	8.08	7.34	6.87	6.54	6.30	6.12	5.97	5.85	5.66	5.47	5.27	5.17	5.07	4.97	4.86	4.75	4.64
11	.100	3.23	2.86	2.66	2.54	2.45	2.39	2.34	2.30	2.27	2.25	2.21	2.17	2.12	2.10	2.08	2.05	2.03	2.00	1.97
	.050	4.84	3.98	3.59	3.36	3.20	3.09	3.01	2.95	2.90	2.85	2.79	2.72	2.65	2.61	2.57	2.53	2.49	2.45	2.40
	.025	6.72	5.26	4.63	4.28	4.04	3.88	3.76	3.66	3.59	3.53	3.43	3.33	3.23	3.17	3.12	3.06	3.00	2.94	2.88
	.010	9.65	7.21	6.22	5.67	5.32	5.07	4.89	4.74	4.63	4.54	4.40	4.25	4.10	4.02	3.94	3.86	3.78	3.69	3.60
	.005	12.23	8.91	7.60	6.88	6.42	6.10	5.86	5.68	5.54	5.42	5.24	5.05	4.86	4.76	4.65	4.55	4.44	4.34	4.23
12	.100	3.18	2.81	2.61	2.48	2.39	2.33	2.28	2.24	2.21	2.19	2.15	2.10	2.06	2.04	2.01	1.99	1.96	1.93	1.90
	.050	4.75	3.89	3.49	3.26	3.11	3.00	2.91	2.85	2.80	2.75	2.69	2.62	2.54	2.51	2.47	2.43	2.38	2.34	2.30
	.025	6.55	5.10	4.47	4.12	3.89	3.73	3.61	3.51	3.44	3.37	3.28	3.18	3.07	3.02	2.96	2.91	2.85	2.79	2.72
	.010	9.33	6.93	5.95	5.41	5.06	4.82	4.64	4.50	4.39	4.30	4.16	4.01	3.86	3.78	3.70	3.62	3.54	3.45	3.36
	.005	11.75	8.51	7.23	6.52	6.07	5.76	5.52	5.35	5.20	5.09	4.91	4.72	4.53	4.43	4.33	4.23	4.12	4.01	3.90
13	.100	3.14	2.76	2.56	2.43	2.35	2.28	2.23	2.20	2.16	2.14	2.10	2.05	2.01	1.98	1.96	1.93	1.90	1.88	1.85
	.050	4.67	3.81	3.41	3.18	3.03	2.92	2.83	2.77	2.71	2.67	2.60	2.53	2.46	2.42	2.38	2.34	2.30	2.25	2.21
	.025	6.41	4.97	4.35	4.00	3.77	3.60	3.48	3.39	3.31	3.25	3.15	3.05	2.95	2.89	2.84	2.78	2.72	2.66	2.60
	.010	9.07	6.70	5.74	5.21	4.86	4.62	4.44	4.30	4.19	4.10	3.96	3.82	3.66	3.59	3.51	3.43	3.34	3.25	3.17
	.005	11.37	8.19	6.93	6.23	5.79	5.48	5.25	5.08	4.94	4.82	4.64	4.46	4.27	4.17	4.07	3.97	3.87	3.76	3.65
14	.100	3.10	2.73	2.52	2.39	2.31	2.24	2.19	2.15	2.12	2.10	2.05	2.01	1.96	1.94	1.91	1.89	1.86	1.83	1.80
	.050	4.60	3.74	3.34	3.11	2.96	2.85	2.76	2.70	2.65	2.60	2.53	2.46	2.39	2.35	2.31	2.27	2.22	2.18	2.13
	.025	6.30	4.86	4.24	3.89	3.66	3.50	3.38	3.29	3.21	3.15	3.05	2.95	2.84	2.79	2.73	2.67	2.61	2.55	2.49
	.010	8.86	6.51	5.56	5.04	4.69	4.46	4.28	4.14	4.03	3.94	3.80	3.66	3.51	3.43	3.35	3.27	3.18	3.09	3.00
	.005	11.06	7.92	6.68	6.00	5.56	5.26	5.03	4.86	4.72	4.60	4.43	4.25	4.06	3.96	3.86	3.76	3.66	3.55	3.44
15	.100	3.07	2.70	2.49	2.36	2.27	2.21	2.16	2.12	2.09	2.06	2.02	1.97	1.92	1.90	1.87	1.85	1.82	1.79	1.76
	.050	4.54	3.68	3.29	3.06	2.90	2.79	2.71	2.64	2.59	2.54	2.48	2.40	2.33	2.29	2.25	2.20	2.16	2.11	2.07
	.025	6.20	4.77	4.15	3.80	3.58	3.41	3.29	3.20	3.12	3.06	2.96	2.86	2.76	2.70	2.64	2.59	2.52	2.46	2.40
	.010	8.68	6.36	5.42	4.89	4.56	4.32	4.14	4.00	3.89	3.80	3.67	3.52	3.37	3.29	3.21	3.13	3.05	2.96	2.87
	.005	10.80	7.70	6.48	5.80	5.37	5.07	4.85	4.67	4.54	4.42	4.25	4.07	3.88	3.79	3.69	3.58	3.48	3.37	3.26
20	.100	2.97	2.59	2.38	2.25	2.16	2.09	2.04	2.00	1.96	1.94	1.89	1.84	1.79	1.77	1.74	1.71	1.68	1.64	1.61
	.050	4.35	3.49	3.10	2.87	2.71	2.60	2.51	2.45	2.39	2.35	2.28	2.20	2.12	2.08	2.04	1.99	1.95	1.90	1084
	.025	5.87	4.46	3.86	3.51	3.29	3.13	3.01	2.91	2.84	2.77	2.68	2.57	2.46	2.41	2.35	2.29	2.22	2.16	2.09
	.010	8.10	5.85	4.94	4.43	4.10	3.87	3.70	3.56	3.46	3.37	3.23	3.09	2.94	2.86	2.78	2.69	2.61	2.52	2.42
	.005	9.94	6.99	5.82	5.17	4.76	4.47	4.26	4.09	3.96	3.85	3.68	3.50	3.32	3.22	3.12	3.02	2.92	2.81	2.69

df_2	α	df_1 1	2	3	4	5	6	7	8	9	10	12	15	20	24	30	40	60	120	∞
24	.100	2.93	2.54	2.33	2.19	2.10	2.04	1.98	1.94	1.91	1.88	1.83	1.78	1.73	1.70	1.67	1.64	1.61	1.57	1.53
	.050	4.26	3.40	3.01	2.78	2.62	2.51	2.42	2.36	2.30	2.25	2.18	2.11	2.03	1.98	1.94	1.89	1.84	1.79	1.73
	.025	5.72	4.32	3.72	3.38	3.15	2.99	2.87	2.78	2.70	2.64	2.54	2.44	2.33	2.27	2.21	2.15	2.08	2.01	1.94
	.010	7.82	5.61	4.72	4.22	3.90	3.67	3.50	3.36	3.26	3.17	3.03	2.89	2.74	2.66	2.58	2.49	2.40	2.31	2.21
	.005	9.55	6.66	5.52	4.89	4.49	4.20	3.99	3.83	3.69	3.59	3.42	3.25	3.06	2.97	2.87	2.77	2.66	2.55	2.43
30	.100	2.88	2.49	2.28	2.14	2.05	1.98	1.93	1.88	1.85	1.82	1.77	1.72	1.67	1.64	1.61	1.57	1.54	1.50	1.46
	.050	4.17	3.32	2.92	2.69	2.53	2.42	2.33	2.27	2.21	2.16	2.09	2.01	1.93	1.89	1.84	1.79	1.74	1.68	1.62
	.025	5.57	4.18	3.59	3.25	3.03	2.87	2.75	2.65	2.57	2.51	2.41	2.31	2.20	2.14	2.07	2.01	1.94	1.87	1.79
	.010	7.56	5.39	4.51	4.02	3.70	3.47	3.30	3.17	3.07	2.98	2.84	2.70	2.55	2.47	2.39	2.30	2.21	2.11	2.01
	.005	9.18	6.35	5.24	4.62	4.23	3.95	3.74	3.58	3.45	3.34	3.18	3.01	2.82	2.73	2.63	2.52	2.42	2.30	2.18
40	.100	2.84	2.44	2.23	2.09	2.00	1.93	1.87	1.83	1.79	1.76	1.71	1.66	1.61	1.57	1.54	1.51	1.47	1.42	1.38
	.050	4.08	3.23	2.84	2.61	2.45	2.34	2.25	2.18	2.12	2.08	2.00	1.92	1.84	1.79	1.74	1.69	1.64	1.58	1.51
	.025	5.42	4.05	3.46	3.13	2.90	2.74	2.62	2.53	2.45	2.39	2.29	2.18	2.07	2.01	1.94	1.88	1.80	1.72	1.64
	.010	7.31	5.18	4.31	3.83	3.51	3.29	3.12	2.99	2.89	2.80	2.66	2.52	2.37	2.29	2.20	2.11	2.02	1.92	1.80
	.005	8.83	6.07	4.98	4.37	3.99	3.71	3.51	3.35	3.22	3.12	2.95	2.78	2.60	2.50	2.40	2.30	2.18	2.06	1.93
60	.100	2.79	2.39	2.18	2.04	1.95	1.87	1.82	1.77	1.74	1.71	1.66	1.60	1.54	1.51	1.48	1.44	1.40	1.35	1.29
	.050	4.00	3.15	2.76	2.53	2.37	2.25	2.17	2.10	2.04	1.99	1.92	1.84	1.75	1.70	1.65	1.59	1.53	1.47	1.39
	.025	5.29	3.93	3.34	3.01	2.79	2.63	2.51	2.41	2.33	2.27	2.17	2.06	1.94	1.88	1.82	1.74	1.67	1.58	1.48
	.010	7.08	4.98	4.13	3.65	3.34	3.12	2.95	2.82	2.72	2.63	2.50	2.35	2.20	2.12	2.03	1.94	1.84	1.73	1.60
	.005	8.49	5.79	4.73	4.14	3.76	3.49	3.29	3.13	3.01	2.90	2.74	2.57	2.39	2.29	2.19	2.08	1.96	1.83	1.69
120	.100	2.75	2.35	2.13	1.99	1.90	1.82	1.77	1.72	1.68	1.65	1.60	1.55	1.48	1.45	1.41	1.37	1.32	1.26	1.19
	.050	3.92	3.07	2.68	2.45	2.29	2.17	2.09	2.02	1.96	1.91	1.83	1.75	1.66	1.61	1.55	1.50	1.43	1.35	1.25
	.025	5.15	3.80	3.23	2.89	2.67	2.52	2.39	2.30	2.22	2.16	2.05	1.94	1.82	1.76	1.69	1.61	1.53	1.43	1.31
	.010	6.85	4.79	3.95	3.48	3.17	2.96	2.79	2.66	2.56	2.47	2.34	2.19	2.03	1.95	1.86	1.76	1.66	1.53	1.38
	.005	8.18	5.54	4.50	3.92	3.55	3.28	3.09	2.93	2.81	2.71	2.54	2.37	2.19	2.09	1.98	1.87	1.75	1.61	1.43
∞	.100	2.71	2.30	2.08	1.94	1.85	1.77	1.72	1.67	1.63	1.60	1.55	1.49	1.42	1.38	1.34	1.30	1.24	1.17	1.00
	.050	3.84	3.00	2.60	2.37	2.21	2.10	2.01	1.94	1.88	1.83	1.75	1.67	1.57	1.52	1.46	1.39	1.32	1.22	1.00
	.025	5.02	3.69	3.12	2.79	2.57	2.41	2.29	2.19	2.11	2.05	1.94	1.83	1.71	1.64	1.57	1.48	1.39	1.27	1.00
	.010	6.63	4.61	3.78	3.32	3.02	2.80	2.64	2.51	2.41	2.32	2.18	2.04	1.88	1.79	1.70	1.59	1.47	1.32	1.00
	.005	7.88	5.30	4.26	3.72	3.35	3.09	2.90	2.74	2.62	2.52	2.36	2.19	2.00	1.90	1.79	1.67	1.53	1.36	1.00

〈부록 6〉 Q 분포표

df_2	α	df_1								
		1	2	3	4	5	6	7	8	9
5	.05	3.64	4.60	5.22	5.67	6.03	6.33	6.58	6.80	6.99
	.01	5.70	6.98	7.80	8.42	8.91	9.32	9.67	9.97	10.24
6	.05	3.46	4.34	4.90	5.30	5.63	5.90	6.12	6.32	6.49
	.01	5.24	6.33	7.03	7.56	7.97	8.32	8.61	8.87	9.10
7	.05	3.34	4.16	4.68	5.06	5.36	5.61	5.82	6.00	6.16
	.01	4.95	5.92	6.54	7.01	7.37	7.68	7.94	8.17	8.37
8	.05	3.26	4.04	4.53	4.89	5.17	5.40	5.60	5.77	5.92
	.01	4.75	5.64	6.20	6.62	6.96	7.24	7.47	7.68	7.86
9	.05	3.20	3.95	4.41	4.76	5.02	5.24	5.43	5.59	5.74
	.01	4.60	5.43	5.96	6.35	6.66	6.91	7.13	7.33	7.49
10	.05	3.15	3.88	4.33	4.65	4.91	5.12	5.30	5.46	5.60
	.01	4.48	5.27	5.77	6.14	6.43	6.67	6.87	7.05	7.21
11	.05	3.11	3.82	4.26	4.57	4.82	5.03	5.20	5.35	5.49
	.01	4.39	5.15	5.62	5.97	6.25	6.48	6.67	6.84	6.99
12	.05	3.08	3.77	4.20	4.51	4.75	4.95	5.12	5.27	5.39
	.01	4.32	5.05	5.50	5.84	6.10	6.32	6.51	6.67	6.81
13	.05	3.06	3.73	4.15	4.45	4.69	4.88	5.05	5.19	5.32
	.01	4.26	4.96	5.40	5.73	5.98	6.19	6.37	6.53	6.67
14	.05	3.03	3.70	4.11	4.41	4.64	4.83	4.99	5.13	5.25
	.01	4.21	4.89	5.32	5.63	5.88	6.08	6.26	6.41	6.54
15	.05	3.01	3.67	4.08	4.37	4.59	4.78	4.94	5.08	5.20
	.01	4.17	4.84	5.25	5.56	5.80	5.99	6.16	6.31	6.44
16	.05	3.00	3.65	4.05	4.33	4.56	4.74	4.90	5.03	5.15
	.01	4.13	4.79	5.19	5.49	5.72	5.92	6.08	6.22	6.35
17	.05	2.98	3.63	4.02	4.30	4.52	4.70	4.86	4.99	5.11
	.01	4.10	4.74	5.14	5.43	5.66	5.85	6.01	6.15	6.27
18	.05	2.97	3.61	4.00	4.28	4.49	4.67	4.82	4.96	5.07
	.01	4.07	4.70	5.09	5.38	5.60	5.79	5.94	6.08	6.20
19	.05	2.96	3.59	3.98	4.25	4.47	4.65	4.79	4.92	5.04
	.01	4.05	4.67	5.05	5.33	5.55	5.73	5.89	6.02	6.14
20	.05	2.95	3.58	3.96	4.23	4.45	4.62	4.77	4.90	5.01
	.01	4.02	4.64	5.02	5.29	5.51	5.69	5.84	5.97	6.09
24	.05	2.92	3.53	3.90	4.17	4.37	4.54	4.68	4.81	4.92
	.01	3.96	4.55	4.91	5.17	5.37	5.54	5.69	5.81	5.92
30	.05	2.89	3.49	3.85	4.10	4.30	4.46	4.60	4.72	54.82
	.01	3.89	4.45	4.80	5.05	5.24	5.40	5.54	5.6	5.76
40	.05	2.86	3.44	3.79	4.04	4.23	4.39	4.52	4.63	4.73
	.01	3.82	4.37	4.70	4.93	5.11	5.26	5.39	5.50	5.60
60	.05	2.83	3.40	3.74	3.98	4.16	4.31	4.44	4.55	4.65
	.01	3.76	4.28	4.59	4.82	4.99	5.13	5.25	5.36	5.45
120	.05	2.80	3.36	3.68	3.92	4.10	4.24	4.36	4.47	4.56
	.01	3.70	4.20	4.50	4.71	4.87	5.01	5.12	5.21	5.30
∞	.05	2.77	3.30	3.63	3.86	4.03	4.17	4.29	4.39	4.47
	.01	3.64	4.12	4.40	4.60	4.76	4.88	4.99	5.08	5.16

참고문헌

권대훈(2018). 사회과학 연구를 위한 통계학. 서울: 학지사.

김수영(2023). 기초통계학. 서울: 북앤정.

김재철(2008). 사회과학 연구를 위한 최신 실용통계학. 서울: 학지사.

김재철(2019). SPSS와 함께하는 사회과학 통계자료분석. 서울: 학지사.

Aiken, L. S., & West, S. G. (1991). *Multiple regression: Testing and interpreting interactions.* Washrington, DC: Sage Publication, Inc.

Baron, R. M., & Kenny, D. A. (1986). The moderator-mediator variable distinction in social psychological research: Conceptual, strategic, and statistical considerations. *Journal of Personality and Social Psychology, 51*(6), 1173–1182.

Levene, H. (1960). Robust tests for equality of variances. In I. Olkin & H. Hotelling (Eds.), *Contributions to probability and statistics: Essays in honor of Harold Hotelling* (pp. 278–292). Palo Alto, CA: Stanford University Press.

Weiss, N. A. (1995). *Introductory statistics.* New York: Addison-Wesley.

찾아보기

저자소개

조규판(Cho, Gyupan)

University of Alabama Ph.D (교육심리 및 측정 전공)

현 동아대학교 교육학과 교수

〈주요 저 · 역서 및 논문〉

『재미있는 심리학 이야기』(공역, 시그마프레스, 2012)

『마이어스의 인간행동과 심리학』(공역, 시그마프레스, 2018)

『진로와 자기계발 3판』(공저, 학지사, 2022)

『교육심리학 2판』(공저, 학지사, 2019)

「취업불안척도의 개발 및 타당도 연구」(2008)

「청소년용 학습몰입척도 개발 및 타당화」(공동연구, 2018)

「대학생활과 진로탐색교과목 개발 및 효과」(공동연구, 2022)

알기 쉬운 **교육통계학**

2024년 2월 20일 1판 1쇄 인쇄
2024년 2월 25일 1판 1쇄 발행

지은이 • 조규판
펴낸이 • 김진환
펴낸곳 • (주) 학지사
04031 서울특별시 마포구 양화로 15길 20 마인드월드빌딩
대 표 전 화 • 02)330-5114 팩스 • 02)324-2345
등 록 번 호 • 제313-2006-000265호

홈 페 이 지 • http://www.hakjisa.co.kr
인스타그램 • https://www.instagram.com/hakjisabook

ISBN 978-89-997-2745-0 93370

정가 22,000원